# 新能源汽车维修完全自学手册

广州瑞佩尔信息科技有限公司　组编
胡欢贵　主编

机械工业出版社

本书内容分为8章，第1章为高压安全系统，主要介绍了新能源汽车中高压安全防护装置构造以及维修所需的安全防护工具、安全作业规范及安全事故处理方法，第2章至第5章分别介绍了高压电源系统、电力驱动系统、混合动力系统、温度管理系统等高压系统构成部件及总成的拆装、检测与诊断方法；第6章至第8章介绍了整车控制系统、电动辅助系统、车载网络系统的拆装、检测与维修技术。

本书强调在理解基本构造原理的基础上进行诊断与拆装检测操作，所有图文围绕高压系统及电动汽车特有的结构部件的拆装、检修与诊断方法展开，并融入大量一线维修案例作为参照。

全书图文对照，全彩编排，轻松易懂。本书不仅可以作为广大新能源汽车售后技术人员的入门参考书，还可以作为各汽车院校新能源专业的辅助教材。

### 图书在版编目（CIP）数据

新能源汽车维修完全自学手册/广州瑞佩尔信息科技有限公司组编；胡欢贵主编.
—北京：机械工业出版社，2020.4（2025.3重印）
ISBN 978-7-111-64957-1

Ⅰ.①新…　Ⅱ.①广…②胡…　Ⅲ.①新能源-汽车-车辆修理-技术手册
Ⅳ.①U469.707-62

中国版本图书馆CIP数据核字（2020）第040291号

机械工业出版社（北京市百万庄大街22号　邮政编码100037）
策划编辑：赵海青　责任编辑：赵海青　王　婕
责任校对：杜雨霏　责任印制：李　昂
北京捷迅佳彩印刷有限公司印刷
2025年3月第1版第10次印刷
210mm×285mm・13印张・382千字
标准书号：ISBN 978-7-111-64957-1
定价：85.00元

| 电话服务 | 网络服务 |
| --- | --- |
| 客服电话：010-88361066 | 机　工　官　网：www.cmpbook.com |
| 　　　　　010-88379833 | 机　工　官　博：weibo.com/cmp1952 |
| 　　　　　010-68326294 | 金　书　网：www.golden-book.com |
| **封底无防伪标均为盗版** | 机工教育服务网：www.cmpedu.com |

# 前言
## FOREWORD

截至 2024 年底，我国新能源汽车的保有量已经达到 3140 万辆。2025 年 1 月，新能源汽车的月销量是 94.4 万辆，比去年同期增长 29.4%。无论是新能源汽车的销量、增速还是全球市场份额，我国均为世界第一。从 2015 年开始，我国已经连续 10 年位居全球新能源汽车产销第一。

从大量数据可以看出，新能源汽车在我国的发展可谓如日中天。这不仅将改变整个汽车市场的格局，也将为汽车维修服务行业及售后市场带来更大的机遇和挑战。

从传统燃油汽车转变到新能源汽车的维修，其实并没有多大的不同与困难。唯一要关注的就是高压安全问题及高压系统与部件的维修诊断技术。

进行高压部件检测维修时，如果操作不当，会危及接触者的生命。当然，我们也不用谈"电"色变、望而却步。只要遵守"用正确的工具和正确的方法去做正确的事情"的原则，维修新能源汽车的作业安全也将不再是问题。

与传统燃油汽车相比，新能源汽车的很多系统及总成部件其构造原理、拆装检测及维修方法都是相同的，如插电式混动汽车的发动机、变速器、底盘传动系统、行驶系统、转向及制动系统、车身电器及车身构件等。

纯电动汽车相比燃油汽车的结构更加简单，没有了发动机与变速器总成，由一套高压电系统替代；而插电式混动汽车则是在燃油汽车的基础上增加了一套高压电系统，成为燃油车与电动车的混合体。这样的结构看起来比燃油汽车更复杂，但只要我们将高压电系统单独理解和处理，事情也就没有那么复杂了。

新能源汽车方兴未艾，相关维修及售后支持的指导及数据资料也很少，这给维修工作带来了极大不便。为此，我们特地组织编写了本书，本书与之前已经出版的《新能源汽车关键技术数据速查手册》《新能源汽车关键部件结构图解手册》以及《新能源汽车高压及电控系统电路图解》一起，成为"维修、构造、数据、电路"的完整结合体。

全书按新能源汽车的结构总成划分为 8 章，详细讲解了各个系统及部件的原理构造、拆装、检测与诊断方法，并加入了大量的一线维修案例作为参照。希望通过这些讲解以及图文演示可以为广大有志于新能源汽车售后市场的人士提供有益的借鉴和较大的帮助。

本书由广州瑞佩尔信息科技有限公司组织编写，胡欢贵主编，参加编写的人员还有彭启凤、周金洪、朱如盛、刘滨、彭斌、章军旗、满亚林、李丽娟、徐银泉、陈棋、孙丽佳、周方、王坤、朱胜强。在编写过程中，参考了大量国内外相关文献和网络信息资料，在此，谨向这些资料信息的原创者们表示由衷的感谢！

由于涉及资料诸多，技术新颖，加上编者水平有限，错漏之处在所难免，还请广大读者批评指正，以使本书在再版修订时更为完善。

编　者

# 目录 CONTENTS

前言
第1章 高压安全系统 ················ 1
  1.1 高压解除与起动 ················ 1
    1.1.1 高压维修开关结构与原理 ········ 1
    1.1.2 解除与起动高压系统的方法 ······ 3
    1.1.3 高压系统维修注意事项 ·········· 4
    1.1.4 高压安全操作规范 ·············· 4
  1.2 高压系统维护 ····················· 6
    1.2.1 新能源汽车类型与原理 ·········· 6
    1.2.2 高压系统检查与维护 ············ 11
    1.2.3 高压作业工具与要求 ············ 12
  1.3 高压互锁故障 ····················· 13
    1.3.1 高压互锁的原理 ·············· 13
    1.3.2 高压互锁电路检测 ············ 15
    1.3.3 高压互锁故障排除 ············ 17
  1.4 高压绝缘故障 ····················· 20
    1.4.1 高压绝缘的原理 ·············· 20
    1.4.2 高压绝缘电路检测 ············ 21
    1.4.3 高压绝缘故障排除 ············ 24
  1.5 高压碰撞故障 ····················· 26
    1.5.1 高压碰撞防护原理 ············ 26
    1.5.2 高压碰撞电路检测 ············ 27
    1.5.3 高压碰撞故障排除 ············ 28
第2章 高压电源系统 ················ 29
  2.1 高压蓄电池 ······················· 29
    2.1.1 高压蓄电池类型与原理 ········ 29
    2.1.2 高压蓄电池拆装与检测 ········ 32
    2.1.3 高压蓄电池故障排除 ·········· 41
  2.2 高压蓄电池管理器 ················· 44
    2.2.1 高压蓄电池管理器原理 ········ 44
    2.2.2 高压蓄电池管理器检测 ········ 46
    2.2.3 高压蓄电池管理器故障 ········ 47
  2.3 高压蓄电池充电 ··················· 49
    2.3.1 高压蓄电池充电系统原理 ······ 49
    2.3.2 高压蓄电池充电系统检测 ······ 51
    2.3.3 高压蓄电池充电故障排除 ······ 55
  2.4 高压配电箱 ······················· 60
    2.4.1 高压配电箱结构与原理 ········ 60
    2.4.2 高压配电箱拆装与检测 ········ 62
    2.4.3 高压配电箱故障排除 ·········· 63
  2.5 DC/DC变换器 ···················· 65
    2.5.1 DC/DC变换器电路原理 ········ 65
    2.5.2 DC/DC变换器检测 ············ 66
    2.5.3 DC/DC变换器电路故障排除 ···· 67
第3章 电力驱动系统 ················ 69
  3.1 驱动电机 ························· 69
    3.1.1 驱动电机结构与原理 ·········· 69
    3.1.2 驱动电机拆装与部件检修 ······ 71
    3.1.3 驱动电机故障排除 ············ 78
  3.2 电机控制器 ······················· 82
    3.2.1 电机控制器结构与原理 ········ 82
    3.2.2 电机控制器拆装与检测 ········ 84
    3.2.3 电机控制器故障排除 ·········· 93
  3.3 纯电车型减速器 ··················· 97
    3.3.1 减速器结构与原理 ············ 97
    3.3.2 减速器拆装与检测 ············ 98
    3.3.3 减速器故障排除 ············· 100
  3.4 混动车型变速器 ·················· 100
    3.4.1 混动变速器结构与原理 ······· 100
    3.4.2 混动变速器数据流分析 ······· 103
    3.4.3 混动变速器故障排除 ········· 106
  3.5 电子换档器 ······················ 110
    3.5.1 电子换档结构与原理 ········· 110
    3.5.2 电子换档拆装与检测 ········· 112
第4章 混合动力系统 ··············· 114
  4.1 丰田混合动力系统 ················ 114
    4.1.1 丰田混合动力系统结构与原理 ·· 114
    4.1.2 丰田混合动力系统拆装与检测 ·· 115
    4.1.3 丰田混合动力系统故障排除 ···· 118
  4.2 本田混合动力系统 ················ 123
    4.2.1 本田混合动力系统结构与原理 ·· 123
    4.2.2 本田混合动力系统检测与拆装 ·· 125
    4.2.3 本田混合动力系统故障排除 ···· 129
  4.3 通用混合动力系统 ················ 136

# 目录

4.3.1 通用混合动力系统结构与原理 ………… 136
4.3.2 通用混合动力系统拆装 ………………… 138

## 第5章 温度管理系统 ……………………………… 143
5.1 高压温度管理系统 ………………………… 143
5.1.1 高压温度管理系统结构与原理 ……… 143
5.1.2 高压温度管理系统部件拆装 ………… 148
5.1.3 高压温度管理系统故障排除 ………… 150
5.2 车内气候调节系统 ………………………… 150
5.2.1 电动空调压缩机及PTC结构与原理 …… 150
5.2.2 电动空调压缩机及PTC检测与拆装 …… 152
5.2.3 电动空调与PTC系统故障排除 ………… 157

## 第6章 整车控制系统 ……………………………… 161
6.1 纯电动汽车整车控制系统 ………………… 161
6.1.1 纯电动汽车车辆控制系统结构与
原理 …………………………………… 161
6.1.2 纯电动汽车车辆控制系统检测与
拆装 …………………………………… 162
6.1.3 纯电动汽车车辆控制系统故障排除 … 164
6.2 插电式混动汽车整车控制系统 …………… 165
6.2.1 插电式混动汽车车辆控制系统结构与
原理 …………………………………… 165
6.2.2 插电式混动汽车车辆控制系统检测与
拆装 …………………………………… 166
6.2.3 插电式混动汽车车辆控制系统故障
排除 …………………………………… 170

## 第7章 电动辅助系统 ……………………………… 172
7.1 电动真空泵 ………………………………… 172
7.1.1 电动真空泵原理 ……………………… 172
7.1.2 电动真空泵电路检测 ………………… 174
7.1.3 电动真空泵系统故障排除 …………… 175
7.2 电动助力转向 ……………………………… 175
7.2.1 电动助力转向系统原理 ……………… 175
7.2.2 电动助力转向系统检测 ……………… 176
7.2.3 电动助力转向系统故障排除 ………… 177
7.3 电子驻车器 ………………………………… 178
7.3.1 电子驻车器结构原理 ………………… 178
7.3.2 电子驻车器检测 ……………………… 182
7.3.3 电子驻车器释放与初始化 …………… 183
7.4 电动油泵 …………………………………… 184
7.4.1 电动油泵原理 ………………………… 184
7.4.2 电动油泵拆卸与安装 ………………… 185

## 第8章 车载网络系统 ……………………………… 187
8.1 总线网络系统 ……………………………… 187
8.1.1 总线网络原理 ………………………… 187
8.1.2 总线网络电路检测 …………………… 191
8.1.3 总线网络系统故障排除 ……………… 194
8.2 车联网络系统 ……………………………… 194
8.2.1 车联网络原理 ………………………… 194
8.2.2 车联网络电路检测 …………………… 196
8.2.3 车联网络系统故障排除 ……………… 197

# 第 1 章 高压安全系统

## 1.1 高压解除与起动

### 1.1.1 高压维修开关结构与原理

维修开关（Service Switch）位于高压蓄电池包总成上方的左上角，如图 1-1 所示，连接了高压蓄电池的一个正极和一个负极；它的主要作用是在车辆维修时直接断开高压回路，从而保证操作人员的安全。维修开关正常状态时，手柄处于水平位置；需要拔出时，应先将手柄旋转至竖直状态，再向上拔出；需要插上时，应先沿竖直方向用力向下插入，再将手柄旋转至水平状态。

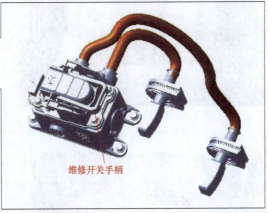

图 1-1 维修开关安装位置（比亚迪唐 DM）

手动维修开关（Manual Service Disconnect，MSD）内部安装有高压电路的主熔丝和互锁开关，如图 1-2 所示。

拉起手动维修开关上的卡子锁止器可断开互锁，从而切断高压蓄电池正负极继电器。但为确保安全，务必将起动开关置于"OFF"位置，断开蓄电池负极接线柱，等待 10min 后再拆下手动维修开关。在执行任何检查或维护前，应先拆下手动维修开关，使高压电路在高压蓄电池的中间位置切断，以确保维护期间的安全。

以江淮新能源车型为例，手动维修开关的取出步骤如下：

1）钥匙置于"LOCK"档。
2）断开12V蓄电池负极。
3）断开维修开关，位置如图1-3所示。
4）打开维修开关上方的地毯盖板。
5）拆下维修盖板四颗安装螺栓，拆除维修开关盖板。
6）打开维修开关二次锁扣，如图1-4所示。
7）按住卡扣，按如图1-5所示的方向转动维修开关把手，然后向上用力，至把手垂直，拿出维修开关（此处为操作演示，正式高压作业中请佩戴绝缘手套）。拔下维修开关后，需等待10min，确保高压残余电量耗尽。

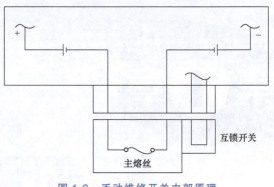

图1-2 手动维修开关内部原理

图1-3 维修开关位置

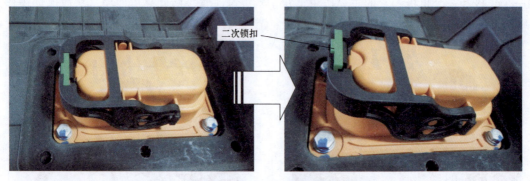

图1-4 打开二次锁扣

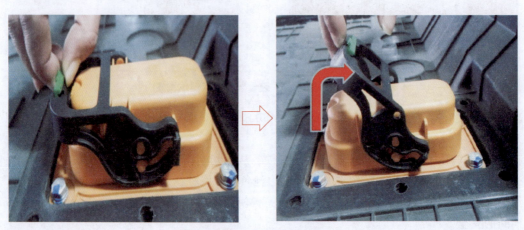

图1-5 取出维修开关

## 1.1.2 解除与起动高压系统的方法

以宝马i3电动汽车为例，工作开始之前务必遵守下列几点操作规则：

1）拔下可能已连接的高压充电电缆。
2）打开发动机舱盖。
3）关闭点火开关。
4）在脱开高压安全插头之前应确保车辆处于"休眠状态"。

遵守以下再次试运转的操作步骤：

1）如果已连接，则断开12V充电器。
2）移除挂锁。
3）连接高压安全开关。
4）进行两次总线端切换（操作4次起动/停止按钮，每次间隔1s）。

> 提示：无电压状态下切换高压系统；注意高压安全插头不能完全脱开。

如图1-6所示，将高压安全插头1解除联锁并将其拔出，直至插头2和插座上的孔不再连接。在高压安全插头上能够看到"关闭"标记。

防止高压系统再次连接：如图1-7所示，将挂锁1插入高压安全开关预留孔2中并锁定。

> 注意：挂锁的钥匙应置于安全位置保管。

图1-6 拔出高压安全插头

图1-7 将挂锁插入高压安全开关

确定无电压，如图1-8所示。

在进行后续维修工作前务必要进行以下检查：打开点火开关，检查组合仪表无电压。检查控制信息必须显示"高电压系统已关闭"。

> 注意：仪表上出现的高压警告标志（指示灯、检查控制等），找出原因并排除故障；只有当组合仪表中显示检查控制信息"高电压系统已关闭"时，才允许将12V蓄电池断开！

点火开关关闭且高压安全插头脱开时，依据标准检查控制信息将显示"高压系统故障"。只有点火开关打开时，才能显示无电压（高电压系统已关闭）。

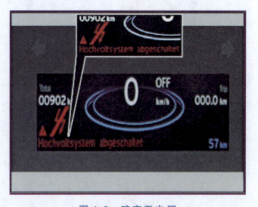

图1-8 确定无电压

如果未明确确定KOMBI组合仪表中无电压，则不允许开始工作。**有生命危险！**

在开始工作之前，必须由具备资质且经过认证的DC 1000V电气专业人员使用相应的测量仪/测量方法确定已断电！

### 1.1.3　高压系统维修注意事项

混合动力汽车和电动车上的高压车载网络以最高650V的直流电压工作且必须提供较大电能，其高压电部分连接线束呈橙色。部分高压部件上都有警示标志，如图1-9所示。如果不遵守作业要求，将导致严重伤害，甚至有生命危险。

工作人员一定要穿好绝缘鞋，身上不要携带金属物品，如口袋里不要装硬币等；一定要使用1000V耐久性的绝缘手套，并在使用前确认是否破损，在未佩戴手套的情况下不要直接接触高压电的部分。

图1-9　高压部件警示标志

进行场地检查，在比较明显的位置使用带"高电压作业中触摸危险"字样的三角警示牌提醒其他人员。将维修车辆停放在维修工作区域时，先确认地面和发动机舱内干燥，不允许在潮湿的环境下作业。确认工作区域内配有二氧化碳灭火器。

准备所需维修工具，确认维修工具经过绝缘处理。

切忌手上沾有水时进行高压作业及在高压部件沾有水的状态下作业。在地面或周围湿度过高时，须停止作业。

切断高压系统电源，首先切断手动维修开关。

### 1.1.4　高压安全操作规范

在进行高压作业时，要注意以下操作规范。

1）在维修作业前要采用安全隔离措施（使用警戒栏隔离），并树立高压警示牌，如图1-10所示，以警示相关人员，避免发生安全事故。

图1-10　作业区域隔离与警示牌标示

2）在维修高压部件过程前，将车身用搭铁线连接到混合动力及纯电动车型专用维修工位的接地线上。

3）在检修有电解液泄漏的高压蓄电池包时，需佩戴防护眼镜，以防止电解液溅入眼中。

4）在车辆上电前，注意确认是否还有人员在进行高压维修操作，避免发生意外。

5）检修高压线束时，对拆下的任何高压配线应立刻用绝缘胶带包扎绝缘。

6）进行钣金维修时，必须采用干磨工艺，严禁采用水磨工艺。

7）整车进入烤漆房进行烘烤工艺时，必须将高压蓄电池包与整车分离。

8）不能用手指触摸高压线束插接件里的带电部位以免触电，另外应防止有细小的金属工具或铁条等接触到插接件中的带电部位。

9) 若发生异常事故和火灾，操作人员应立即切断高压回路，其他人员立即使用干粉灭火器扑救，严禁用水剂灭火器。

10) 当发生蓄电池漏电解液，切勿用手触摸，稀释电解液需用葡萄糖软膏进行稀释，不可用水稀释。

11) 对于空调制冷剂和冷冻油的回收、加注，须用单独的专用设备进行，不能与燃油车型制冷剂加注及回收设备混用，避免对车辆空调系统及环境造成危害。

12) 作业中注意用于高压部件及区域提示的颜色或标示：

① 橙色线束均为高压（适用于所有新能源车型，如图1-11所示的北汽新能源EC200车型）。

图1-11 发动机舱高压部件及橙色线束（北汽EC200）

② 动力蓄电池包连至电源管理器的红色电压采样线束（适用于部分新能源车型，如图1-12所示的比亚迪新能源车型）。

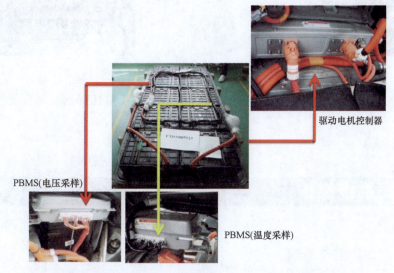

图1-12 高压蓄电池采样线束（比亚迪新能源）

注：图中PBMS指Power Battery Management System，动力电池管理系统。

③ 高压零部件：高压蓄电池包、高压配电箱、车载充电器、太阳能充电器（如比亚迪F3DM）、驱动电机控制器总成（前、后）、电机总成（前、后）、电动压缩机总成、电加热器（Positive Temperature Coefficient，PTC）、漏电传感器等；宝马i3高压部件分布如图1-13所示。

13) 新能源汽车高压系统维修步骤：

① 切断车辆电源（将起动按钮打在OFF档），等待5min。

② 戴好绝缘手套。

③ 拔下维修开关并存放在规定的地方，如图1-14所示。

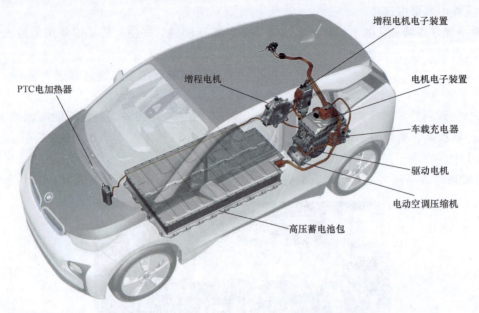

图1-13 电动汽车高压系统所属部件（宝马i3）

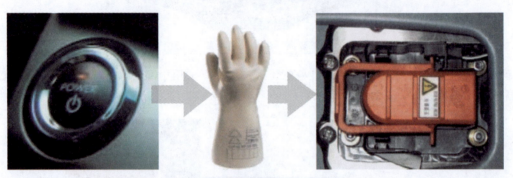

图1-14 高压系统维修安全操作步骤

④ 在断开紧急维修开关5min后，应先使用万用表测量整车高压回路，确保无电，然后再检修高压系统。

## 1.2 高压系统维护

### 1.2.1 新能源汽车类型与原理

新能源汽车是指采用非常规的车用燃料作为动力来源（或使用常规的车用燃料、采用新型车载动力装置），综合车辆的动力控制和驱动方面的先进技术，形成的技术原理先进、具有新技术与新结构的汽车。

**1. 类型**

新能源汽车包括混合动力汽车、纯电动汽车（包括太阳能汽车）、燃料电池电动汽车、氢发动机汽车、其他新能源（如高效储能器、二甲醚）汽车等各类别产品，如图1-15所示。

电动汽车则指所有使用电能驱动的车辆，包括蓄电池驱动车辆和混合动力汽车（完全混合动力汽车）或搭载燃料电池的车辆。

全部或部分由电机驱动并配置大容量电能储存装置的汽车统称为电动汽车（Electric Vehicle，

EV），包括纯电动汽车（Battery Electric Vehicle，BEV）、混合动力电动汽车（Hybrid Electric Vehicle，HEV）和燃料电池电动汽车（Fuel Cell Electric Vehicle，FCEV）三种类型。

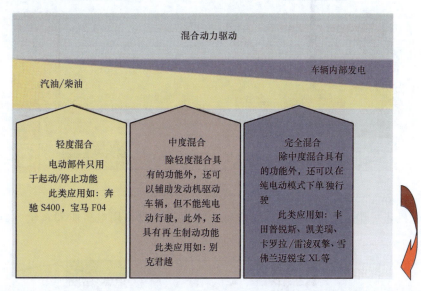

图1-15 新能源汽车类型

### 2. 常见混合动力系统

通常有4种混合动力系统：串联式混合动力系统、并联式混合动力系统、混联式混合动力系统和混串联式混合动力系统。

（1）串联式混合动力系统

在串联式混合动力系统中，电机转动车轮，发动机带动发电机发电作为电机的电源，以奥迪A1 e-tron车型为例，该车型是配备增程器的车辆之一。

它由一个发动机和两个电机驱动，发动机未配备至驱动桥的机械连接。该车辆仅配备电动驱动。

发动机仅驱动电机1，其作为发电机使用，并在车辆行驶时对高压蓄电池充电。在该供能模式下，发动机以高输出和低油耗高效运作。该构造使得车辆行程增加，高压蓄电池主要由外部充电。

当发动机和电机1作为交流发电机对车辆进行再充电时，可被视作备用发电机。除了高压系统，车辆还带有12V车载供电和12V车载供电蓄电池。其组成部件如图1-16所示。

（2）并联式混合动力系统

在并联式混合动力系统中，发动机和电机均直接驱动车轮。在车辆行驶过程中，除了补充发动机

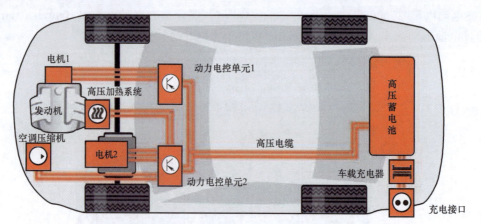

图 1-16 串联式混合动力系统结构

的动力外,电机还可作为发电机为高压蓄电池充电。也可仅使用电机驱动车辆,其组成部件如图1-17所示。

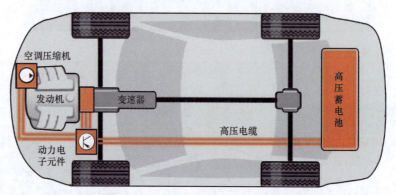

图 1-17 并联式混合动力系统结构

(3) 混联式混合动力系统

以大众混合动力驱动系统为例,高尔夫6双驱插电式混合动力车型结构示意图如图1-18所示。驱动系统主要由发动机、混合动力汽车传动桥总成、带变换器的逆变器总成和高压蓄电池组成,采用混联式混合动力系统。它载有两个电机,其中一个电机专门用作交流发电机或起动电机,另一个电机用作电动机和交流发电机。两个电机和发动机通过离合器相互连接。

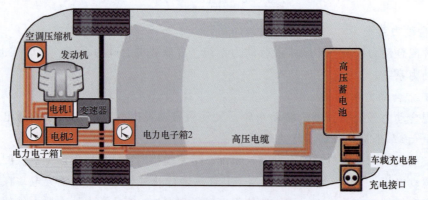

图 1-18 混联式混合动力系统结构

(4) 混串联式混合动力系统

混串联式混合动力系统是混联和串并联两种混合动力系统的结合。车辆拥有一台发动机和两台电机。其中一台电机与发动机安装于前桥或后桥,另一台电机则安装于后桥或前桥。这也被称为车桥独立式混合动力系统。

以宝马i8为例，该车型应用了车桥独立式混合动力系统。这种创新型驱动方案使用了两种高效的驱动装置：由一个高效的3缸汽油发动机配合一个6档自动变速器进行后桥驱动；由一个电机配合一个2档手动变速器进行前桥驱动，驱动部件分布如图1-19所示。两个驱动装置的巧妙配合使得它同时兼具了跑车的动力性能和紧凑型轿车的效率。

这种在宝马上首次采用的车桥独立式混合动力形式在没有附加组件的情况下实现了可独立调节的四轮驱动系统。前部和后部驱动转矩相互协调可确保传动系统具有高效性能，可根据不同行驶情况进行具体调节。

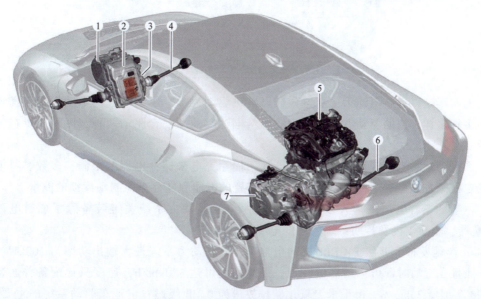

图1-19 宝马i8全驱电动汽车

1—电机 2—电机电子装置（EME） 3—2档手动变速器 4—右侧前桥半轴 5—发动机 6—右侧后桥半轴 7—自动变速器

采用车桥独立式混合动力时，车辆各车桥为独立驱动，路面是两车桥间唯一的联系。驱动车辆时不仅可以单独使用两种传动系统，也可以同时使用两种传动系统。高压蓄电池电量充足时，可通过电动驱动装置以零排放和低噪声的方式行驶较长距离。采取相应设计的发动机在配合电动驱动装置使用的情况下，也可实现较长可达里程并可在低油耗的情况下实现运动型驾驶方式。宝马i8高压系统部件分布如图1-20所示。

**3. 电动汽车的工作原理**

电动汽车的基本结构主要分为三个子系统，即主能源系统（电动源）、电力驱动系统和能量管理系统。其中电力驱动系统由电控系统、电机、机械传动系统和驱动车轮等部分组成；能量管理系统是实现电源利用控制、能量再生、协调控制等功能的关键部件。电力驱动及控制系统是电动汽车的核心，也是区别于燃油发动机汽车的最大不同点。

电动汽车的工作原理：蓄电池→电流→电力调节器→电机→动力传动系统→驱动汽车行驶。

纯电动汽车相对燃油汽车而言，主要差别在于四大部件，即驱动电机、调速控制器、

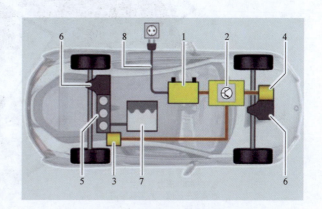

图1-20 宝马i8高压系统部件分布

1—高压蓄电池 2—供电电子装置 3—增程电机或高电压起动电机
4—电机 5—发动机 6—变速器 7—燃油箱 8—电源插头

动力蓄电池和车载充电器。比亚迪 e6 电动汽车车型结构如图 1-21 所示。

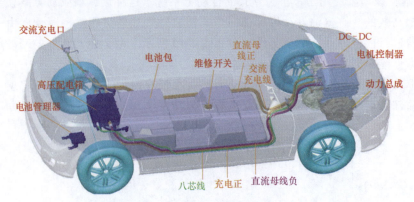

图 1-21　比亚迪 e6 电动汽车车型结构

　　燃料电池汽车是以燃料电池为主要电源和以电机驱动为唯一驱动模式的电动车辆，燃料电池汽车的基础结构多种多样，按照驱动方式可分为纯燃料电池驱动和混合驱动两种，区别主要在于是否加装了辅助电源。

　　目前，因受到燃料电池起动较慢和燃料电池不能用充电来储存电能的限制，多数燃料电池汽车都要增加辅助电源来加速燃料电池汽车起动提供所需要的电能和储存车辆制动反馈的能量。

　　因此，一般的燃料电池汽车大多是混合驱动型车，其动力系统关键装备除了燃料电池，还包括 DC/DC 变换器、驱动电机及传动系统、辅助电源。

　　2009 年，奔驰发布了 B 级 F-CELL 燃料电池车。该车动力系统最大输出功率为 100kW，峰值转矩 290N·m，而且在起动时即可达到峰值转矩。最高速度可达 170km/h，速度只比配备普通燃油发动机的奔驰 B200 车型低 26km/h。每千米二氧化碳排放量为 0。B 级燃料电池车驱动系统的主要部件包括：小型氢气燃料电池反应堆、高效能的锂离子蓄电池、三个 70MPa 高压储氢罐以及一个位于前轴的紧凑而轻量化的驱动电机。该车内部结构如图 1-22 所示。

　　以大众途观 HyMotion 车型为例，该车采用燃料电池驱动。车辆以氢气做燃料，并利用燃料电池模

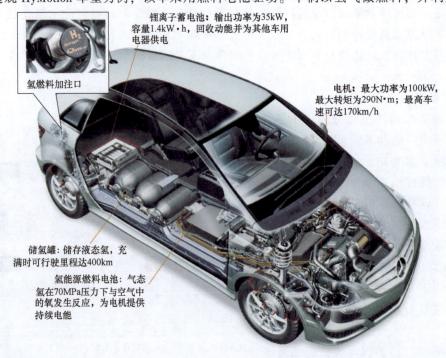

图 1-22　奔驰 B 级 F-CELL 燃料电池汽车

块为电动机获取电能。在该模块中，氢气转化为水从而产生电能。根据操作模式，使用高压蓄电池的电压用于驱动。

它没有安装附加的发动机，高压蓄电池只能通过使用特殊的蓄电池充电器进行外部充电。除了高压系统，车辆还带有12V车载供电蓄电池。该车高压部件连接如图1-23所示。

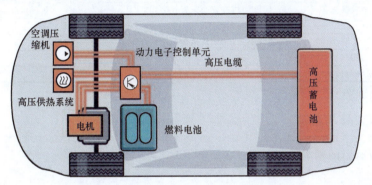

图1-23 高压部件连接（大众途观HyMotion）

### 1.2.2 高压系统检查与维护

在运行的驱动电机周围工作时，应避免接触运动部件和热表面，以防受伤。检查驱动电机冷却液时，如果驱动电机冷却液过脏或变质，应排放、冲洗驱动电机冷却系统并重新加注新的驱动电机冷却液；保持适当的驱动电机冷却液浓度，以保证正确的防冻、防沸、防腐性能及驱动电机运行温度；检查软管，更换开裂、膨胀或老化的软管；紧固卡箍，清洁散热器和空调系统冷凝器外部，清洗加注口盖和加注口管颈；对冷却系统和盖进行压力测试，以确保系统运行正常。

以吉利帝豪EV车型为例，油液更换规格及容量见表1-1。

表1-1 吉利帝豪EV车型油液规格及容量

| 应用 | 油液容量 | 油液规格 |
| --- | --- | --- |
| 减速器齿轮油 | (2.3±0.1)L | Mobil Dexron Ⅵ |
| 制动液 | (445±20)mL | 符合DOT4 |
| 驱动电机冷却液 | 6.1L | 符合SH0521要求的乙二醇型驱动电机冷却液（防冻液），冰点≤-40℃ |
| 玻璃清洗剂 | 2.1L | 硬度低于205g/1000kg的水或适量商用添加剂的水溶液 |
| 空调制冷剂 | 550g | R134a |

以吉利帝豪EV车型为例，有别于传统燃油汽车的高压系统部件保养内容及周期见表1-2。

表1-2 吉利帝豪EV车型高压系统部件保养内容及周期

| 总成 | 保养项目 | 保养内容 | 保养周期 |
| --- | --- | --- | --- |
| 动力蓄电池总成 | 蓄电池箱外围 | 蓄电池箱体(含尾部挂梁)与车辆底盘的固定螺柱紧固 | 1万km或6个月保养一次 |
| | | 蓄电池箱体(含尾部挂梁)与车辆底盘的固定螺柱腐蚀/破损 | |
| | | MSD拉手及底座内部清洁度/腐蚀/破损 | |
| | | 高压插接器插头与插座清洁度/腐蚀/破损 | |
| | | 低压插接器插头与插座连接可靠性 | |
| | | 低压插接器插头与插座清洁度/腐蚀/破损 | |
| | | 蓄电池箱体划痕、腐蚀、变形、破损 | |
| | | 蓄电池箱体底部防石击胶划痕/腐蚀/破损 | |
| | 蓄电池状态 | 检查蓄电池状态参数/SOC[①]/温度/单体电压 | |
| | | 检查电池包绝缘阻值 | |
| 驱动电机 | 清洁电机水冷系统 | 清洁电机外壳体，保证无水渍、泥垢 | |
| | | 检查管路有无老化、渗漏 | |
| | | 检查水泵是否有冷却液渗漏 | |
| | 电机机械连接紧固 | 检测螺栓上的漆标，若漆标位置有移动则对螺栓进行紧固，若无则不做要求 | |
| | 接地线连接 | 电机接地线部位的接地电阻不大于0.1Ω | |

(续)

| 总成 | 保养项目 | 保养内容 | 保养周期 |
|---|---|---|---|
| 冷却系统 | 冷却液 | 检查或更换 | 2万km更换一次 |
| 减速器 | 齿轮油 | 检查或更换 | 5万km更换一次 |
| 车载充电机 | 一般检查 | 清洁 | 1万km或6个月保养一次 |
|  |  | 高、低压插接件表面完好无破损、牢固 |  |
|  |  | 接地线牢固无松动 |  |
| 驱动电机控制器 | 绝缘、接地、检测 | 绝缘电阻≥100MΩ；接地电阻≤100mΩ | 5万km检查一次 |
|  | 不可维修件，无须保养 |  |  |
| 分线盒 | 无须保养 |  |  |

① SOC 全称是 State of Charge，即荷电状态。

### 1.2.3 高压作业工具与要求

新能源汽车维修所用的基本设备见表 1-3。

表 1-3 新能源汽车维修用基本设备

| 序号 | 设备工具名称 | 规格要求/技术标准 |
|---|---|---|
| 1 | 测电笔 | 1. 非接触式，声光提示<br>2. 可测试电压范围：90~1000V 交流电压 |
| 2 | 数字钳形表 | 电压测量 AC/DC 1000V |
| 3 | 绝缘电阻表 | 1. 输出电压：250V/500V/1000V<br>2. 测试电流：250V(R=250kΩ)1mA；500V(R=500kΩ)1mA；1000V(R=1MΩ)1mA<br>3. 绝缘电阻：250V, 0.1~20MΩ；500V, 0.1~50MΩ；1000V, 0.1~100MΩ<br>4. 测试电压：AC 750V |
| 4 | 三相交流电相序计 | 1. 相序检测电压使用范围：200~480V<br>2. 相序检测频率使用范围：20~400Hz<br>3. 用于三相正弦交流电源相序的顺、逆及断相检查<br>4. LCD 和蜂鸣器指示正相、反相和缺相 |
| 5 | Has_Hev 制动液充放机 | 1. 储液容量：≥4L<br>2. 工作压力范围：0~0.4MPa |

维修用的辅料见表 1-4。

表 1-4 新能源汽车维修用辅料

| 序号 | 名称 | 单位 | 数量 | 规格及要求 |
|---|---|---|---|---|
| 1 | 精密 0~7pH 试纸 | 盒 | 5 | 型号：pH 0~14，分辨率 0.5pH 单位 |
| 2 | 电工胶带 | 卷 | 10 | 尺寸：18mm×20m×0.18mm；电压等级：600V；介电强度：1000V/mil（39.37kV/mm）；绝缘电阻：>1~12Ω |
| 3 | 干粉灭火器 | 个 | 4 | 如果车辆起火，火势较小较慢，请使用干粉灭火器灭火，并立即拨打报警电话 |

新能源汽车维修用的安全防护用具见表 1-5。部分防护用具如图 1-24 所示。

表 1-5 新能源汽车维修用防护用具

| 序号 | 名称 | 单位 | 数量 | 设备规格及要求 |
|---|---|---|---|---|
| 1 | 安全警告牌 | 件 | 2 | 规格：30cm×60cm，高强度 ABS 塑料；内容："危险 请勿靠近"与高电压标识 |
| 2 | 绝缘手套 | 双 | 3 | 耐直流电压 1000V 以上 |
| 3 | 防酸碱手套 | 双 | 3 | 耐酸碱性 |
| 4 | 绝缘鞋 | 双 | 3 | 耐直流电压 1000V 以上 |
| 5 | 绝缘胶垫 | 张 | 4 | 单张 1m²，耐直流电压 1000V 以上 |
| 6 | 防护眼镜 | 个 | 3 | 耐酸碱性 |

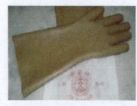   

a) 绝缘手套　　　　b) 绝缘胶鞋　　　　c) 绝缘胶垫　　　　d) 防护眼镜

图 1-24 防护用具实体

维修工位配置标准：

1) 混合动力及纯电动车型安全维修工位配置标准：

① 设立专用维修工位（配备 3.5t 以上龙门举升机）。

② 采用安全隔离措施，并树立警示牌，用品如图 1-25 所示。

③ 墙面贴挂《混合动力及纯电动车型维修安全作业规范》。

④ 专用维修工位配有符合 GB 2099.1—2021《家用和类似用途插头插座 第1部分：通用要求》仅用于交流电、额定电压在 50V 以上但不超过 440V、额定电流不超过 32A、带或不带接地触头的插头和固定式或移动式插座。

2) 混合动力及纯电动车型安全维修工位辅料规格：

① 高电压警示牌（规格：30cm×60cm、高强度 ABS 塑料）。

② 警戒栏（规格：总高 90cm，拉带宽 5cm、拉带长 200cm、300cm、500cm，拉带颜色：红色）。

图 1-25 维修工位警告牌与隔离栏

③ 绝缘地胶（规格：绝缘 1000V 的电压，防水级别与塑料或橡胶材料类似，尺寸：7m×4m），铺装效果如图 1-26 所示。

图 1-26 维修工位地面布置

## 1.3 高压互锁故障

### 1.3.1 高压互锁的原理

以比亚迪新能源车型为例，高压互锁包括结构互锁（图 1-27）和功能互锁（图 1-28）。

结构互锁的主要高压插接件均带有互锁回路，当其中某个插接件被带电断开时，高压蓄电池管理系统便会检测到高压互锁回路存在断路。为保护人员安全，将立即进行报警并断开主高压回路电气连接，同时激活主动泄放。

功能互锁指的是当车辆在进行充电或插上充电枪时，高压电控系统会限制整车不能通过自身驱动系统驱动，以防止可能发生的线束拖拽或安全事故。

以北汽新能源 EV200 车型为例，高压控制盒互锁线路如图 1-29 所示。

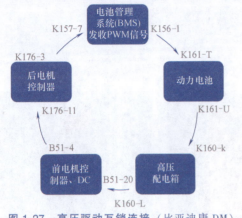

图 1-27 高压驱动互锁连接（比亚迪唐 DM）

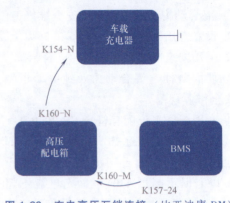

图 1-28 充电高压互锁连接（比亚迪唐 DM）

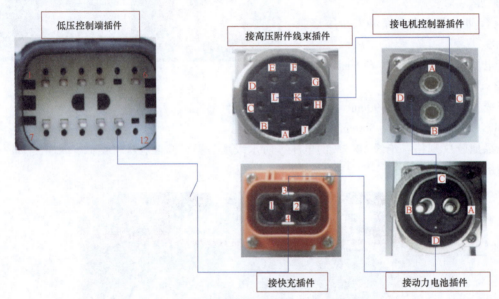

图 1-29 高压控制盒互锁线路连接（北汽 EV200）

高压线束总成互锁线路如图 1-30 所示。

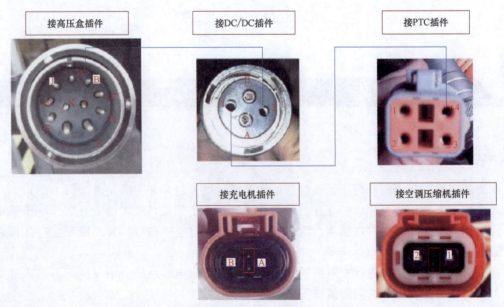

图 1-30 高压线束总成互锁线路连接（北汽 EV200）

## 1.3.2 高压互锁电路检测

以传祺GA3S车型为例,如高压互锁线路断开,可排查高压互锁线路。排查顺序为:500Ω电阻器→车载充电机→PTC→电动压缩机→电机控制器(Intelligent Power Unit,IPU)→电池加热器(High Voltage Heater,HVH)→BMS→整车控制器(Vehicle Control Unit,VCU)。高压互锁回路电路如图1-31所示。

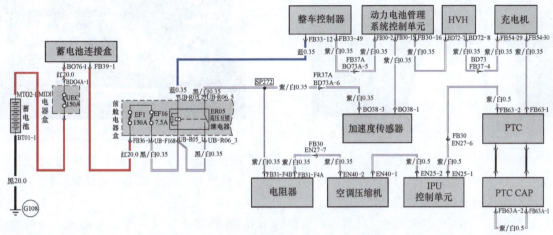

图1-31 高压互锁回路(广汽GA3S PHEV)

**检测步骤:**

1)检查前舱电器盒(EF1熔丝、EF16熔丝、ER05继电器)和12V蓄电池处的UEC150A是否有松动、烧坏、氧化现象。

2)检查高压蓄电池包手动维修开关安装状态(无松脱),如图1-32所示。

3)检测高压蓄电池系统:用万用表测量BMS(高压蓄电池)FB30-16是否有12V电压,如果有电压,说明HVH—BMS这段回路是正常的。复原插接件后,测量FB30-2是否有12V电压输出,如有,则说明BMS正常,如无,则要检查该插接件及BMS。

4)检查电阻器:如果FB54-30没有12V电压,则测量电阻器FB31-F4B是否有12V电压。如果有,则说明电阻器这段回路正常。再把插接件复原,检查500Ω的电阻是否异常或者插接件状态,如图1-33所示。

5)检查充电系统:

① 首先检测充电机是否正常,用万用表测充电机FB54-30端与FB54-29端是否导通,若导通,则充电机正常,反之,充电机异常。

图1-32 检查维修开关有无松脱

② 用万用表检测充电机FB54-30端是否有12V电压,若有,则蓄电池—前舱电器盒EF1熔丝—EF16熔丝—ER05继电器—电阻器—空调压缩机—IPU控制单元—PTC充电机FB54-30端正常。反之,则需逐步排查上述部分。

6)检测PTC系统:检测PTC是否正常,位置如图1-34所示。用万用表检测PTC高压互锁插头FB63A-2端是否有12V电压,若有,则测量FB63A-1是否有12V电压输出,或往下一步,测量充电机FB54-30是否有12V电压。若有,则说明PTC有电压输送过来,PTC无问题;反之,PTC高压互锁再排查PTC连接充电机的线束状态。

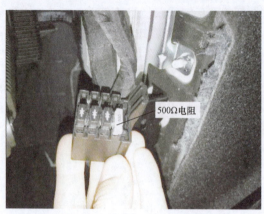

图1-33　检查500Ω电阻状态

图1-34　检查PTC系统及电动空调压缩机

7）检测空调压缩机，位置如图1-34所示。用万用表测量压缩机EN40-2端是否有12V电压。分两种情况：若有，则检测EN40-1端，若有12V电压，则压缩机正常，反之则压缩机异常；若没有，则检查电阻器连接压缩机的线束状态。

8）检测IPU，如图1-35所示。利用万用表检测IPU的EN25-2端是否有12V电压。分两种情况：若有，则检测EN25-1端是否有12V电压，若有12V电压，则IPU控制器正常，反之则IPU内部异常；若没有，则检测空调压缩机连接IPU的线束状态。

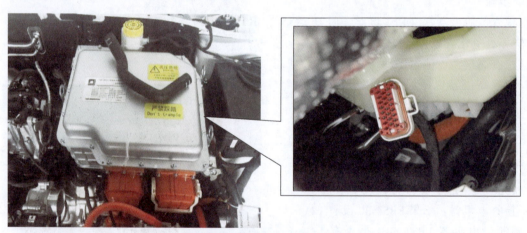

图1-35　检测IPU互锁端子

9）检查HVH，如图1-36所示。利用万用表检测HVH的BD72-8端是否有12V电压。分两种情

图1-36　检测HVH连接端子

况：若有，检测 BD72-7 端，若有 12V 电压，则 HVH 正常，反之则 HVH 异常；若没有，则检查充电机连接 HVH 的线束状态。

10）检查 VCU，位置如图 1-37 所示。利用万用表检测 VCU 的 FB33-49 端是否有 12V 电压。分两种情况：若有，检测 FB33-2 端，若有 12V 电压，则 VCU 正常，反之则 VCU 异常；若没有，则检查 BMS 连接到 VCU 的线束状态。

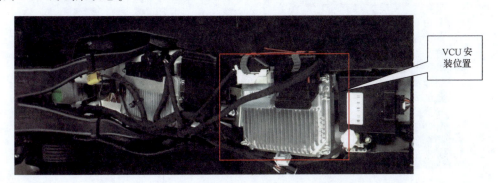

图 1-37 检测 VCU 互锁端子信号

### 1.3.3 高压互锁故障排除

**1. 比亚迪秦 PHEV 高压互锁故障**

**故障现象**：比亚迪秦 PHEV 车型，上 OK 电时发动机起动，无法使用 EV 模式，仪表提示"请检查动力系统"，动力系统故障灯亮；高压 BMS 报故障码：P1A6000 高压互锁故障，故障码无法清除或者清除后再现。

**故障分析**：比亚迪秦的主要高压插接件（高压 BMS、高压配电箱、维修开关、驱动电机控制器及 DC 总成）均带有互锁回路，当其中某个插接件被带电断开时，动力蓄电池管理器便会检测到高压互锁回路存在断路，为保护人员安全，将立即进行报警并断开主高压回路电气连接，同时激活主动泄放。高压互锁流程图如图 1-38 所示。

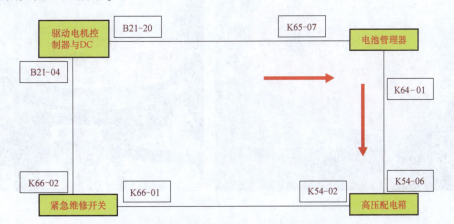

图 1-38 高压互锁回路（比亚迪秦 PHEV）

**检修过程**：

1）读取故障码，高压蓄电池管理器报故障码：P1A6000 高压互锁故障、P1A4A00 高压互锁一直检测为高信号故障，且故障码无法清除，如图 1-39 所示。

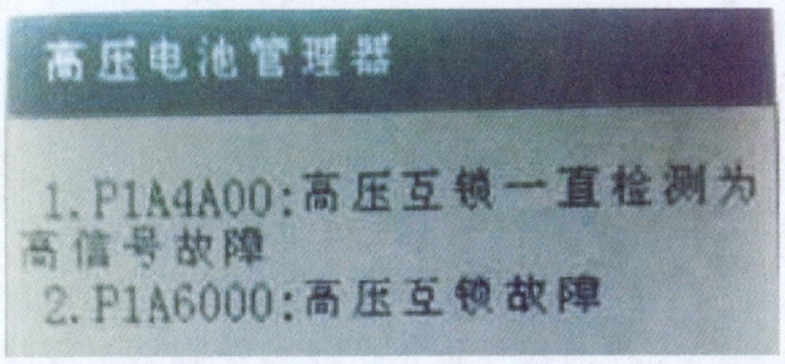

2）用诊断仪读取高压蓄电池管理器及驱动电机控制器数据流如下。

① 蓄电池管理器数据流显示：高压互锁锁止，如图

图 1-39 读取高压系统故障码

1-40a 所示。

② 蓄电池管理器显示：高压接触器断开，如图 1-40b 所示。

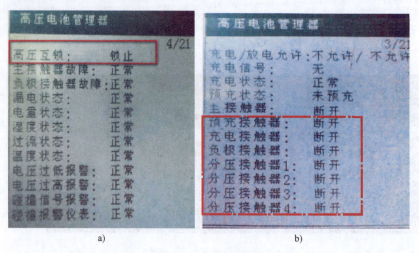

图 1-40 数据流分析

3) 测量高压互锁端子及低压互锁线束：

① 测量高压蓄电池管理器 K64-1 与 K65-7 针脚之间不导通（电阻小于 1Ω），确认互锁回路存在开路，根据经验，故障点一般在驱动电机控制器及 DC 总成、高压配电箱这两个零部件，以下重点检查。

② 测量高压配电箱 K54-2 与 K54-6 针脚之间导通（电阻小于 1Ω），逐个轻微晃动高压配电箱上的高压互锁插头，测量没有开路现象，说明高压配电箱互锁端子没有开路或者偶发性开路情况。

③ 驱动电机控制器及 DC 总成无法直接测量，可以用排除法先测量维修开关 K66-1 与 K66-2，这两个针脚导通正常（电阻小于 1Ω），拔掉高压线束检查互锁针脚是否有退针现象，确认针脚已经退针，重新处理互锁针脚插头，故障排除，如图 1-41 所示。

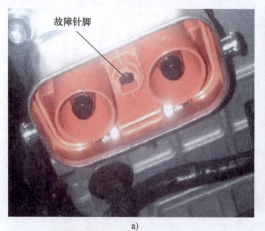
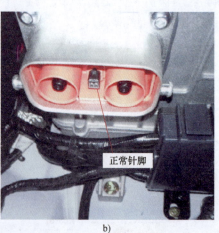

图 1-41 高压线束互锁针脚

**故障排除**：修复高压线束退针的互锁插头。

**维修小结**：

1) 首先要确认故障是偶发性故障还是一直存在故障，偶发性故障一般是线束插接不良，可以在测量导通性时逐个轻微晃动高压互锁插头，寻找故障点。

2) 高压配电箱上有 7 个互锁针脚插头，包括动力蓄电池包输入正、动力蓄电池包输入负、驱动电机控制器与 DC 正、驱动电机控制器与 DC 负、车载充电器输入、输出至空调配电盒、高压配电箱开盖检测，这些插接件插上后互锁针脚是串联状态，通过测量 K54-2 与 K54-6 的导通性即可确认高压配电箱的互锁是否正常，如果不导通则检查高压及低压互锁端子针脚是否有退针现象。

## 2. 比亚迪 E6 高压互锁故障

**故障现象**：车辆无法起动，系统故障灯点亮，蓄电池故障灯点亮，如图 1-42 所示，上位机读取故障码为 P3011。

**故障原因**：高压互锁线路中出现断路，导致 VCU 没有接收到 12V，从而策略保护。

**原理分析**：前舱外继电器盒内的 MC 继电器在钥匙上 ON 电时，87 号针脚（PU01）通电 12V，经过前舱线束与前舱控制线束对插插件 PU01，到达高压接线盒低压插件，由 PU01b 进入高压接线盒内部，再从 BX08 出，再次经过前舱线束与前舱控制线束对插插件 BX08，到达高压蓄电池低压插件，由 BX08 进入蓄电池内部，再从 VC39 出，最终到达整车控制器 VC39，如图 1-43 所示。

图 1-42 仪表故障灯

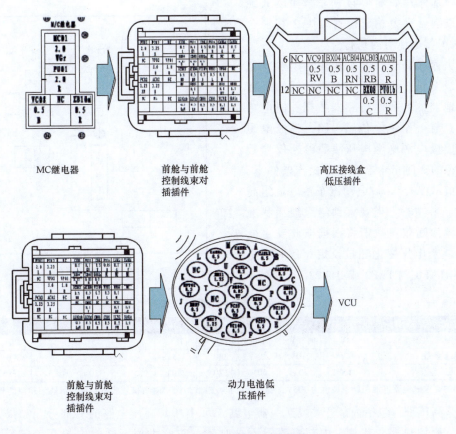

图 1-43 高压互锁线路插接器件

**故障排除**：

1) 高压接线盒内部互锁插件虚焊或脱落（PU01b 针脚测量有 12V，BX08 针脚测量无 12V）。
2) 前舱线束与前舱控制线束对插插件内部针脚退针，断开插件，检查 PU01 针脚和 BX08 针脚。
3) 高压蓄电池内部互锁插件虚焊或脱落（BX08 测量有 12V，VC39 测量无 12V）。
4) VCU 插件 VC39 针脚退针。

## 1.4 高压绝缘故障

### 1.4.1 高压绝缘的原理

以通用别克 VELITE 5 车型为例，配备高压蓄能和推进能力的车辆设计为高压电路与车辆底盘绝缘。如果正极或负极高压直流电路或任一高压交流电路失去与车辆底盘的绝缘，则可能设置一个或多个故障码（Diagnostic Trouble Code，DTC）。

类似于传统的 12V 车辆系统，绝缘损耗可简单认为导体至底盘的直接短路。但是，与 12V 系统不同的是，高压系统内的电势意味着绝缘击穿也是绝缘损耗的原因。因此，绝缘损耗诊断需要用高压进行测试。专用万用表使用其内置高压，例如 EL-50772 绝缘万用表，用于测试高压部件和电路的绝缘能力。此外，当高压激活时监测特定故障诊断仪参数还可能有助于确定哪些高压部件和电路已失去其底盘绝缘。

车辆执行两个独立的绝缘测试：被动式绝缘测试，通过混合动力总成控制模块 1 在电源逆变器模块内执行，内部原理如图 1-44 所示。主动式绝缘测试，通过混合动力总成控制模块 2 在混合动力/电动汽车蓄电池组内执行。

只要模块存在高压，电源逆变器模块就会持续执行绝缘测试。虽然驱动电机和辅助泵控制模块冗余地监测并显示传感器数据，但电源逆变器模块具有一个绝缘传感电路。正极电源绝缘电压和负极电源绝缘电压故障诊断仪参数给出绝缘状态的实时指示。在正常操作条件下，各个参数将指示混合动力/电动汽车蓄电池组高压总电势的一半左右。当观察到绝缘损耗状况时，电压故障诊断仪参数值将根据彼此发生变化（表 1-6）。当电压变化超过设定比例时，将设置故障码 P1AF0、P1AF2 或 P1E22。

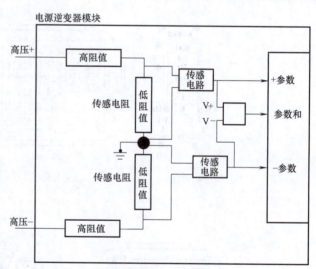

图 1-44 被动式绝缘原理

表 1-6 高压部件和底盘之间的绝缘损耗（正极侧）

| 高压总线和底盘之间的绝缘 | 正常车辆 | 10MΩ | 5MΩ | 1MΩ | 500kΩ | 200kΩ(近似 DTC 设置) | 100kΩ | 无(直接短路) |
|---|---|---|---|---|---|---|---|---|
| 正极绝缘参数 | 198V | 180V | 165V | 110V | 75V | 35V | 20V | 0V |
| 负极绝缘参数 | 192V | 210V | 225V | 280V | 315V | 355V | 370V | 390V |
| 参数之间的差值 | 0~15V | 30V | 60V | 170V | 240V | 320V | 350V | 390V |

注：观察到的完全充电蓄电池组的典型值为 390V，显示为对正极总线短路；对负极总线短路将显示数值相似的相反电压值。

注意某些高压部件包括内部开关或逆变器电路，可中断其高压电路的一部分。如果是该种部件关闭，例如乘员舱加热器，其整个内部电路将不被监测。与此类似，这些内部开关部件无法使用 EL-50772 绝缘万用表或同等产品完全在车下测试。

故障诊断仪参数：

1）Drive Motor 1 Positive Supply Isolation Voltage（驱动电机 1 正极电源绝缘电压）
2）Drive Motor 1 Negative Supply Isolation Voltage（驱动电机 1 负极电源绝缘电压）
3）Drive Motor 2 Positive Supply Isolation Voltage（驱动电机 2 正极电源绝缘电压）
4）Drive Motor 2 Negative Supply Isolation Voltage（驱动电机 2 负极电源绝缘电压）

5）Aux Trans Fluid Pump Positive Supply Isolation Voltage（辅助变速器油泵正极电源绝缘电压）

6）Aux Trans Fluid Pump Negative Supply Isolation Voltage（辅助变速器油泵负极电源绝缘电压）

电源逆变器模块绝缘传感电路进行一个值的通信，该值由三个不同的模块冗余显示。各个模块参数内的数据均相同。

主动式绝缘测试专用于监测混合动力/电动汽车蓄电池组内部高压（HV）电路。蓄电池能量控制模块在高压系统和车辆底盘之间切换固定式电阻，切换至底盘状态和未切换状态之间的差值用于计算至底盘的电阻值。当该电阻值低于设定值时，将设置 DTC P0AA6。

当主高压接触器继电器打开时，发生主动式绝缘测试。出于此原因，车辆行驶一段时间并关机后，混合动力/电动汽车蓄电池组的大部分测试紧随其后。绝缘测试电阻故障诊断仪参数指示上一次执行主动式绝缘测试时确定的高压部件至底盘的电阻计算值。VELITE 5 车型高压系统连接如图 1-45 所示。

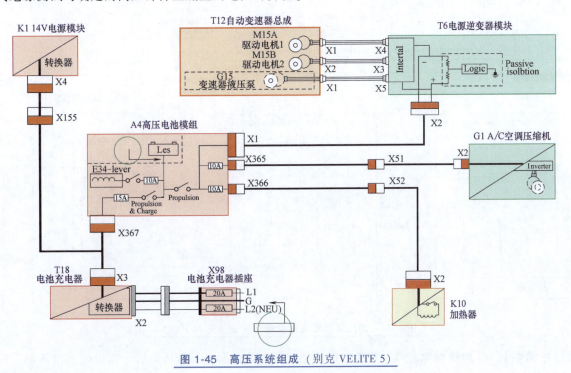

图 1-45　高压系统组成（别克 VELITE 5）

### 1.4.2　高压绝缘电路检测

本书以比亚迪秦 PHEV 车型为例，介绍电动汽车高压系统漏电故障的检修方法。

根据维修经验，高压系统可能漏电的模块有：电动压缩机本体漏电、2#、4#、6#、8#蓄电池模组漏电、PTC 水加热器漏电、驱动电机控制器及 DC 总成漏电、高压配电箱漏电。

高压系统报漏电故障时，确认是 ON 电报漏电故障，还是 OK 电报漏电故障；整车所有高压模块、橙色线束、漏电传感器及连接线束故障时均有可能报漏电故障码，可参考以下方法检查漏电故障。

高压系统漏电检测原理如图 1-46 所示。

高压系统漏电检测原理：当高压系统漏电时，漏电传感器发出一个信号给高压蓄电池管理控制器，蓄电池管理控制器检测到漏电信号后，禁止充、放电并报警；

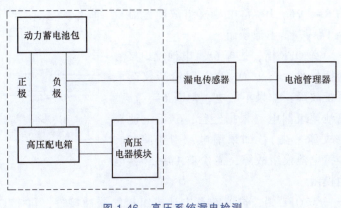

图 1-46　高压系统漏电检测

漏电传感器检测动力蓄电池包负极及与其相连接的高压模块与车身底盘之间的绝缘电阻,来判断动力蓄电池包的漏电程度;当高压BMS报漏电故障时,先初步排除漏电传感器线路异常,再确认是ON电报漏电故障,还是OK电报漏电故障。比亚迪秦PHEV高压系统漏电检测电路如图1-47所示。

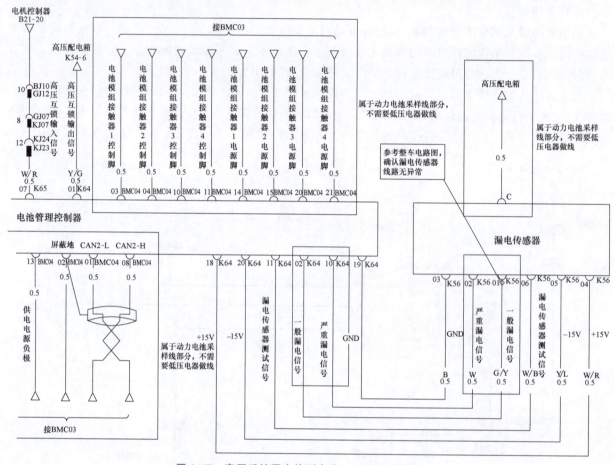

图1-47　高压系统漏电检测电路(比亚迪秦PHEV)

1) 如果上ON电报漏电故障,初步判断为动力蓄电池包漏电;具体是哪个蓄电池模组漏电,根据以下流程检查(图1-48)。

① OFF档,拔掉8#蓄电池模组接触器插接件,再上ON电,用诊断仪读取系统故障:如果不漏电,判断8#、9#、10#蓄电池模组漏电(根据经验,8#蓄电池模组故障率高);如果漏电,则排除8#、9#、10#蓄电池模组故障,需检查1#—7#蓄电池模组。

② OFF档,拔掉6#蓄电池模组接触器插接件,再上ON电,用诊断仪读取系统故障:如果不漏电,判断6#、7#蓄电池模组漏电(根据经验,6#蓄电池模组故障率高);如果漏电,则排除6#、7#蓄电池模组故障,需检查1#—5#蓄电池模组。

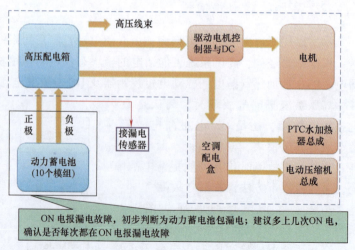

图1-48　上ON电报漏电排查流程

③ OFF档,拔掉4#蓄电池模组接触器插接件,再上ON电,用诊断仪读取系统故障:如果不漏

电,判断4#、5#蓄电池模组漏电(根据经验,4#蓄电池模组故障率高);如果漏电,则排除4#、5#蓄电池模组故障,需检查1#—3#蓄电池模组。

④ OFF档,拔掉2#蓄电池模组接触器插接件,再上ON电,用诊断仪读取系统故障:如果不漏电,判断2#、3#蓄电池模组漏电(根据经验,2#蓄电池模组故障率高);如果漏电,则排除2#、3#蓄电池模组故障,判定1#蓄电池模组漏电。蓄电池组:1#、3#、5#可以互换;2#和4#可以互换;6#和8#可以互换;7#和9#可以互换;各蓄电池模组接触器插接件安装位置如图1-49所示。

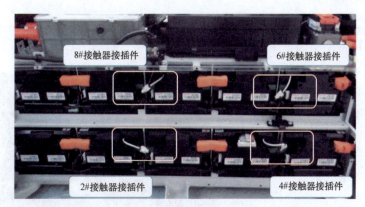

图1-49 各蓄电池模组接触器插接件安装位置

2)如果上OK电报漏电故障,初步判断为动力蓄电池包以外的高压模块漏电;具体是哪个高压模块漏电,根据以下流程检查(图1-50)。

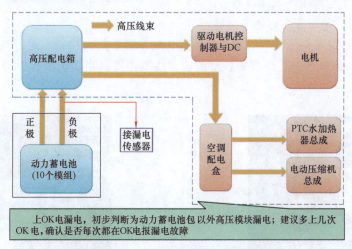

图1-50 上OK电报漏电检测流程

① OFF档,断开紧急维修开关,再断开电动压缩机高压线束插头;装上紧急维修开关,上OK电,用诊断仪读取系统故障:如果不漏电,判断电动压缩机漏电;如果漏电,判断电动压缩机正常;继续断开其他高压模块。

② OFF档,断开紧急维修开关,再断开PTC高压线束插头;装上紧急维修开关,上OK电,用诊断仪读取系统故障:如果不漏电,判断PTC漏电;如果漏电,判断PTC正常;继续断开其他高压模块。

③ OFF档,断开紧急维修开关,再断开空调配电盒输入端高压线束插头(图1-51);装上紧急维修开关,上OK电,用诊断仪读取系统故障:如果不漏电,

图1-51 空调配电盒与高压线束

判断空调配电盒及线束漏电；如果漏电，判断PTC及线束正常；继续断开其他高压模块。

按照以上方法，依次断开剩余高压模块，逐个判断漏电模块或漏电高压线束。判定一个高压模块或高压线束漏电时，尽量再将高压模块或线束插头插上确认故障是否再现，避免零部件误判。

在检查漏电故障时，需在每次断开带高压互锁的高压部件后，先短接高压模块端互锁开关，再上OK电判断漏电情况。注意在维修高压部件时，必须采取绝缘保护措施！

### 1.4.3 高压绝缘故障排除

**1. 江铃仪表亮绝缘警告灯故障**

**故障现象**：江铃E100A车型把钥匙拧到起动档后，仪表上报绝缘故障警告灯，如图1-52所示。

**检修步骤**：

1）把空调压缩机的高压插接件拔开，此绝缘故障灯还是报警。

2）把充电机输出端插接件拔开，故障警告灯还是未解除。

3）把DC/DC高压输入端插接件拔掉，故障警告灯还是未解除。

4）把高压箱打开，分别把高压箱至电机控制器的正极、负极线拆卸，绝缘警告灯还未排除，如图1-53所示。

5）把高压箱四个固定脚用绝缘橡胶垫垫在高压箱与支架中间，绝缘警告灯还未排除。

6）把蓄电池包总正极至高压箱内的动力线拆卸，绝缘警告灯未排除，把蓄电池包总负极至高压箱内的动力线拆卸，如图1-54所示，绝缘警告灯消失，故障排除；当不把该线拆卸时，直接按下电源总开关，绝缘警告灯消失。

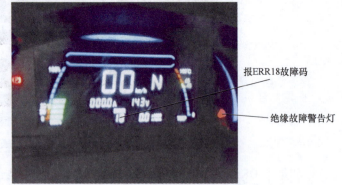

图1-52 仪表亮绝缘故障警告灯

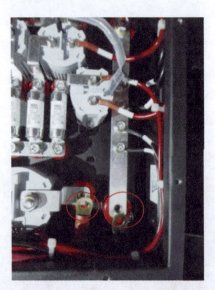

图1-53 拆卸高压箱至电机控制器的正负极线路

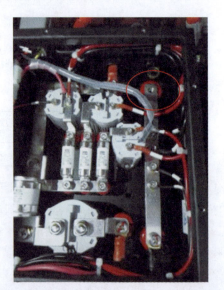

图1-54 拆除蓄电池包总正极至高压箱的连接线

7）把蓄电池包上的正负极插头拔下，分别测量蓄电池包正极、负极对蓄电池包外壳电压都一样，通过上位机软件监测，此时绝缘警告灯消除，以此排除蓄电池包导致的绝缘报警问题。

8）把电源总开关拆卸，把两端的负极线直接接触在一起，绝缘警告灯出现；综合以上的排查过程，判定此绝缘警告灯是由动力线束引起的。

**故障排除**：更换动力线束总成。

### 2. 比亚迪宋 DM 车型高压蓄电池包漏电故障

**故障现象**：一辆比亚迪宋 DM 车型仪表偶发性报 EV 功能受限，无法使用 EV。

**故障诊断**：

1）使用诊断仪读取故障码为漏电故障，分析可能的原因为：漏电传感器或 BMS 故障；高压部件漏电；高压线束破损等漏电。

2）使用诊断仪读取故障码为严重漏电与一般漏电，清除故障码重新上电，发现只有一般漏电无法清除，检查各线束连接正常，无插接件松动的现象。

3）首先确认是否为漏电传感器误报，断开漏电传感器到高压配电箱的连接，再次清除故障码后读取，故障码消失，排除漏电传感器与 BMS 故障。

4）检查各高压件正常，由于漏电故障是在 ON 档出现，故分析严重漏电与一般漏电都为蓄电池包故障，更换蓄电池包后故障排除。

**故障排除**：更换高压蓄电池包。

### 3. 比亚迪宋 DM 车型 EV 功能受限故障

**故障现象**：一辆比亚迪宋 DM 车型，行驶过程中突然显示 EV 功能受限，无法切换纯电行驶；故障时 SOC 值为 80%，车辆无法充电，使用混动模式最快车速只有 60km/h。

**故障诊断**：

1）根据现象分析可能引起的原因有：动力蓄电池故障；高压配电箱故障；驱动电机控制器故障；蓄电池管理器故障；高压互锁或漏电故障。

2）使用 VDS2000 进行扫描后发现车辆有 7 个升级项，于是对车辆进行故障清除并更新最新程序。

3）更新程序后试车故障未排除，读取蓄电池管理器故障码为 P1A0000：严重漏电故障；漏电传感器故障码为 P1CA100：严重漏电故障；漏电传感器故障码为 P1CA200：一般漏电故障。诊断界面如图 1-55 所示。

图 1-55　诊断仪读取故障码显示内容界面

4）根据故障码定义进行检查：在车辆 OFF 档时断开动力蓄电池母线，使用绝缘测试仪测量前驱动电机控制器对车身阻值分别为 ≥20.9MΩ、21.0MΩ；后驱动电机控制器对车身阻值分别为 ≥24.2MΩ、24.2MΩ，正常；断开高压配电箱高压插接件，使用绝缘测试仪测量阻值为 0.08MΩ，属于严重漏电状态。为了彻底排查故障原因，分别对高压配电箱周围低压线路进行拔出测量，当断开漏电传感器低压线路后，高压配电箱对车身阻值恢复正常。

5）拆下漏电传感器查看，发现漏电传感器内部有许多液体，打开上盖后发现内部有许多水珠，查看底板及周围未发现有水痕，怀疑车辆涉水行驶，与车主沟通得知前些天下大雨，车辆有涉水较深情况。更换漏电传感器后故障排除。

**故障排除**：更换漏电传感器。

# 1.5 高压碰撞故障

## 1.5.1 高压碰撞防护原理

纯电动汽车在总体设计和车身设计阶段,不但要充分考虑发生碰撞后避免乘员和救护者触电,而且还应在检测到遭受碰撞后,立即将高压电部件和蓄电池组断开,以切断发烟、失火的祸患根源。纯电动汽车在车身前后端和左右两侧都安装有碰撞传感器,当碰撞强度水平超过一定强度值(即加速度值)时,车内的 EV 电子控制单元(Electronic Control Unit,ECU)就会发出指令,通过接触器使得动力蓄电池组内的高压电回路断开。三菱 i-MiEV 纯电动汽车搭载的封装在蓄电池组总成内的高压电部件断开系统如图 1-56 所示。其中,安全气囊系统的电控单元(SRS ECU)主要包括中央安全气囊传感器、点火控制驱动电路、安全传感器、备用电源、诊断电路、记忆电路和安全电路,用于接收前气囊碰撞传感器输入的信号,判断是否需要引爆气囊充气,同时对 SRS 系统具有故障诊断功能。EV ECU 的功能包括动力蓄电池管理系统、高压电控制系统、续驶里程控制系统、牵引力控制系统、平滑起动控制系统、动力蓄电池容量推测系统、再生制动控制系统和节能控制系统。

日产聆风电动汽车电力系统的高压电部件断开系统如图 1-57 所示。当车辆发生碰撞时,安装在蓄电池组上碰撞系统中的 A/B 传感器工作,利用车辆控制模块(VCM),切断接线盒 J/B 中的主继电器 RLY,从而达到动力蓄电池组的高压电防护;当检测、校准电力系统时,应接通主继电器,以便全面检测、校准系统正常工作参数;当维修、保养蓄电池组的各电芯、电堆(共 96 处)及蓄电池组的总电压时,需使用维修保养断开连接开关 SD/SW。使用车载充电器或是外接快速充电器进行充电,仅需通过操作相关继电器即可。

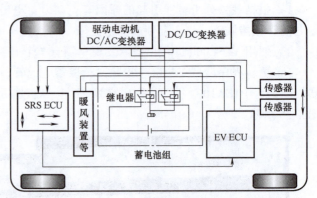

图 1-56 三菱 i-MiEV 高压蓄电池碰撞切断开系统

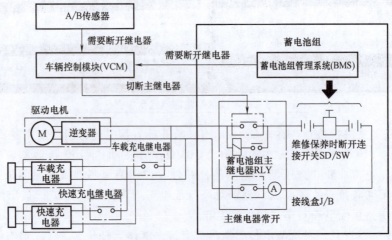

图 1-57 日产聆风高压电部件断开系统

新能源汽车中的碰撞保护功能是指当车辆发生碰撞时,动力蓄电池管理器检测到碰撞信号大于一定阈值时,会切断高压系统主回路的电气连接,同时通知驱动电机控制器激活主动泄放,从而使发生碰撞时的短路危险、人员电击危险降至最低。

驱动电机控制器中含有主动泄放回路,当检测到车辆发生较大碰撞、高压回路中某处插接件存在拔开状态或含有高压的高压电控产品存在开盖情况时,可在5s内将高压回路直流母线电压泄放到60V以下,迅速释放危险电能,最大限度保证人员安全。

在含有主动泄放的同时,驱动电机控制器、空调驱动控制器等内部含有高压的高压电控产品同时设计有被动泄放回路,可在2min内将高压回路直流母线电压泄放到60V以下,被动泄放作为主动泄放失效的二重保护。

### 1.5.2 高压碰撞电路检测

碰撞防护电路的碰撞信号与切断执行一般由BMS模块发出,因此主要的电路检测也就是检测BMS相关端子信号。以比亚迪e5 450车型为例,该车蓄电池管理系统端子如图1-58所示,端子检测数据见表1-7。

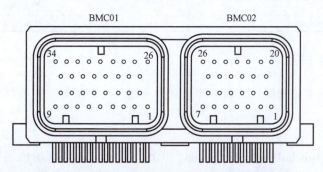

图1-58 比亚迪e5 450电动汽车BMS模块端子

表1-7 比亚迪e5 450车型BMS端子检测数据

| 引脚号 | 端口名称 | 条件 | 正常值 |
| --- | --- | --- | --- |
| BMC01-1 | 电池子网CANH | ON档/OK档/充电 | 1.5~2.5V |
| BMC01-2 | 电池子网CAN屏蔽地 | 始终 | 小于1V |
| BMC01-3 | BMS通信转换模块电源+12V | ON档/OK档/充电 | 9~16V |
| BMC01-6 | 直流充电唤醒信号 | 直流充电 | 9~16V |
| BMC01-7 | 预充接触器电源+12V/主接触器电源+12V | ON档/OK档/充电 | 9~16V |
| BMC01-8 | 充电仪表指示灯信号 | 充电时 | 小于1V |
| BMC01-9 | 分压接触器控制信号 | 整车上高压电 | 小于1V |
| BMC01-10 | 电池子网CANL | ON档/OK档/充电 | 1.5~2.5V |
| BMC01-11 | 通信转换模块电源GND | 始终 | 小于1V |
| BMC01-15 | 直流充电正极接触器电源+12V/直流充电负极接触器电源+12V | 直流充电时 | 9~16V |
| BMC01-16 | 负极接触器电源+12V/分压接触器电源+12V | 整车上高压电 | 小于1V |
| BMC01-18 | 电流霍尔传感器负极电源-15V | ON档/OK档/充电 | -15V±1V |
| BMC01-19 | 电流霍尔传感器屏蔽地 | 始终 | 小于1V |
| BMC01-21 | 预充接触器控制信号 | 预充过程中 | 小于1V |
| BMC01-22 | 主接触器控制信号 | 整车上高压电 | 小于1V |
| BMC01-24 | 直流充电负极接触器控制信号 | 直流充电时 | 小于1V |
| BMC01-26 | 直流霍尔信号 | ON档/OK档/充电 | 0~4.2V |
| BMC01-27 | 电流霍尔传感器正极电源+15V | ON档/OK档/充电 | +15V±1V |
| BMC01-28 | 常电 | ON档/OK档/充电 | 9~16V |
| BMC01-29 | 负极接触器控制信号 | 整车上高压电 | 小于1V |
| BMC01-33 | 直流充电正极接触器控制信号 | 直流充电时 | 小于1V |
| BMC02-1 | 12V常电 | ON档/OK档/充电 | 9~16V |
| BMC02-2 | 车身地 | 始终 | 小于1V |
| BMC02-3 | 碰撞信号 | ON档/OK档/充电 | PWM脉冲信号 |
| BMC02-4 | PWM输出1 | ON档/OK档/充电 | PWM脉冲信号 |
| BMC02-5 | PWM输入1 | ON档/OK档/充电 | PWM脉冲信号 |
| BMC02-6 | 直流充电口温度传感器GND2 | 始终 | 小于1V |
| BMC02-7 | 直流充电接触器烧结检测信号 | ON档/OK档/充电 | 5V |

(续)

| 引脚号 | 端口名称 | 条件 | 正常值 |
|---|---|---|---|
| BMC02-8 | 12VDC | ON 档/OK 档/充电 | 9~16V |
| BMC02-10 | PWM 输出 2 | ON 档/OK 档/充电 | PWM 脉冲信号 |
| BMC02-11 | PWM 输入 2 | ON 档/OK 档/充电 | PWM 脉冲信号 |
| BMC02-12 | 直流充电口温度传感器 GND1 | 始终 | 小于 1V |
| BMC02-13 | 直流充电口温度信号 2 | ON 档/OK 档/充电 | 0~5V |
| BMC02-15 | 快充电信号 | 充电时 | 小于 1V |
| BMC02-16 | 动力网 CANH | ON 档/OK 档/充电 | 1.5~2.5V |
| BMC02-17 | 动力网 CANL | ON 档/OK 档/充电 | 1.5~2.5V |
| BMC02-19 | 直流充电口温度信号 1 | ON 档/OK 档/充电 | 0~5V |
| BMC02-20 | 车载充电感应信号 | 充电时 | 小于 1V |
| BMC02-21 | 车身地 | 始终 | 小于 1V |
| BMC02-23 | 整车 CAN 屏蔽地 | 始终 | 小于 1V |
| BMC02-24 | 直流充电子网 CANH | 直流充电 | 1.5~2.5V |
| BMC02-25 | 直流充电子网 CANL | 直流充电 | 1.5~2.5V |

### 1.5.3 高压碰撞故障排除

**故障现象**：一辆广汽本田雅阁混动车型被追尾后，踩下制动踏板，按下起动按钮，READY 灯无法点亮，即无法上高压电。

**故障诊断**：

1）用故障检测仪（Honda Diagnostic System，HDS）检测，在"电动传动系/IMA"中读得故障码"P1D65 系统因检测到碰撞信号而停止运行"和故障码"P0A94 DC/DC 变换器输出电压过低"。

2）查看维修资料得知，该车具有碰撞电源关闭功能，以在车辆发生碰撞事故时切断高压电路。发生以下两种情况时，均会触发碰撞电源关闭功能，同时会在蓄电池状态监视器单元（BMS）的非易失性存储器中写入碰撞关闭记录，须通过清除指令重置 BMS 中的碰撞关闭记录，系统才会重新开始向高压电路供电。

① 在发生碰撞事故且安全气囊展开的情况下，安全气囊控制单元（SRS）的互锁系统会切断高压电路。

② 如果蓄电池状态监视器单元（BMS）在规定时间内持续从 SRS 接收到碰撞信号（正面碰撞、侧面碰撞及后部碰撞），BMS 就会切断至 HV 蓄电池组的接触器，以停止向高压电路供电。

3）由于该车被追尾后安全气囊并没有展开，推断是上述第 2 种情况导致的高压供电被切断。

**故障排除**：用故障检测仪重置 BMS 中的碰撞关闭记录。

# 第2章 高压电源系统

## 2.1 高压蓄电池

### 2.1.1 高压蓄电池类型与原理

如果将锌棒和铜棒分别置于不同容器适当的电解溶液中,两种金属会以不同速度向电解质中释放离子,电子将留在金属棒上。在一个容器中,溶液中有很多带正电的锌离子,锌棒上则留有许多电子。在另一个容器中,溶液中仅有少量正电铜离子,铜棒上也只有少量电子。如果现在将两个容器用离子桥相互连接起来,则会因不同的离子浓度而发生电荷交换。由于锌棒上聚集了过量电子,因此它将作为正极,而铜棒将作为负极。由于电子浓度不同,因此可以测量两者之间的电压。

如果使用导线连接两个电极,则电子会从正极流向负极。该构造通常被称作原蓄电池,是蓄电池最简单的形式。如果能量从蓄电池中释放,则正极转为负极。在可充电蓄电池中,相同的电极可作为正极或负极交替工作,取决于蓄电池正在充电还是正在放电。蓄电池工作原理如图2-1所示。

可充电蓄电池按照电极和电解质使用的材料进行分类。最常见的可充电蓄电池为铅酸、镍镉、镍氢和锂离子蓄电池。这些蓄电池分类及其主要特征见表2-1。

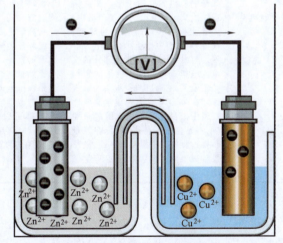

图2-1 蓄电池工作原理

表2-1 蓄电池分类及主要特征

| 蓄电池分类 | 特性描述 | 优点 | 缺点 |
| --- | --- | --- | --- |
| 铅酸蓄电池 | 传统的12V车辆电子系统蓄电池。电极板使用铅(Pb)和铅/铅氧化物制造,电解质是硫酸 | 电压稳定、价格便宜、维护简单、质量稳定,可靠性高 | 铅酸蓄电池需要维护。这意味着需要加满蒸馏水以确保必要的电解质液位。铅酸蓄电池并不十分适合为纯电动车供能,由于单位其体积的重量较大,占据了车辆的大量空间,这会降低电动车的承载能力<br>在某些情况下,铅酸蓄电池使用6年后就会损失大部分电容量;如果损坏,电解质(酸)会泄漏 |

(续)

| 蓄电池分类 | 特性描述 | 优点 | 缺点 |
|---|---|---|---|
| 镍镉蓄电池 | 这类蓄电池的电极采用镉(Cd)和镍(Ni)合金制造,电解质为氢氧化钾溶液。因此该类蓄电池也被称作碱性电池 | 它们较铅酸蓄电池具有更高的能量密度,不易于损坏及发生电解质泄漏 | 镍镉蓄电池受记忆效应限制,无法完全应对深度放电或过度充电。因此,它不够高效,且镉及镉化合物是有毒的 |
| 镍氢蓄电池 | 这类蓄电池的电极采用镍化合物和另一种金属的化合物制造,电解质为氢氧化钾 | 它们较镍镉蓄电池拥有更高的能量密度,抗损伤程度更高。即使镍镉蓄电池不存在记忆效应,该类蓄电池也会在使用寿命中损失效率。这种效率损失在某种程度上是可逆的。镍氢蓄电池的一项优势是不含任何有毒重金属,如铅或镉。蓄电池中的电解质以固体形式存在,即使壳体破损,也只会有少量液滴流出 | 镍氢蓄电池的劣势主要由循环期间阴极吸附容量的降低决定。在充放电循环时,合金的晶格体积发生变化,而当反应裂纹形成时,会腐蚀电解液。腐蚀产物的形成由氧和氢的吸收引起,进一步导致电解质总量的减少和电池内阻的增加 |
| 锂离子蓄电池 | 这是使用锂(Li)化合物作为其内部结构的新一代蓄电池。各种锂-金属氧化物和石墨被用来制造电极。锂盐的不同溶剂构成了电解质。锂离子蓄电池仅含少量水,没有记忆效用 | 与镍镉蓄电池相比,锂离子蓄电池的能量密度是其两倍还多。这意味着这种蓄电池在电动车中占用的空间更小,从而为乘员和行李舱留下了更大空间。另外,可快速充电(锂离子半径小)且无记忆效用 | 锂离子蓄电池成本较高,主要表现在正极材料钴酸锂($LiCoO_2$)的价格高(Co的资源较少),电解质体系提纯困难。不能大电流放电。此外,还需要保护线路控制,主要是过充电和过放电保护 |
| 燃料电池 | 燃料电池是对交替驱动的一项发展。根据能量转换定律,燃料电池中发生的将化学能转换为电能的过程与发动机中的过程相似。燃料电池将"燃料"转换为输出的过程更加直接。因此,燃料电池的效率较发动机的效率更高。所以可以把燃料电池视作发动机。在发动机中,通过燃烧将储存在燃料分子中的化学能转化为热能。由此产生的热能可用于驱动变速箱或供给交流发电机。在发动机中,大量能量由于摩擦转化为热能。在燃料电池中,化学能转化为电能。与发动机不同,无须额外的交流发电机进行发电。使用的燃料是工业氢,它通过与空气中的氧气作用在燃料电池中变成水。氢比燃料中碳氢化合物所含的能量要少,但是氢更容易燃烧,且在能量转换过程中能量损耗小。此外,与发动机不同,燃料电池不会产生燃烧残渣或有害废气 | 发电效率高,理论上,它的发电效率可达到85%~90%,但由于工作时各种极化的限制,目前燃料电池的能量转化效率约为40%~60%<br>环境污染小,燃料电池以天然气等富氢气体为燃料,二氧化碳的排放量比热机过程减少40%以上,由于燃料电池的燃料气在反应前必须脱硫,而且按电化学原理发电,没有高温燃烧过程,因此几乎不排放氮和硫的氧化物,减轻了对大气的污染<br>比能量高,液氢燃料电池的比能量是镍镉电池的800倍<br>燃料范围广,只要含有氢原子的物质都可以作为燃料,例如天然气、石油、煤炭等化石产物,或是沼气、酒精、甲醇等 | 成本高,特别是初期的建制成本还会高于发电机,因此难以推广<br>技术门槛高,对于制造者、销售者、消费者都需要有一定的技术或训练,目前还不易达到<br>需要基础设施的配套使用,重点是燃料的提供,不论是用天然气或石油气进行改质,或直接使用氢气,都需要有配套的基础设施 |

  高压蓄电池模组放置在一个密封并且屏蔽的高压蓄电池箱里面,高压蓄电池系统使用可靠的高低压插接件与整车进行连接,如图2-2所示。系统内的BMS实时采集各电芯的电压值、各温度传感器的温度值、蓄电池系统的总电压值和总电流值,蓄电池系统的绝缘电阻值等数据,并根据BMS中设定的阈值判定蓄电池系统工作是否正常,并对故障实时监控。高压蓄电池系统通过BMS使用控制器局域网络(Controller Area Network,CAN)与VCU或充电机进行通信,对高压蓄电池系统进行充放电等综合管理。

  高压蓄电池系统也接收和储存由车载充电机、发电机、制动能量回收装置和外置充电装置提供的高压直流电,并且为驱动电机控制器、DC/DC、电动空调、PTC等高压元件提供高压直流电。

  高压蓄电池系统主要由高压蓄电池模组、蓄电池管理系统、高压蓄电池箱及辅助元器件四部分组成,如图2-3所示。

  蓄电池单体是构成高压蓄电池模块的最小单元,一般由正极、负极、电解质及外壳等构成,可实

图 2-2　高压蓄电池模组的安装位置

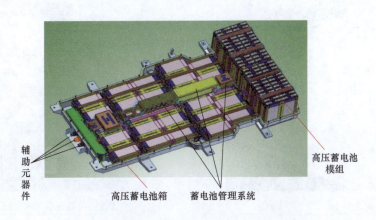

图 2-3　高压蓄电池系统组成（北汽 E150EV）

现电能与化学能之间的直接转换。蓄电池模块是一组并联的蓄电池单体的组合，该组合额定电压与蓄电池单体的额定电压相等，是蓄电池单体在物理结构和电路上连接起来的最小分组，可作为一个单元替换。模组是由多个蓄电池模块或单体电芯串联组成的一个组合体，如图 2-4 所示。

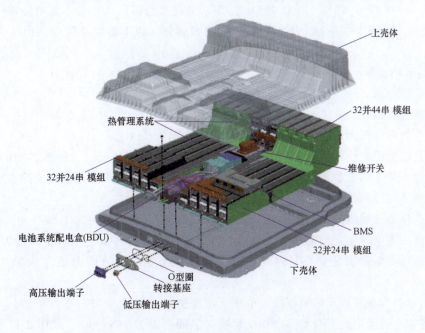

图 2-4　高压蓄电池模组结构组成（江淮新能源车型）

高压蓄电池箱是支撑、固定、包围蓄电池系统的组件，主要包含上盖和下托盘，还有辅助元器件，如过渡件、护板、螺栓等，高压蓄电池箱有承载及保护高压蓄电池组及电气元件的作用。

蓄电池箱体螺接在车身地板下方，其防护等级为 IP67，螺栓紧固力矩为 80~100N·m。整车维护时需观察蓄电池箱体螺栓是否有松动，蓄电池箱体是否有破损或严重变形，密封法兰是否完整，确保高压蓄电池可以正常工作；在外观上，蓄电池箱体外表面颜色要求为银灰或黑色（亚光），如图 2-5 所示；蓄电池箱体表面不得有划痕、尖角、毛刺、焊缝及残余油迹等外观缺陷，焊接处必须打磨圆滑。

蓄电池模组辅助元器件（图 2-6）主要包括高压蓄电池系统内部的电子电器元件（如熔断器、继电器、分流器、插接件、紧急开关、烟雾传感器等）、维修开关以及电子电器元件以外的辅助元器件（如密封条、绝缘材料等）。

图 2-5 高压蓄电池箱体（北汽 E150EV）

图 2-6 高压蓄电池模组内部辅助元件

### 2.1.2 高压蓄电池拆装与检测

**1. 特斯拉 Model S 动力蓄电池拆装**

说明：若车辆配有空气悬架，则在举起并支撑车辆前起动触摸屏上的 JACK 模式。

将无线电钻与 3/8 英寸（1 英寸=0.0254m）驱动装置接合器和 3/8 英寸驱动装置气动棘轮扳手配合使用来执行此程序。不要使用冲击扳手拆卸蓄电池紧固件。以下拆装步骤应该由 2 名技术人员配合完成。

（1）蓄电池拆卸步骤

1）升起并支撑车辆。

2）拆卸后护板。

3）拆卸将左侧剪力板固定到副框架的螺母（紧固力矩为 35N·m）。

4）拆卸将蓄电池固定到车身的 6 个中心螺栓（紧固力矩为 38N·m），如图 2-7 所示。

5）在蓄电池下面正确放置蓄电池工作台，确保该工作台保持水平并且可以支撑蓄电池的全重。

6）如果装配了防撞板压铸件，请将其拆下。

7）拆卸将高压蓄电池固定到前副框架和车身的 2 个螺栓（紧固力矩为 115N·m），如图 2-8 所示。

8）拆卸将高压蓄电池固定到前副框架的 4 个螺栓（紧固力矩为 30N·m），如图 2-9 所示。

9）拆卸将高压蓄电池固定到车身左侧车门槛板的 8 个螺栓（紧固力矩为 55N·m），如图 2-10 所示。

10）对于固定到车身右侧车门槛板的蓄电池，请重复上述步骤。

11）拆卸将蓄电池固定到车身的其余 6 个螺栓（紧固力矩为 38N·m），如图 2-11 所示。

12）使用辅助设备降低蓄电池总成，拆下蓄电池总成，如图 2-12 所示。

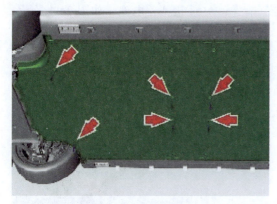

图 2-7 拆卸底板螺栓

图 2-8 拆卸前副框架固定螺栓

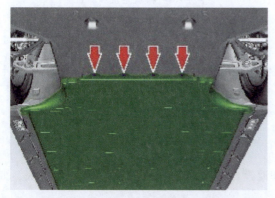

图 2-9 拆卸蓄电池前副框架固定螺栓

图 2-10 拆卸车身左侧固定螺栓

图 2-11 拆卸其余固定螺栓

图 2-12 降低蓄电池总成

13）使用万用表检查高压蓄电池处的电压：

① B+到地。

② B-到地。

③ B+到 B-。

若电压读数超过 10V，则接触器没有完全打开，立即中断作业。

14）将一个高电压盖（1038478-00-A）和一个低电压盖（1028325-00-A）插入高压和低压蓄电池端口。如果没有此类护盖，则使用 3M 2480S 遮蔽胶带（2 英寸宽）或 3M 471 红色聚氯乙烯绝缘带（2 英寸宽）密封这些端口，如图 2-13 所示。使用前，验证盖上的密封并未损坏。

（2）蓄电池安装步骤

注意更换所有尼龙嵌件式防松螺母和所有补件螺栓；不要用冲击扳手安装蓄电池紧固件。

安装以与拆卸相反的步骤进行，以下各项例外：

1) 将蓄电池抬升入位并确保蓄电池线束插接器和定位销（×2）连接到蓄电池，如图2-14所示。

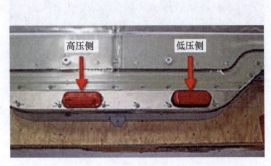

图2-13 检查端口密封

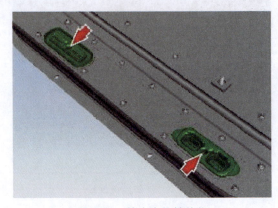

图2-14 检查定位销就位

2) 使用高压快速接头安装工具，确保高压快速接头正确就位。

① 将手伸到后副框架上方并将高压快速接头用力向下拉。

② 定位高压快速接头就位工具，使下臂支撑在后副框架底部，上臂位于车辆侧面快速接头高压电缆中间。

③ 将把手朝向车辆后部拉动，确保高压快速接头正确就位。

3) 检查并加满冷却系统。

**2. 高压蓄电池模块总成拆解**

以江淮新能源IEV6、IEV7车型为例，其高压蓄电池模组分为左前、右前及后部三个模块，如图2-15所示。

图2-15 高压蓄电池模组组成模块

1) 拆卸BDU上壳体，拆卸连接左前模组总成与BDU输出铜条和高压护盖，如图2-16所示。提示：为了防止被电击，立即使用绝缘胶带包裹好断开连接的高压连接端子。

2) 移除中央风道海绵条，移除左风道盖板塑料卡钉，拆卸左风道盖板，如图2-17所示。

3) 拆卸左前模组总成与后部模组总成模组间的软连接件，如图2-18所示。

4）拔出锂电池充电器（Lipo Battery Charger, LBC）低压线束插接件，拆卸线束固定盖板，分别移除低压线束及其线束固定下盖，如图2-19所示。

5）拔出模组前部分低压线束插接件，拆卸左前模组总成固定螺母，如图2-20所示。

6）拆卸左前模组总成测压钣金固定螺栓，如图2-21所示。

7）移除左前模组总成，将左前模组总成放置在绝缘工作台上。

8）拆下后模组总成的风道盖板，如图2-22所示。

9）拔出后部模组总成低压线束插接件，如图2-23所示。移除后部模组总成低压主线束固定卡口，移除低压主线束。

10）分别拆除左、右前模组总成与后部模组总成间的软连接，如图2-24所示。

11）拆卸后部模组总成与维修开关间软连接高压护盖，移除软连接。拆卸维修开关支架固定螺栓，移除维修开关软连接支架，如图2-25所示。

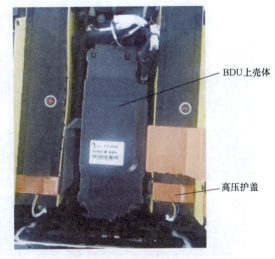

图2-16　拆卸BDU上壳体与高压护盖

图2-17　移除海绵条与风道盖板

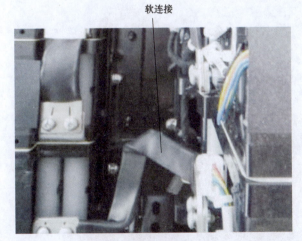

图2-18　拆卸软连接件

图2-19　拆卸线束固定盖板

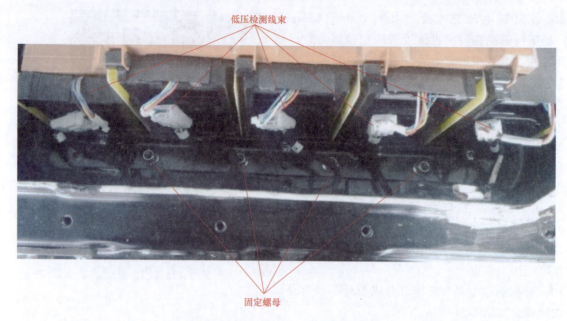

图 2-20 取出低压检测线束连接端子

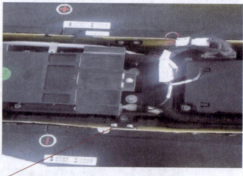

图 2-21 拆卸固定螺栓

图 2-22 拆下后模组总成风道盖板

图 2-23 拔出后部模组总成低压线束插接件

图 2-24 拆卸模组总成间的软连接件

图 2-25 拆卸维修开关支架与软连接

12) 分别拆卸后部模组总成固定件与下壳体总成固定螺栓，如图2-26所示。

图 2-26 拆卸壳体固定螺栓

13) 移出后部模组总成，并放置于绝缘的工作台上。

拆装作业警示：在所有拆卸过程中，应确保穿好防护用品；不得有裸露在外的高压连接端子及高压软连接，应用绝缘胶带包裹好；即使使用防护设备触碰高压部件，仍有可能会被电击。

### 3. 高压蓄电池模组更换方法

以比亚迪秦 PHEV 车型为例，示范讲解其高压蓄电池模组的更换步骤及方法。

1) 如图 2-27 所示拉动维修开关手柄呈竖直状，佩戴高压绝缘手套拔出维修开关。
2) 拔出蓄电池负极，如图 2-28 所示。

图 2-27 拔出维修开关

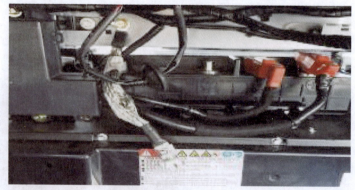

图 2-28 拔出蓄电池负极

3) 拆除动力蓄电池包前、后盖板，如图 2-29 所示。
4) 拆去前、后部动力蓄电池包串联线，如图 2-30 所示。注意：需佩戴绝缘手套。
5) 拔下电池信息采集器（Battery Information Collector，BIC）采样线插接件，如图 2-31 所示。
6) 拆除 BIC 采样线固定板，如图 2-32 所示。
7) 拆去模组固定螺栓，如图 2-33 所示。
8) 取出模组，如图 2-34 所示。注意：戴好绝缘手套，小心取出模组，避免挤压、碰撞！

 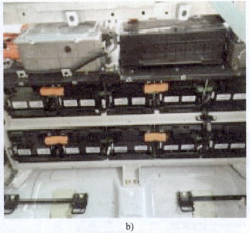

a)　　　　　　　　　　　　　b)

图 2-29　拆除蓄电池包前、后盖板

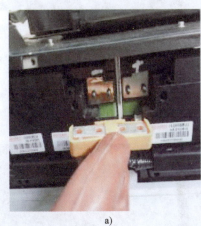 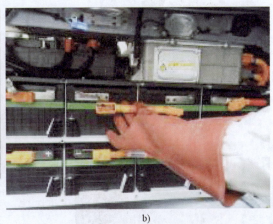

a)　　　　　　　　　　　　　b)

图 2-30　拆除蓄电池包串联线

图 2-31　拔下采样线插接件　　　　　图 2-32　拆除采样线固定板

图 2-33　拆下模组固定螺栓　　　　　图 2-34　取出蓄电池模组

9）搭接动力蓄电池包特定的串联线，将其中模组的负极与另一个模组的正极连起来（图 2-35 为取下两个模组的搭接情况；图 2-36 为取出一个模组后，将串联线从其中穿过与隔壁两个模组正负极搭接的方式）。注意：戴好绝缘手套且务必将串联线打紧！

图 2-35　取下两模组的搭接方式

图 2-36　取出一个模组的搭接方式

高压蓄电池维修模式充电设置方法如下：

1）整车上 ON 档电。

2）连接诊断仪，进入高压蓄电池管理器，如图 2-37 所示。

3）选取"9"进入维修模式设置，如图 2-38 所示。

图 2-37　诊断仪进入高压蓄电池管理器

图 2-38　进入维修模式设置

4）退出重新进入当前工作模式查询，若显示已在维修模式，则可以插枪进行车载充电。

5）车载充电完成后重新进入诊断仪，选择退出维修模式，如图 2-39 所示。注意：充满之后一定要记得退出维修模式！

拆卸注意事项：

1）拆卸时一定要保证整车退至 OFF 档且维修开关处于断开状态。维修开关拔出和恢复时一定要佩戴绝缘手套。

2）拆卸动力蓄电池包前后部串联线及取出模组时一定要佩戴绝缘手套。

3）拆卸动力蓄电池包前后串联线时一定不要两人同时操作，只能由一人单独完成；恢复过程也只能由一人单独完成。

4）必须先将故障模组拆除，显示连接好之后才能用诊断仪请求进入维修模式。在 ON 档电请求进入维修模式后直接插枪充电，若发生退电则管理器复位，再

图 2-39　退出维修模式

重新请求。

5）维修模式下只能进行车载充电，若进行其他操作可能会有风险。

6）拆除模组的采集器必须串联在线束上（即连接通信插接件）。

### 2.1.3 高压蓄电池故障排除

**1. 动力蓄电池包故障案例**

**故障现象**：比亚迪唐车辆无 EV 模式。组合仪表提示"请检查动力系统"，如图 2-40 所示。

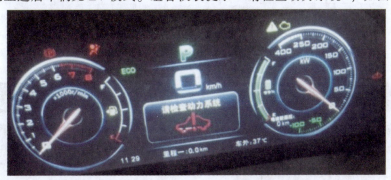

图 2-40 "请检查动力系统"的仪表提示

**故障诊断**：

1）用 VDS1000 读取发现 BMS 内有故障码 P1A2000：BIC1 温度采样异常故障，P1A5000：BMS 自检故障，P1A9500：因采样系统故障导致充放电功率为 0。初步怀疑是动力蓄电池内部故障，故障码信息如图 2-41 所示。

2）VDS1000 读取的 BMS 数据流，如图 2-42~图 2-44 所示。

图 2-41 系统故障码信息

图 2-42 数据流信息一　　图 2-43 数据流信息二

3）VDS1000 读取的 BMS 模组信息数据流，如图 2-45~图 2-49 所示。

通过 VDS1000 读出的 BMS 和蓄电池包各模组的数据流信息并未发现数据异常。

4）用上位机检查发现第 138 节单节电压约为 2.1V，第 139 节单节电压约为 4.5V，相差很大。由此确认为动力蓄电池包内部故障。

**故障排除**：更换动力蓄电池包总成处理。

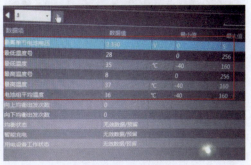

图 2-44 数据流信息三

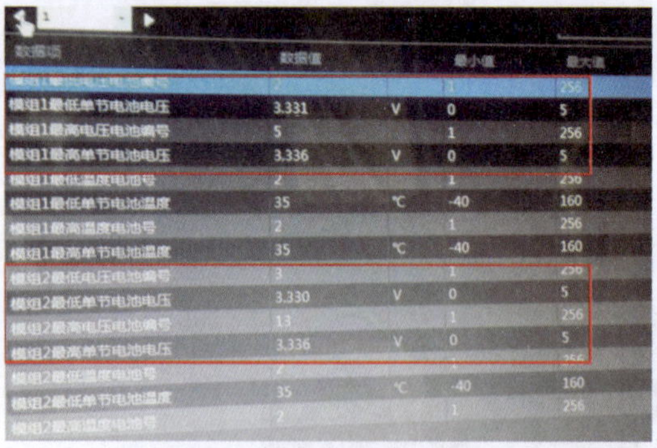

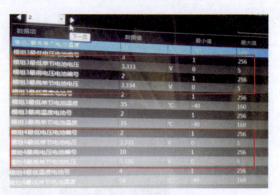

图 2-45　BMS 数据流信息一

图 2-46　BMS 数据流信息二

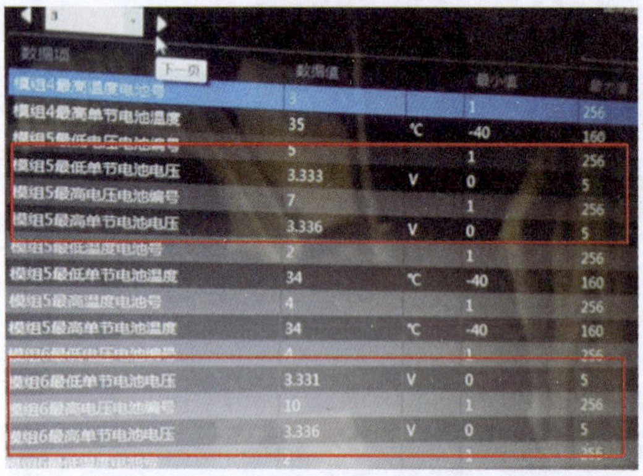

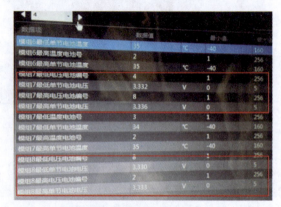

图 2-47　BMS 数据流信息三

图 2-48　BMS 数据流信息四

图 2-49　BMS 数据流信息五

**2. 蓄电池采样线故障案例**

故障现象：车辆 SOC 78%，无 EV 模式。仪表显示"请检查动力系统"，如图 2-50 所示。BMS 故障码为 P1A3D00：负极接触器回检故障，如图 2-51 所示。

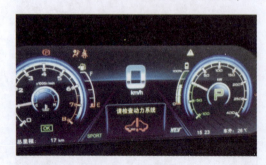

图 2-50　仪表提示

图 2-51　故障码信息读取

**故障诊断：**

1）首先对 BMS 负极接触器电源、控制电路进行检查。

2）检查 BMS 负极接触器 F 脚电源供给正常（k161 母端）。

3）进一步排查发现动力蓄电池采线端子（k161 公端）F 针脚出现退针现象，如图 2-52 所示。

**故障处理**：更换动力蓄电池包（没有分件前更换总成处理）。

### 3. 比亚迪唐 EV 功能受限故障

**故障现象**：车辆在起动时，EV 功能受限报警，直接起动发动机。

**故障诊断**：

1）首先使用 VDS2000 对系统检测，检测时发现 BMS 故障（P1A3400：预充失败故障），系统无升级提示，首先清除故障码发现可以清除，再对系统检测时没有故障提示，退电后重新上 OK 电时，故障依旧。

图 2-52　连接端子针脚故障

2）读取 BMS 数据流发现在上 OK 电的瞬间，预充接触器吸合后，主接触器没有吸合，系统报故障后起动发动机，检查双路电保险良好。查看电路图测量 K160-B 和 K160-G 号端子信号电压正常，检查主接触器时测量 K160-H 号端子的控制电源没有电。

3）打开高压配电箱检查测量预充电阻，阻值为 196Ω 正常，测量前控保险正常，怀疑预充接触器故障。检查预充接触器时，查看电路图（可通过观察前驱电机控制器的母线电压来判断预充接触器的好坏），读取在上 OK 电的瞬间前驱电机控制器的母线电压闪动一下后显示 10V（但是读取 BMS 的总电压为 720V），通过电压的波动可以确认预充接触器可以吸合，只是预充失败后又关闭了预充接触器。

4）与如图 2-53 所示的上电流程图对比，在上 OK 电读取 BMS 数据流时，发现预充接触器已经吸合（也可以听到继电器吸合的声音），可以作为故障的一个节点，排除 BMS 在上电过程中的自检故障。在预充接触器吸合后出现的报警提示，可以把故障锁定到预充工作时所检测的 3 个条件：①DC 无低压警告；②无严重漏电信号；③前电控直流母线电压没有达到设定值。

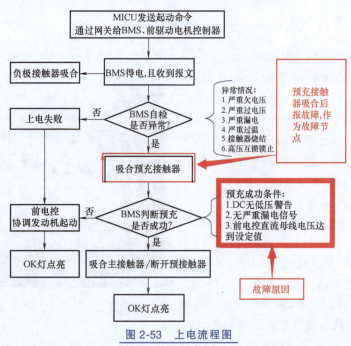

图 2-53　上电流程图

5）对以上三个可疑条件做进一步排除，首先对漏电故障进行测量，母线和零部件的绝缘均正常（大于 1MΩ）。在测量直流时，低压输出端电压为 12.4V，断开线束接头测量，直流低压无输出低压，因前电控和直流共用一根母线，读取母线电压为 10V，怀疑是因为母线的电压没有达到设定值，才造成预充失败。打开高压配电箱测量发现，高压配电箱的输入母线，在上 OK 电的瞬间读取 BMS 数据流，发现负极接触器分压接触器1、分压接触器2均已吸合，如图2-54所示。高压配电箱的输入电压只有40.7V（正常时，在预充检测时电压应不低于总电压的2/3），在测量母线导通良好后确认为蓄电池包本体故障，输出电压低导致的故障。更换蓄电池包总成后故障排除。

**故障排除**：更换蓄电池包总成。

**维修小结**：此次的维修中BMS读取的总电压为720V，而检测结果显示蓄电池包的输出电压只有40.7V。在控制逻辑中，BMS的总电压是由BIC采集的单节蓄电池电压累加后的结果，而测量蓄电池包的电压是模组串联后累加的电压（如果蓄电池包模组与模组之间出现断路），不会影响BMS读取总电压，因此在维修中注意BMS的总电压不等于蓄电池包的输出总电压。

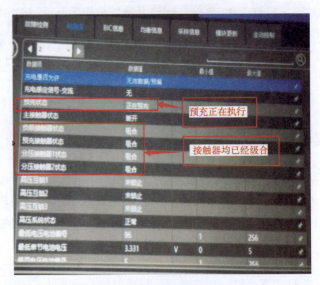

图2-54 读取数据流显示信息

在检测高压系统时，要注意在ON档电时，高压系统不介入工作，只有在上OK电时才开始工作。在测量时注意车辆的工作状态，避免在错误的工作状态下测量出错误的结果，从而影响对故障的正确判断。

## 2.2 高压蓄电池管理器

### 2.2.1 高压蓄电池管理器原理

蓄电池管理系统英文全称为Battery Management System，简称BMS。BMS实体模块如图2-55所示。

**BMS作用**：蓄电池保护和管理的核心部件，在高压蓄电池系统中，它的作用就相当于人的大脑。它不仅要保证蓄电池安全可靠的使用，而且要充分发挥蓄电池的能力和延长使用寿命，作为蓄电池和整车控制器以及驾驶人沟通的桥梁，通过控制接触器控制高压蓄电池组的充放电，并向VCU上报高压蓄电池系统的基本参数及故障信息。

**BMS功能**：通过电压、电流及温度检测等功能实现对高压蓄电池系统的过电压、欠电压、过电流、过高温和过低温保护、继电器控制、SOC估算、充放电管理、均衡控制、故障报警及处理与其他控制器通信等功能；此外，BMS还具有高压回路绝缘检测功能，以及为高压蓄电池系统加热功能。

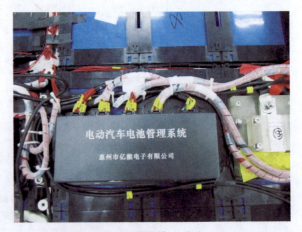

图2-55 BMS实体模块（北汽E150EV）

**BMS组成**：按性质可分为硬件和软件，按功能可分为数据采集单元和控制单元。

**BMS硬件**：主板、从板及高压盒，还包括采集电压、电流、温度等数据的电子器件。

**BMS软件**：监测蓄电池的电压、电流、SOC值、绝缘电阻值、温度值，通过与VCU、充电机的通信来控制高压蓄电池系统的充放电。

众泰芝麻E30电动汽车将蓄电池管理系统控制单元与动力蓄电池统一集成安装在动力蓄电池包中。

如图 2-56 所示，EV-BMS 由 1 个蓄电池管理主控单元（BCU）和 1 个蓄电池管理从控单元（BMU）构成，每个 BCU 检测 24 节串联蓄电池电压以及 6 个温度点的温度，每个 BMU 能检测 24 节串联蓄电池电压以及 8 个温度点的温度。

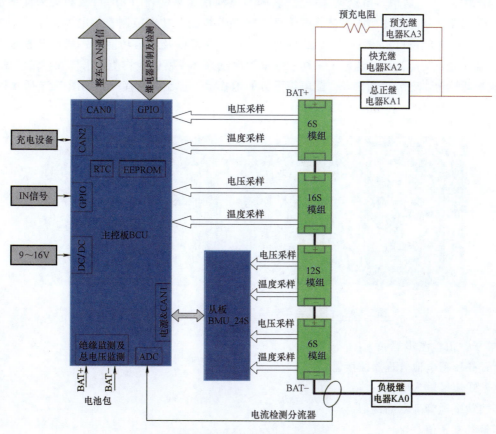

图 2-56　EV-BMS 连接框图

BMS 蓄电池管理系统主要功能如下：

1）蓄电池单体电压及蓄电池组总电压检测（40 个单体电压及总电压）。

2）蓄电池组温度检测及热管理（10 个外部温度点检测及 2 路内部温度检测，加热控制电路）。

3）蓄电池组充放电电流的检测（分流器）。

4）3 路 CAN 通信（整车 CAN、内部 CAN、预留快充 CAN）。

5）管理系统供电电源检测，系统上电控制（ACC/ON/慢充），延时掉电等功能。

6）蓄电池组高压模块的管理（总正/慢充、总负、预充、加热）。

7）蓄电池组故障诊断（包含但不限于过电压、欠电压、过电流、过温、绝缘、SOC 过低、CAN 通信、预充电失败、继电器故障等）。

8）蓄电池组 SOC 估算。

9）在线软件升级功能。

10）外部控制信号的检测（高压插接件状态，唤醒信号等）。

11）蓄电池组漏电检测。

12）慢充及快充检测接口（国标）。

13）BMS 数据存储功能。

14）单体电芯均衡功能。

15）充电管理（交流充电和直流充电）。

16）实时最大允许充放电功率或电流估算。

## 2.2.2 高压蓄电池管理器检测

以 2018 款比亚迪全新一代唐 PHEV 车型为例。本车采用分布式蓄电池管理系统，由 1 个蓄电池管理控制器（BMC）、1 个通信转换模块、5 个级联的蓄电池信息采集器（BIC）及相关采样通信线束组成。蓄电池管理控制器的主要功能为充放电管理、接触器控制、功率控制、蓄电池异常状态报警和保护、SOC 计算、健康状态（State of Health，SOH）计算、自检以及通信功能等；通信转换模块和蓄电池信息采集器的主要功能为蓄电池电压采样、蓄电池温度采样、蓄电池均衡、采样线异常检测等。

蓄电池管理控制器安装于副仪表台配电箱下方的地板上。控制器连接端子如图 2-57 所示。

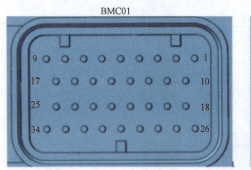
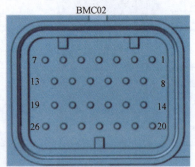

图 2-57　比亚迪全新一代唐 PHEV 蓄电池管理器端子

BMS 端子数值检测步骤如下：
1）断开高压蓄电池管理器插接器。
2）测量线束端输入电压。
3）接回蓄电池管理器插接器。
4）测量各端子值。

比亚迪全新一代唐 DM 蓄电池管理器端子正常值见表 2-2。

表 2-2　比亚迪全新一代唐 DM 蓄电池管理器端子检测值

| 连接端子 | 端子描述 | 条件 | 正常值 |
| --- | --- | --- | --- |
| K156-01 | 电池子网 CANH | ON 档/OK 档/充电 | 2.5~3.5V |
| K156-02 | 电池子网 CAN 屏蔽地 | 始终 | 小于 1V |
| K156-03 | 通信转换模块供电+12V | ON 档/OK 档/充电 | 9~16V |
| K156-07 | 负极接触器供电 | ON 档/OK 档/充电 | 9~16V |
| K156-08 | 充电仪表指示灯 | 车载充电时 | 小于 1V |
| K156-09 | 分压接触器 1 拉低控制 | 分压接触器 1 吸合时 | 小于 1V |
| K156-10 | 电池子网 CANL | ON 档/OK 档/充电 | 1.5~2.5V |
| K156-11 | 通信转换模块供电 GND | 始终 | 小于 1V |
| K156-12 | 9~16 采集器供电 GND(铁电池) | 始终 | 小于 1V |
| K156-15 | 分压接触器 1 供电 | ON 档/OK 档/充电 | 9~16V |
| K156-16 | 主接触器、预充接触器供电 | ON 档/OK 档/充电 | 9~16V |
| K156-18 | 电流霍尔-15V | ON 档/OK 档/充电 | -16~-9V |
| K156-19 | 霍尔传感器屏蔽地 | 始终 | 小于 1V |
| K156-21 | 预充接触器拉低控制 | 预充过程中 | 小于 1V |
| K156-22 | 主接触器拉低控制 | 主接触器吸合时 | 小于 1V |
| K156-26 | 电流霍尔信号 | ON 档 | 0~4.2V |
| K156-27 | 电流霍尔+15V | ON 档/OK 档/充电 | 9~16V |
| K156-28 | 12V 常电 | ON 档/OK 档/充电 | 9~16V |
| K156-29 | 负极接触器拉低控制 | 负极接触器吸合时 | 小于 1V |
| K157-01 | BMC 供电 12V | ON 档/OK 档/充电 | 9~16V |
| K157-02 | 车身地 | 始终 | 小于 1V |

(续)

| 连接端子 | 端子描述 | 条件 | 正常值 |
| --- | --- | --- | --- |
| K157-03 | 碰撞信号 | 起动 | 约-15V |
| K157-04 | PWM 输出 1 | ON 档/OK 档/充电 | PWM 脉冲信号 |
| K157-05 | PWM 输入 1 | ON 档/OK 档/充电 | PWM 脉冲信号 |
| K157-08 | BMC 供电 12V | 电源 ON 档/充电 | 11~14V |
| K157-09 | 动力网 CAN 终端电阻并入 1 | ON 档/OK 档/充电 | 1.5~3.5V |
| K157-11 | PWM 输入 2 | 始终 | 低电平信号 |
| K157-14 | 动力网 CAN 终端电阻并入 2 | ON 档/OK 档/充电 | 1.5~3.5V |
| K157-16 | 动力网 CANH | ON 档/OK 档/充电 | 2.5~3.5V |
| K157-17 | 动力网 CANL | ON 档/OK 档/充电 | 1.5~2.5V |
| K157-20 | 车载充电感应信号 | 车载充电时 | 小于 1V |
| K157-21 | 车身地 | 始终 | 小于 1V |
| K157-22 | 充电连接信号 | 充电 | 小于 1V |
| K157-23 | 动力网屏蔽地 | 始终 | 小于 1V |

动力蓄电池管理系统（BMS）常见故障类型包括：CAN 系统通信故障、BMS 未正常工作、电压采集异常、温度采集异常、绝缘故障、内外总电压测量故障、预充电故障、无法充电、电流显示异常故障、高压互锁故障等。

### 2.2.3 高压蓄电池管理器故障

#### 1. CAN 通信故障

CAN 线或电源线脱落、端子退针都会导致通信故障。在保证 BMS 供电正常的状态下，将万用表调至直流电压档，红表笔触碰内部 CANH，黑表笔触碰内部 CANL，测量通信线路的输出电压，即通信线路内部 CANH 与 CANL 之间的电压，正常电压值为 1.5V 左右，若电压值异常，则可判定为 BMS 硬件故障，需更换。

#### 2. BMS 未正常工作

当出现此现象时，可重点考虑以下几个方面。

1）BMS 的供电电压：首先测量整车插接件处，检查整车给 BMS 的供电电压是否有稳定的输出。

2）CAN 线或低压电源线连接不可靠：CAN 线或电源输出线连接不可靠会导致通信故障。应对主板到从板或高压板的通信线、电源线进行检查，发现脱落断开的线束，应进行更换或重新连接。

3）插接件退针或损坏：低压通信航空插头退针会导致从板无电源或从板数据无法传输到主板，应检查插头和插接件，发现退针或损坏的进行更换。

4）控制主板：换板进行监控，更换后故障解除则确定为主板有问题。

#### 3. 电压采集异常

当出现电压采集异常现象时，重点考虑下列几种情况。

1）蓄电池本身欠电压：将监控电压值与万用表实际测量的电压值对比，确认后更换蓄电池。

2）采集线端子紧固螺栓松动或采集线与端子接触不良：螺栓松动或端子接触不良会导致单体电压采集不准，此时轻摇采集端子，确认接触不良后，紧固或更换采集线。

3）采集线熔丝损坏：测量熔丝阻值，若在 1Ω 以上，需进行更换。

4）从板检测问题：确认采集电压与实际电压不一致，其他从板若采集电压与蓄电池电压一致，则需要更换从板并收集现场数据，读取历史故障数据，进行分析。

#### 4. 温度采集异常

出现温度采集异常现象时，重点考虑下列几种情况。

1）温度传感器失效：若单个温度数据缺失时，检查中间对接插头，若无连接异常，可确定为传感器损坏，更换即可。

2）温度传感器线束连接不可靠：检查中间对接插头或者控制口温度传感器线束，发现松动或者脱落，应更换线束。

3）BMS存在硬件故障：监测发现BMS无法采集整口温度，并确认从控制线束到转接头到温度传感器探头的线束导通正常，则可判定为BMS硬件问题，更换对应的从板。

4）更换从板后是否重新加载电源：在更换故障从板后要重新加载电源，否则监控值会显示异常。

### 5. 绝缘故障

动力蓄电池管理系统中工作线束的插接件内芯与外壳短接、高压线破损与车体短接会导致绝缘故障，同时电压采集线破损与蓄电池箱体短接，也会导致绝缘故障。针对此类情况，按下列方法分别分析诊断维修。

1）高压负载漏电：依次断开DC/DC、电机控制器（Power Control Unit，PCU）、充电机、空调等，直到故障解除，然后对故障件进行更换。

2）高压线或插接器破损：使用绝缘电阻表进行测量，检查确认后进行更换。

3）蓄电池箱进水或蓄电池漏液：对蓄电池箱内部进行处理或更换蓄电池。

4）电压采集线破损：确定蓄电池箱内部漏电后检查采集线，若发现破损则进行更换。

5）高压板检测误报：对高压板进行更换，若更换后故障解除，则确定为高压板检测故障。

### 6. 外部总电压检测故障

导致总电压检测故障的原因可分为：采集线与端子间松动或脱落，导致总压采集故障；螺母松动导致打火和总压采集故障；高压插接器松动导致打火和总压检测故障；维修开关按下导致总压采集故障等。实际检测过程中，可分别按下列方法进行维修处理。

1）总压采集线两端端子连接不可靠：用万用表测量检测点总电压与监控总压对比，然后检查检测线路，发现连接不可靠，进行紧固或更换。

2）高压回路连接异常：用万用表测量检测点总压与监控总压并进行对比，然后从检测点依次检查维修开关、螺栓、插接器、熔断器等，发现异常，进行更换。

3）高压板检测故障：对比实际总压和监控总压，更换高压板后，若总压恢复正常，则可确定为高压板故障，予以更换。

### 7. 预充电故障

导致出现预充电故障的原因可分为：外总压采集端子松动脱落导致预充电故障；主板控制线无12V电压导致预充电继电器不闭合；预充电电阻损坏导致预充电失败等。结合实际，可按以下几类情况分别进行检查。

1）外部高压部件故障：当BMS报预充电故障时，断开总正、总负后，若预充电成功，则故障由外部高压部件引起，分段排查高压接线盒和PCU。

2）主板问题不能闭合预充电继电器：检测预充电继电器是否有12V电压，如果没有则更换主板，若更换后预充电成功，则确定主板故障。

3）主熔丝或预充电阻损坏：测量预充电熔丝导通情况和电阻阻值，若异常则更换。

4）高压板外部总压检测故障：更换高压板后预充电成功，则可确定高压板故障，更换即可。

### 8. 无法充电

无法充电现象大致可总结为下列两种情况：一是插接件两端CAN线端子退针或脱落，导致主板与充电机无法通信，从而导致无法充电；二是充电熔丝损坏会导致充电回路无法形成，充电无法完成。实际车辆检测中若遇到无法充电的情况，可从以下几个方面入手，进行故障的维修处理。

1）充电机与主板未正常通信：使用仪器读取整车CAN系统工作数据，若发现无充电机或者BMS工作数据时，立即检查CAN通信线束，有插接件接触不良或线路中断，立即进行修复。

2）充电机或主板故障不能正常起动：对充电机或主板进行更换，然后重新加载电压，若更换后可以充电，则可确定为充电机或主板故障。

3）BMS检查到故障，不允许充电：通过监控判断故障类型，然后解决故障直至充电成功。

4）充电熔丝损坏，无法形成充电回路：使用万用表检测充电熔丝导通情况，若无法导通，则立即更换。

#### 9. 电流显示异常

动力蓄电池管理系统控制线束的端子脱落或螺栓松动、端子或螺栓表面氧化均会导致电流误差。出现电流显示异常时，应完整详细地检查电流采集线的安装情况。

1）电流采集线未正确连接：此时会导致电流正负颠倒，更换即可。

2）电流采集线连接不可靠：首先确定高压回路有稳定电流，而当监控电流波动较大时，检查分流器两端电流采集线，发现螺栓松动应立即进行紧固。

3）检测端子表面氧化情况：首先确定高压回路有稳定电流，而当监控电流远低于实际电流时，检测端子或螺栓表面是否有氧化层，有则对其表面进行处理。

4）高压板电流检测异常：断开维修开关后，若监控电流值在 0.2A 以上，则高压板电流检测异常，应对高压板进行更换。

#### 10. 高压互锁故障

打开 ON 档时，测量此处是否有高压输入，检查 4 个端子是否插接牢靠，并测量驱动端是否有 12V 电压（细线为电压驱动线）。按照具体情况，可分为以下三类。

1）DC/DC 故障：测量 DC/DC 高压输入航插，在打开 ON 档时是否有短时高压，有则确定为 DC/DC 故障，予以更换。

2）DC/DC 继电器端子未插接牢靠：检查继电器高、低压端子，不可靠的重新插接牢靠。

3）主板或转接板故障，导致 DC/DC 继电器不闭合：测量 DC/DC 继电器电压驱动端，打开 ON 档短时间内无 12V 电压，则更换主板或转接板。

## 2.3 高压蓄电池充电

### 2.3.1 高压蓄电池充电系统原理

电动车辆具有交流充电和直流充电两种功能。其中交流充电包括充电桩充电和家用电源充电两种方式，每种充电方式均可选择普通模式、长程模式、长寿模式和低温充电四种模式。

交流充电口安装在车辆 LOGO 处，如图 2-58 所示。直流充电口安装在车身左后侧（位置和外观类似燃油车的油箱口盖），也有部分车型交流、直流充电口都布置在一起，如 2-59 所示的比亚迪 e5。充电时，根据选择的充电类型，连接交流充电插头或者直流充电插头到相应的充电插座，连接正确后开始充电。充电口连接后形成检测回路，当出现连接故障时，VCU 可以检测该故障。

以比亚迪 e5 为例，充电口端子的连接定义如图 2-60 所示。

图 2-58　交流充电连接方式（江淮 iEV7S）

交流充电控制流程图如图 2-61 所示：当 VCU 判断整车处于充电模式，吸合 M/C 继电器，根据高压蓄电池的可充电功率及车载充电机的状态，向车载充电机发送充电电流指令。同时，车载充电机吸合交流充电继电器，VCU 吸合系统高压正极继电器和高压负极继电器，高压蓄电池开始充电。

图 2-59　交流与直流充电口位置（比亚迪 e5）

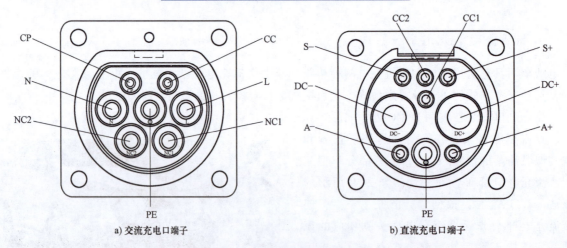

a）交流充电口端子　　　　　　　　b）直流充电口端子

图 2-60　交直流充电端子定义

L—A 相　NC1—B 相　NC2—C 相　N—中性线　PE—地线　CC—充电连接确认　CP—充电控制
DC+，DC-—直流充电正、负极　A+，A-—低压辅助电流正、负极　CC1—车身接地（1kΩ±30Ω）
CC2—直流充电感应信号　S+—通信线，CANH　S-—通信线，CANL　PE—地线

直流充电控制流程图如图 2-62 所示：当直流充电设备接口连接到整车直流充电口，直流充电设备发送充电唤醒信号给 VCU，VCU 吸合 M/C 继电器，根据高压蓄电池的可充电功率及车载充电机的状态，向直流充电设备发送充电电流指令。同时，VCU 吸合直流充电继电器、系统高压正极继电器和高压负极继电器，高压蓄电池开始充电。

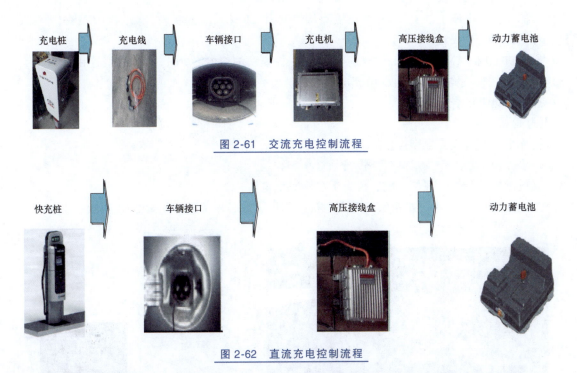

图 2-61 交流充电控制流程

图 2-62 直流充电控制流程

以江淮新能源车型为例,交流充电与直流充电的连接电路如图 2-63 所示。

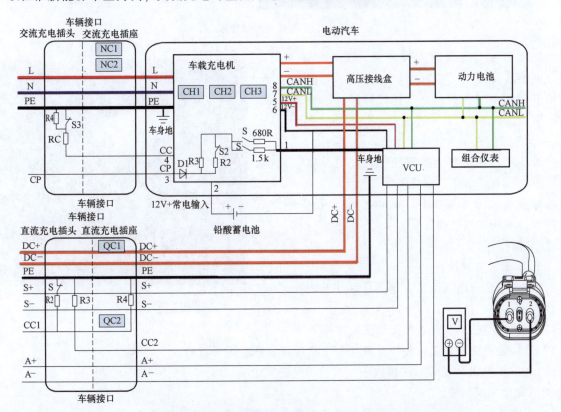

图 2-63 交/直流充电接线原理图(江淮新能源车型)

### 2.3.2 高压蓄电池充电系统检测

**1. 江铃 E200/E200S 充电检测方法**

充电正常的必要条件:

1）国标交流充电座上的CC（充电连接确认线）及CP（充电控制线）分别与BMS（蓄电池管理系统）上的CC及CP线连接。

2）充电机上的CANH、CANL线分别与BMS主控模块的充电CANH、CANL线连接导通。

3）BMS主控模块输出12V电源给充电继电器。

4）充电继电器吸合。

充电过程检测：

1）把充电枪与车上充电座连接好。

2）仪表上充电机工作指示灯、连接指示灯亮起。

3）充电继电器吸合，开始充电，仪表上显示充电电流-12A。

正常充电的前提：充电连接指示灯与充电机工作指示灯必须常亮，如图2-64所示。

图2-64 正常充电的仪表指示

当把充电枪与充电座连接好后，仪表屏幕亮灯，显示充电连接符号，同时充电机工作指示灯亮起。当充电机工作指示灯亮起，充电连接符号灯不亮或一直闪烁，则应检查CC线是否连接好。如图2-65所示。

**2. 车辆交流充电失效故障检修**

**故障现象**：江淮新能源车辆交流充电异常，充电指示灯不亮、黄灯常亮、黄灯闪烁。

**故障分析**：人为误操作，充电线缆、低压线路、充电熔丝、车载充电机故障。

**检修过程**：

（1）排除人为误操作

1）确认车辆充电线缆是否连接良好（充电指示灯不亮）。

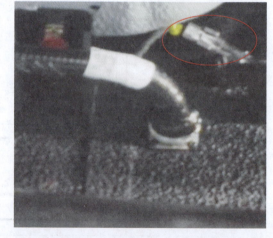

图2-65 检查CC线束是否正常连接

2）确认充电枪插头是否按标示正确连接。

3）确认是否误开启充电预约开关（充电指示灯状态会闪烁黄灯）。

4）确认车辆状态（START模式下，车辆不允许充电）。

（2）充电线缆检查

1）车辆插头连接车辆插座端，供电插头连接供电电源端，如图2-66所示，错插会导致车辆无法充电。

2）家用充电线缆测量CC信号与PE阻值约为1.5kΩ，如图2-67所示。

3）充电桩充电线缆测量CC信号与PE阻值约为680Ω，如图2-68所示。

（3）低压线路故障

1）车载充电器输出12V唤醒信号未到达低压配电盒（充电指示灯不亮），信号输入端如图2-69所示。

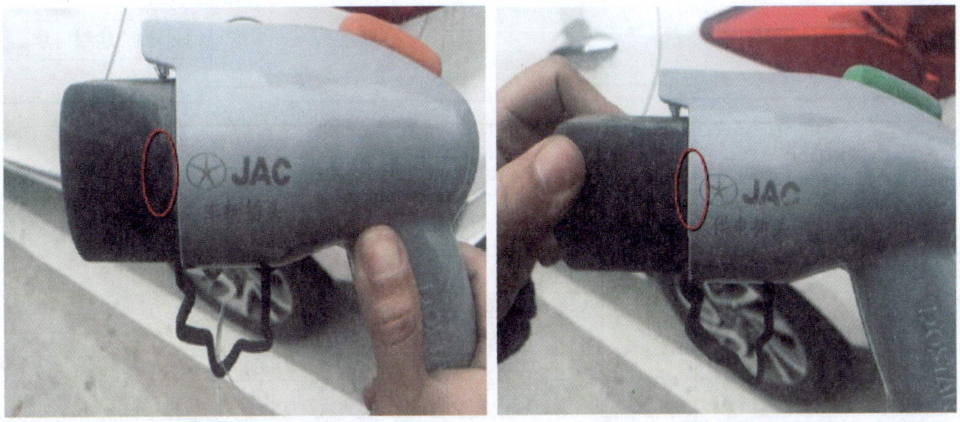

a) 车辆插头　　　　　　　　　　　b) 供电插头

图 2-66　充电插头

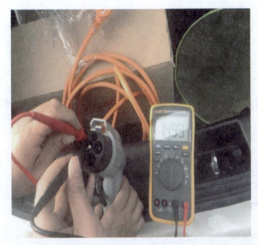

图 2-67　家用充电线缆测量 CC 信号与 PE 阻值

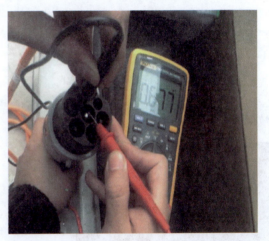

图 2-68　充电桩充电线缆测量 CC 信号与 PE 阻值

| ZB08 | NC | CZ14 | FT06a | VC83 | ZB03b | ZB02 | CH03a |
|---|---|---|---|---|---|---|---|
| 0.5 LR | | 0.5 R | 0.5 R | 0.5 P | 0.5 L | 0.5 B | 0.5 W |
| NC | NC | NC | NC | NC | NC | ZB10 | NC |
| | | | | | | 0.5 R | |

CH03a wake up慢充唤醒信号

图 2-69　检查低压配电盒充电唤醒信号

2）车载充电器输出 12V 唤醒信号未到达 VCU（充电指示灯黄灯常亮），信号输入端如图 2-70 所示。

低压线路故障一般是插接件公端退针或者母端空位变大导致。

（4）充电熔丝熔断

利用万用表确定充电熔丝是否熔断（充电熔丝熔断后，充电时充电指示灯黄灯常亮），充电熔丝位置如图 2-71 所示。

（5）充电机故障

可利用上位机软件观察车辆充电状态信息，如图 2-72 所示。

1）确定交流充电唤醒信号为使能状态。

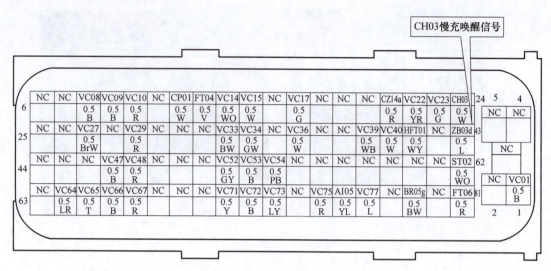

图 2-70　检查 VCU 充电唤醒信号

2）交流充电电流指令为正常电流值。

3）车载充电机状态为充电

4）交流充电允许标志位为允许。

上述状态都正常的情况下，车载充电机输出电流或输出电压出现异常，则可判定为车载充电机故障。

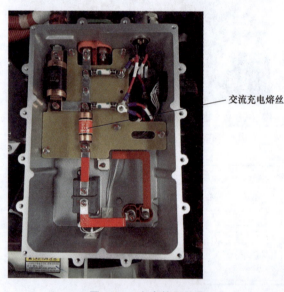

图 2-71　充电熔丝位置

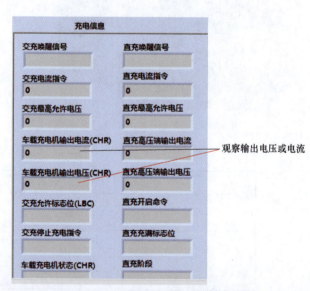

图 2-72　利用诊断软件查看充电数据流信息

**3. 高压充电系统故障诊断**

以奇瑞 EQ1 电动汽车为例，通过诊断仪与 BMS 通信读取故障码。充电系统支持的故障码见表 2-3。

表 2-3　充电系统支持的故障码

| 序号 | 故障码名称 | DTC故障码 | 故障直接原因 | 故障可能原因 | 故障现象 | 充电插座充电指示灯状态 | 是否更换充电机 |
|---|---|---|---|---|---|---|---|
| 1 | 充电机高压输出欠电压故障 | P1B51 | 控制模块（Control Module,CM）处于开机状态，且输出电压低于280V时，报输出欠电压故障 | 充电机故障，等3s重新上电看是否清除故障 | 慢充异常或停止 | 不亮 | 故障未清除，更换充电机 |

(续)

| 序号 | 故障码名称 | DTC故障码 | 故障直接原因 | 故障可能原因 | 故障现象 | 充电插座充电指示灯状态 | 是否更换充电机 |
|---|---|---|---|---|---|---|---|
| 2 | 充电机高压输出过电压故障 | P1B52 | 输出电压高于430V时,确认3s或者输出电压高于450V时立即报输出过电压故障 | 充电机故障,需重新上电解锁 | 慢充异常或停止 | 不亮 | 故障未清除,更换充电机 |
| 3 | 充电机高压输出回路短路故障 | P1B53 | 输出电压低于50V且输出电流大于2A时,报输出短路故障 | 充电机故障,等20s重新上电看是否清除故障 | 慢充异常或停止 | 不亮 | 故障未清除,更换充电机 |
| 4 | 充电机交流电输入欠电压故障 | P1B54 | 输入电压低于155V时,报输入欠电压故障 | 充电机故障 | 慢充异常或停止 | 不亮 | 更换充电机 |
| 5 | 充电机交流电输入过电压故障 | P1B55 | 输入电压高于285V时,报输入过电压故障 | 充电机故障 | 慢充异常或停止 | 不亮 | 更换充电机 |
| 6 | 充电机过温故障 | P1B56 | 模块功率因数校正(Power Factor Correction,PFC)温度大于100℃时一级过温,大于105℃时二级过温,大于115℃时过温保护 | 充电机故障 | 慢充异常或停止 | 不亮 | 更换充电机 |
| 7 | 充电机12V低电压输出欠电压故障 | P1B57 | 12V开机且输出电压低于7.8V时,报12V输出欠电压故障 | 充电机故障 | 慢充异常或停止 | 不亮 | 更换充电机 |
| 8 | 充电机12V低电压输出过电压故障 | P1B58 | 12V输出电压高于16V时,报12V输出过电压故障 | 充电机故障 | 慢充异常或停止 | 不亮 | 更换充电机 |
| 9 | 充电机输出电流故障 | P1B59 | 采样到实际输出电流大于给定电流0.4A以上时,报输出电流故障 | 充电机故障,等20s重新上电看是否清除故障 | 慢充异常或停止 | 不亮 | 故障未清除,更换充电机 |
| 10 | 充电机未检测到蓄电池包或蓄电池电压过低故障 | P1B5A | 充电机开机前检查到输出端电压小于225V时,报蓄电池未连接或蓄电池电压过低 | 1.蓄电池包没有连接<br>2.充电机故障 | 慢充异常或停止 | 不亮 | 确认蓄电池包连接正常,故障未清除,更换充电机 |
| 11 | 充电机风扇故障 | P1B9C | 风扇损坏或者堵转 | 1.充电机故障<br>2.风扇故障 | 慢充异常或停止 | 不亮 | 更换风扇故障未清除,更换充电机 |
| 12 | BMS与CM通信异常 | U0296 | BMS持续4s未接收到CM的CAN报文;5s内没有接收到系统下发的CAN报文,电机控制单元(Motor Control Unit,MCU)重新初始化CAN模块,第二个5s仍然没有接收到BMS下发的报文,报CAN通信故障 | 1.充电机故障<br>2.BMS未发送CAN报文 | 慢充异常或停止 | 不亮 | 检查BMS是否下发CAN报文,如果有,请更换充电机 |

### 2.3.3 高压蓄电池充电故障排除

**1. 比亚迪唐无法充电故障排除**

故障现象：比亚迪唐车辆无法充电,故障码P158200：H桥故障,如图2-73所示。

故障分析：

1) 车载充电器软件故障。
2) 车载充电相关线路故障。
3) 车载充电器故障。

4）车载充电器熔丝（30A）烧蚀。

检修过程：

1）使用 VDS1000 将车载充电器软件版本更新至 3.00.09，故障无法排除。

2）排查充电相关线路，未发现异常。

3）对车载充电器进行调换后，测试车辆仍无法充电。

4）重新用 VDS1000 进行读取故障码 P157216：车载充电器直流侧电压低。

5）检查车载充电器熔丝（30A），发现由熔丝内部烧蚀导致，更换车载充电器及熔丝（30A），故障排除。

图 2-73　读取故障码信息

### 2. 比亚迪唐车型无 EV 不能充电故障

**故障现象：** 车辆无 EV 模式，前驱动电机控制器报 P1A3400：预充失败；无法正常充电，仪表显示正在连接中，3s 后自动断开。读取故障码为 P157216：车载充电器直流侧电压低。

**故障诊断：**

1）首先读取 BMS 数据蓄电池总电压为 719V，动力蓄电池正常。在上 OK 电的瞬间观察 BMS 数据负极接触器和预充接触器正常吸合，几秒钟内预充失败，无 EV，发动机起动。

2）插枪充电，充电指示灯点亮，3s 后自动断开，报 P157216：车载充电器直流侧电压低。查看数据流直流侧 30V，交流侧 0V。更换正常车辆的车载充电器，故障依旧。

3）拆下高压配电箱检查车载充电器 32A 熔丝。更换充电器 32A 熔丝，装回原车的车载充电器，插枪充电 32A 熔丝又烧毁。测量该车车载充电器输出直流正极、负极之间阻值为 0.9Ω（车载直流正负正常阻值应>1MΩ），确定车载充电器损坏。

4）车载充电器损坏，充电时会烧毁 32A 熔丝。上 OK 档电时，如 32A 熔丝正常，会烧预充电阻。检查高压配电箱的预充电阻无穷大（正常 200Ω），预充电阻烧坏。

**故障排除：** 更换车载充电器、车载 32A 熔丝、预充电阻故障排除。

### 3. 比亚迪唐 OFF、ON 档无法充电故障

**故障现象：** 车辆 OFF、ON 档无法充电故障，插枪时仪表显示充电连接中，3s 左右断开。车辆 EV 正常使用，OK 电时也可以插枪充电。

**故障诊断：**

1）读取 BMS 母线电压 690V，动力蓄电池电压正常。读取故障码为 P1A3400：预充失败故障；如图 2-74 所示。

图 2-74　数据流与故障码显示

2）因充电时需检测 DC 控制器预充电压（预充电压 660V 左右），读取 DC 母线电压为 460V、前控母线电压为 700V，如图 2-75 所示。DC 未能达到充电时的预充电压值，导致充电预充无法完成。注意充电预充电压是由 DC 控制器来监测的，上电时预充电压是由前驱动电机控制器监测的。

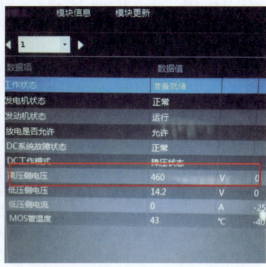

图 2-75 读取 DC 控制器预充电压与母线电压

3）更换前驱动电机控制器与 DC 总成故障排除。

**故障排除**：更换前驱动电机控制器与 DC 总成。

### 4. 比亚迪 E5 仪表提示请检查充电系统

**故障现象**：车辆行驶中仪表提示请检查充电系统，请检查低压蓄电池系统，熄火后车辆无法起动。

**故障诊断**：

1）测量低压起动蓄电池电压为 0V，判断低压蓄电池亏电已进入超低功耗模式。

2）按左前门微动开关进行手动唤醒，再次测量低压铁锂电池正负极电压 12V（>7.5V），车辆无法起动，并联蓄电池起动车辆，仪表上充电故障指示灯亮，提示请检查充电系统和低压蓄电池系统。

3）OK 电时用 VDS 读取系统故障码，分别是"降压时低压侧电压过低""降压时硬件故障"，故障点全部指向降压过程，如图 2-76 所示。

4）读取蓄电池模组数据流正常，如图 2-77 所示。读取 DC 系统数据显示 DC 不工作，此时测量高压电控总成（DC/DC）低压输出端电压 11.3V，电压远小于 13.8V，判断 DC 不工作导致低压蓄电池馈电，更换高压电控总成故障排除。

图 2-76 系统故障码

图 2-77 数据流调用界面

**故障排除**：更换高压电控总成。

**专家指点**：此次维修主要通过读取系统故障码直接锁定故障点，然后通过验证 DC 的输出电压确定故障在 DC，更换高压电控后故障排除。

车辆行驶过程中 DC 与低压蓄电池并联给整车低压电器供电，当低压铁锂电池单节电压过低时会由 DC 将蓄电池包的高压电降压给低压铁锂电池充电；DC 故障时，铁锂电池得不到充电，当铁锂电池单节电压低于 3.1V 时会进入超低功耗模式，正常 DC 输出电压为 13.8V 左右。

更换高压电控总成时，需要对新旧控制器进行密码清除和防盗编程。

### 5. 比亚迪 E5 用直流充电桩无法充电故障

**故障现象**：车主反映该车在直流充电桩无法充电，显示起动充电未能成功，尝试更换多个充电桩也无法充电，可以使用交流充电桩充电。

**故障诊断**：

1) 首先测试插充电枪后仪表只有充电连接指示灯亮，再无其他充电的相关信息，充电桩上显示充电起动未能成功，但交流可以充电，由此可以暂定蓄电池管理器能正常工作，故障应该在直流充电过程中涉及的元器件或线束。

2) 由于车子有亮充电连接指示灯，充电桩上却显示充电未能成功起动，将故障定位于充电过程中的 CAN 线信息交互失败上；CAN 数据通信电路如图 2-78 所示。

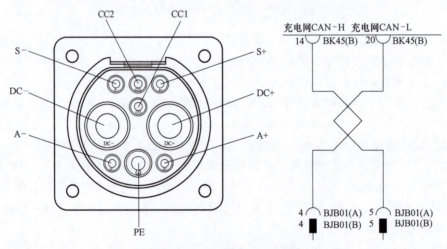

图 2-78 充电网数据通信电路

3) 接下来插上充电枪充电，测量蓄电池管理器 BK45（B）插接件的 14 号针脚无电压，测量 20 号针脚 2.9V 电压，CAN 线电压正常应为 2.5V 左右，测量蓄电池管理器 BK45（B）插接件的 14 号针脚到充电口 S-端子不导通，蓄电池管理器 BK45（B）插接件的 20 号针脚到充电口 S+端子导通正常。

4) 测量充电口的 S-端和 S+端到前舱线束 BJB01（B）插接件 4 号端子和 5 号端子都导通正常，可以排除直流充电口故障，再测量前舱线束 BJB01（A）-5 号端子到蓄电池管理器 BK45（B）-20 号端子导通正常，BJB01（A）-4 号端子和蓄电池管理器 BK45（B）-14 号端子不导通，判定为该线束断路故障导致，更换前舱线束后故障排除。

**故障排除**：更换前舱线束。

**专家指点**：此次故障维修需要非常了解整个直流充电的过程才能在有限的信息下做出正确的判断。

直流充电流程分析：插枪后充电柜检测到 CC1 1kΩ 电阻确认充电枪插好，直流充电柜控制吸合直流充电继电器，蓄电池管理器得到双路电可以工作，车辆检测到 CC2 1kΩ 电阻后确认充电柜连接正常，蓄电池管理器控制点亮仪表充电连接指示灯并与直流充电柜进行 CAN 通信，通信无异常后，直流充电柜输出高压电为车辆充电。

根据直流充电流程，该车辆蓄电池管理器已经控制点亮仪表充电连接指示灯，说明 CC1、CC2 已经完成通信,判断为 CAN 通信未完成,怀疑 CAN 线路或充电口故障导致。

在维修新能源车辆时经常会遇到故障码 U02A200:与主动泄放模块通信故障。该故障码形成原因是:每次高压上电不成功或者充电不成功时,蓄电池管理器内就会报"主动泄放模块通信故障",因此在维修时不能根据此故障码来确定故障点。

### 6. 比亚迪 e5 无法用交流充电故障

**故障现象**:该车无法交流充电,仪表一直显示充电连接中;可以上 OK 电正常行驶。

**故障诊断**:

1)使用交流充电盒、单相壁挂式充电盒都一样,仪表一直显示充电连接中。

2)如果仪表显示充电连接中,则说明充电设备和整车还没有交互完成。

3)BMS 数据流中显示有充电感应信号-交流,如图 2-79 所示,说明 CC 信号正常。

4)而双向逆变充放电式电机控制器(VTOG)数据流中 CP 占空比信号一直是 0%(图 2-80),说明 CP 信号不正常;测量交流充电口 CP 针脚与 VTOG 的 64 针插接件 CP 针脚导通性,发现不导通,电路故障点如图 2-81 所示,仔细检查发现 BJB01 的 12 号针脚退针,检修后试车故障排除。

图 2-79 数据流显示

图 2-80 数据流显示

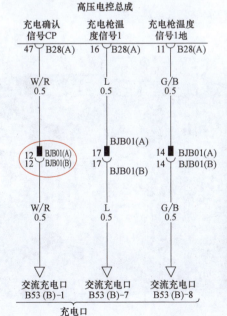

图 2-81 电路故障点

**故障排除**:修复线路接触不良的插接件。

**专家指点**：处理此类故障，需要掌握充电控制流程。

VTOG 充电流程如下：将交流充电枪插入充电口，VTOG 检测插枪信号（即 CC 信号）后，给 BCM 发出充电连接信号。BCM 控制双路电继电器吸合，BMS 与 VTOG 获得双路电。VTOG 检测 CP 信号、BMS 接收到充电感应信号后自检（无故障），BMS 控制蓄电池包内接触器和预充接触器吸合进行预充（预充完成后，吸合交流充电接触器、断开预充接触器），VTOG 检测到动力蓄电池包的反灌电压后控制交流充电桩输出交流电（给 VTOG）进行充电。

## 2.4 高压配电箱

### 2.4.1 高压配电箱结构与原理

高压配电箱总成的主要功能是通过对接触器的控制来实现将高压蓄电池的高压直流电供给整车高压电器，以及接收车载充电机或非车载充电机的直流电来给高压蓄电池充电，同时含有其他辅助检测功能，如电流检测、漏电监测等。以比亚迪新能源车型为例，唐 DM 的配电箱总成如图 2-82 所示。宋 DM 配电箱安装位置如图 2-83 所示。

图 2-82　比亚迪唐 DM 高压配电箱总成

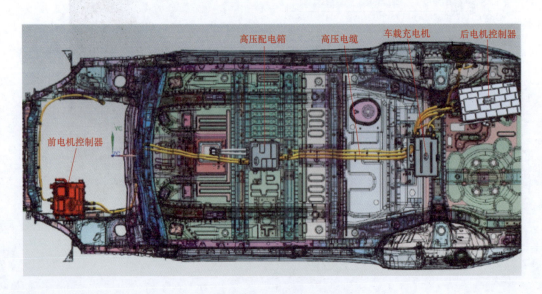

图 2-83　高压配电箱安装位置（比亚迪宋 DM）

高压配电箱具有以下功能，见表 2-4。

表 2-4 高压配电箱功能

| 序号 | 功能 | 描述 |
|---|---|---|
| 1 | 高压直流输出 | 通过蓄电池管理器控制预充接触器、主接触器等吸合，使放电回路导通，为前后电机控制器、空调负载供电 |
| 2 | 车载充电器单相充电输入 | 通过蓄电池管理器控制车载充电接触器吸合，使车载充电器充电回路导通，为高压蓄电池充电 |
| 3 | 电流采样 | 通过霍尔电流传感器采集高压蓄电池正极母线中的电流，为蓄电池管理器提供电流信号 |
| 4 | 高压互锁 | 通过低压信号确认整个高压系统盖及高压插接件是否已经完全连接，唐 DM 车型设计为 3 个相互独立的高压互锁系统：驱动系统（串接开盖检测）、空调系统与充电系统 |

以比亚迪唐 DM 车型为例，高压配电箱外部连接如图 2-84 所示，内部结构如图 2-85 所示。

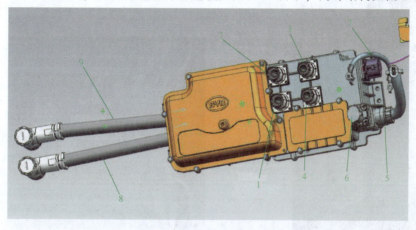

图 2-84 高压配电箱外部连接（比亚迪唐 DM）

1—前电机控制器正极输出 2—前电机控制器负极输出 3—后电机控制器负极输出 4—后电机控制器正极输出 5—低压插件 6—空调输出 7—车载充电机输入 8—蓄电池包正极输入 9—蓄电池包负极输入

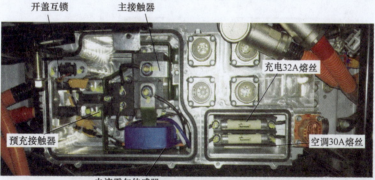

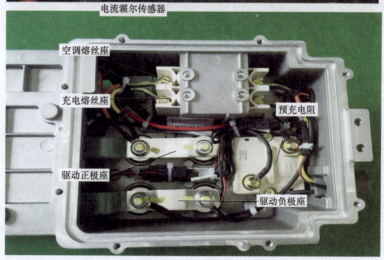

图 2-85 高压配电箱内部结构（比亚迪唐 DM）

### 2.4.2 高压配电箱拆装与检测

**1. 高压配电箱的拆装**

以众泰芝麻 E30 车型为例，配电箱的拆卸步骤如下。

1）断开高压盒上的 2 个插接头线束，位置如图 2-86 所示。

2）松开连接在高压盒上的总成动力线束、总负铜排及连接电机控制器接口的主正、主负铜排等，如图 2-87 所示。

图 2-86 拔出高压盒的 2 个插头

图 2-87 拆除高压盒上所有连接件

3）拆下固定于箱体上的 4 颗固定螺栓，取出高压盒总成，如图 2-88 所示。

图 2-88 拆下固定螺栓

按照与拆卸步骤的相反顺序进行安装。

**2. 高压配电箱故障检修方法**

以比亚迪唐车型为例，介绍高压配电箱的检修流程与方法。

（1）检测与判别

1）检查配电箱空调熔丝：

① 整车置于 OFF 档。

② 拆开配电箱侧边小盖。

③ 测量上方空调熔丝（32A）是否导通；导通则配电箱熔丝正常，不导通则更换空调熔丝。

2）检查接触器电源脚：

① 整车上 ON 档，连接好铁锂电池。

② 用万用表测量低压插接件引脚对地电压，K160-B 车身地正常值：约 12V；如不正常则检查低压线束供电。

3）检查预充接触器控制脚：

① 整车上 OK 档。

② 用万用表测量低压插接件引脚，K160-G 对地电压是否由 12V 变为 0V 再变为 12V；K160-G 车身地正常值：<1V；如不正常则检查蓄电池管理器或线束。

4）检查正极接触器控制脚：

① 整车上 ON/OK 档。

② 用万用表测量低压插接件引脚对地电压 K160-H 车身地正常值：<1V（ON 档）；约 12V（OK 档）。测量为正常值则接触器控制正常；测量值不正常检查蓄电池管理器或线束。

（2）常见故障分析

1）无 EV 模式，仪表报"请检查动力系统"，故障码报"主接触器烧结"：

① 先查询高压 BMS 的程序版本（确认是最新版），确认故障码能否清除，然后再尝试多次上 OK 档电，看故障是否会重现。

② OFF 档用万用表检测配电箱的电机控制器正极端口和蓄电池包正极端口是否导通或开箱检查主接触器是否导通，若导通则更换主接触器处理。

2）无 EV 模式，高压蓄电池管理器报"预充失败故障"；在上电过程中测量 K160-G 对地电压是否会有由 12V 变为 0V 再变为 12V 的过程：

① 有，且驱动电机控制器直流母线无瞬间高压输入，则重点排查预充接触器。

② 无，检查蓄电池管理器、采样线束。

3）高压蓄电池管理器报"电流霍尔传感器故障"：

① 整车上 OK 档。

② 用万用表测量低压插接件 K160-D 和 K160-E 对地电压：

a）若 K160-D 对地电压在 +15V 左右且 K160-E 对地电压在 -15V 左右，更换高压配电箱（电流霍尔传感器）。

b）若两引脚对地电压不在上述范围内，检查动力蓄电池管理器及线路。

4）电流异常检测，测试霍尔信号（1V 对应 100A）并与电源管理器的当前电流进行对比，从而判断电流霍尔的正常与否。

### 2.4.3 高压配电箱故障排除

**故障现象**：一辆新款比亚迪 e6 车辆起动后 OK 灯不能正常点亮，无法行驶；随后仪表报"请检查动力系统"，故障灯不能正常点亮，车辆无法正常充电。

用诊断器读取蓄电池管理器故障码为 P1A5400：一般漏电故障；P1AA100：主预充失败；P1AA200：DC 预充失败，如图 2-89 所示。

**检修过程**：

1）根据蓄电池管理器故障码并按照高压上 OK 电流程分析，由多路传输控制系统（MICU）发送起动命令后通过网关发送起动命令后通过网关控制器然后给蓄电池管理器和 VTOG 控制器。蓄电池管理器收到报文后控制负极接触吸合，同时蓄电池管理器将进行自检，自检完毕无异常后，且吸合预充接触器蓄电池管理器根据 VTOG 反馈信号，判断预充是否完成，完成后吸合主接触器，OK 灯点亮。分析导致该车 OK 灯不点亮的原因为预充失败导致主接触器未吸合。

2）打开高压配电箱后准备测量其预充电压，测量发现 150A 充电熔丝已融断。更换 150A 充电熔丝后，起动车辆后 OK 灯点亮，重新关闭再次起动车辆后，OK 灯又无法点亮，测量充电熔丝再次熔断。

3）根据充电熔丝二次熔断，怀疑为 VTOG 控制器内部短路故障导致，更换充电熔丝和 VTOG 控制器后起动车辆，第一次 OK 灯点亮，2s 后又熄灭。仪表报"请检查动力系统"，重新再次起动动力系统，再次起动后 OK 灯正常点亮，车辆恢复正常。

4）测试交流充电，插枪后第一次充电不成功，二次拔枪后再充电正常。

5）掌握故障发生规律，OK 灯不能点亮时读取蓄电池管理器故障码为 P1AA100：主预充失败，读取 VTOG 控制器报 P1B0400：驱动过压保护故障，如图 2-90 所示。

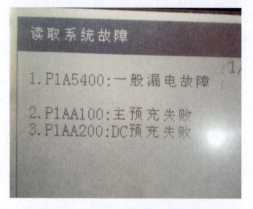

图 2-89　蓄电池管理器系统故障码

图 2-90　读取 VTOG 故障码内容

6）读取数据流发现起动车辆时，动力电机母线电压瞬间达到 420V，如图 2-91 所示，读取蓄电池管理器数据流包总压为 306V。可能原因有 VTOG 控制器自检错误，因刚更换新 VTOG 控制器，所以排除 VTOG 故障。

7）为进一步判定是否 VTOG 控制器自检错误，打开高压配电箱测量从蓄电池包正极端到主接触器输入端电压为 308V。从主接触器到 VTOG 控制器正极输出端测量为 433V，如图 2-92 所示，排除 VTOG 控制器故障。因从主接触器输入端电压正常，主接触器输出端电压异常，仔细分析高压配箱高压上电流程和充电流程，根据故障现象每次第一次起动车辆主接触器不能正常吸合和交流充电第一次不成功，怀疑为主接触器或交流充电接触器故障。

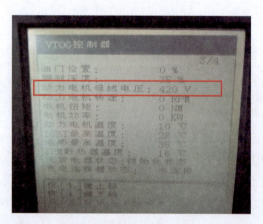

图 2-91　数据流读取内容

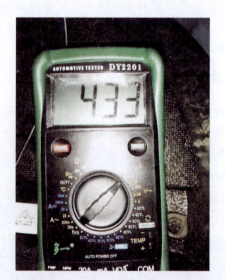

图 2-92　测量的 VTOG 控制器正极输出端电压

8）测量主接触器吸合正常，交流充电接触器发现该接触器一直处于导通状态，该交流充电接触器与 VTOG 交流充电正极母线处于导通状态，从而导致预充异常。

故障排除：更换高压配电箱（图 2-93）后故障排除。

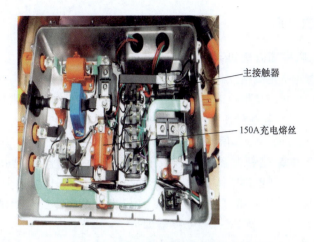

图 2-93 高压配电箱内部结构（比亚迪 e6）

## 2.5 DC/DC 变换器

### 2.5.1 DC/DC 变换器电路原理

DC/DC 变换器的作用是将 80V 电源降为 12V，其功用有两个：一是蓄电池电压在使用过程中不断下降，用电器得到的电压是一个变化值，而通过 DC/DC 变换器后用电器可以得到稳定的电压；二是给辅助蓄电池补充电能。其在新能源汽车中的角色就相当传统汽车中的发电机，电路原理如图 2-94 所示。

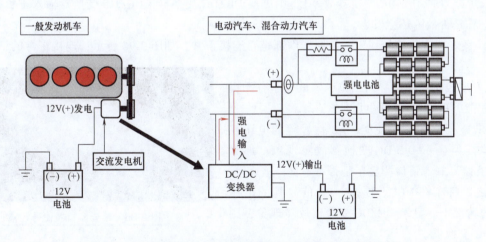

图 2-94 电动汽车 DC/DC 变换器与传统汽车发电机功能对比

车辆静置时间超过 60h，VCU 控制 DC/DC 变换器给 12V 蓄电池充电 15min。
以下任意一个条件满足，退出 12V 自动充电功能，且远程智能终端计时将清零：
1）钥匙置于 "ON" 档或旋至 "START" 档。
2）开始直流或交流充电。
3）开始远程空调或远程充电。

> 提示：当 12V 蓄电池正在自动充电时，上电开关开启或关闭，12V 蓄电池自动充电将停止。

### 2.5.2 DC/DC 变换器检测

DC/DC 变换器常规故障检测方法如下：

1）把万用表调至检测 DC 直流档位，测试整车铅酸蓄电池电压。

在测试铅酸蓄电池有 DC13.8V 但仪表盘上还有红色铅酸蓄电池灯亮，则拆下控制器上盖（整车下电无高压，请注意安全），用万用表导通档，检测黄色 FB 信号线到控制器 23 针第二排第 3 针脚是否导通，针脚位置如图 2-95 所示，观察 FB 信号线是否有退针现象。

① FB 信号线有退针，如果是控制器端信号线退针则更换控制器或把退针脚位插进去；如果是 DC/DC 变换器端信号线退针，则更换单体 DC/DC 变换器或把退针脚位插进去。

② FB 信号线连接正常，但铅酸蓄电池有 13.8V 且仪表盘上还有红色铅酸蓄电池灯亮，此故障为 DC/DC 变换器的 FB 信号故障，更换 DC/DC 变换器即可。

在测试铅酸蓄电池无 DC13.8V 时，则进行下一步。

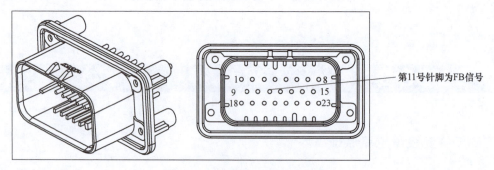

图 2-95　控制器 FB 信号线针脚

2）把万用表调至检测导通档位，测试控制器熔丝是否良好（导通）（整车下电无高压，请注意安全）。

① 熔丝熔断（不导通）：测试 DC/DC 变换器输入正负极是否短路（导通为短路）。DC/DC 变换器输入正负极短路（即 DC/DC 变换器故障），则更换 DC/DC 变换器；DC/DC 变换器输入正负极未短路，更换熔丝查看是否故障还会发生。

② 熔丝良好：查看信号线束在控制器内部是否连接正常，如图 2-96 所示；连接正常的话，进入下一步。

3）把万用表调至检测导通档位，测试整车有无提供 VCC、使能、FB 信号等的电压。

① 如果整车在 VCC、使能、FB 信号等的电压有一样未提供，但显示 DC/DC 变换器故障现象，那么 DC/DC 变换器良好，请检测整车是否有不良。

② 反之，整车在 VCC、使能、FB 信号等的电压均有提供的情况下，显示 DC/DC 变换器故障现象，则更换 DC/DC 变换器。

图 2-96　检查控制器信号线束

4）更换 DC/DC 变换器备件来检测是否 DC/DC 变换器发生故障。

在以上测试均正常的情况下，还是未能解决故障，则更换 DC/DC 变换器备件，查看故障现象是否还在。故障现象消失，则更换下的 DC/DC 变换器有故障；故障现象还在，则属于车辆导致，更换下的 DC/DC 变换器良好。

5）DC/DC 变换器偶发性故障：DC/DC 变换器在整车上一会有输出、一会无输出（即仪表盘红色铅酸蓄电池灯一会亮一会不亮），除常规检测外请按以下测试方法进行电路检查。

① 检测整车和控制器 23 针插接件是否松动；插接件内部是否有退针或针歪，若有则进行修复。

② 检测 DC/DC 变换器输出插接件是否连接固定，有无松动。有松动，则重新固定。

③ 检测整车铅酸蓄电池正极是否连接固定,有无松动。有松动,则重新固定。

④ 检测控制器外和控制器内部高压输入是否连接正常,有无连接异常、螺丝松动等现象。有异常或螺丝松动,重整修复。

⑤ 在以上检测后,故障还存在。试摇晃检测 DC/DC 变换器输出端螺栓,是否有松动。有松动,更换 DC/DC 变换器单体。

⑥ 在以上检测都正常的情况下,把整车上 Ready,开启车辆上所有的低压系统(即车灯、收音机、刮水器等),并开车尝试多次转弯。查看是否在以上情况下故障现象不消失(一直存在),直到全部停下或关闭(整车低压用电系统)的情况下故障现象消失。那么此问题为 DC/DC 变换器负载能力故障,可更换 DC/DC 变换器单体。反之,DC/DC 变换器正常。

### 2.5.3 DC/DC 变换器电路故障排除

**故障现象**:比亚迪秦 PHEV 车辆无 EV 模式,仪表提示低压蓄电池电量低,请检查充电系统,如图 2-97 所示。

图 2-97 仪表检修提示

**故障分析**:可能存在故障的部件及电路有 DC/DC 变换器故障、DC 低压输出断路。

**检修过程**:

1)用诊断仪 ED400 读取 DC 故障码为 P1EC700DC:降压时硬件故障。

2)在 OK 档上电瞬间,读取 DC 数据发现:

① 高压测电压 4V。

② 低压输出只有 13.1V,低压测电流 0A。

③ 读取驱动电机控制控制器母线电压为 505V,即高压测电压正常,如图 2-98 所示。

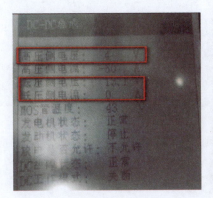

图 2-98 DC/DC 总成数据分析

3）判断 DC/DC 变换器无高压电输入，更换 DC/DC 总成后故障排除。

**维修小结：**

1）纯电模式下，DC/DC 变换器的功能替代了传统燃油车挂接在发动机上的 12V 发电机，与蓄电池并联给各用电器提供低压电源。DC/DC 变换器在高压（500V）输入端接触器吸合后便开始工作，输出电压标称 13.8V 以上，并且一般输出电流在 10~50A，如图 2-99 所示。

2）发动机原地起动时，发电机送出 13.5V 直流电，经过 DC 变换器升压转换 500V 直流给蓄电池包充电，如图 2-100 所示。

图 2-99 DC/DC 总成输出数据

图 2-100 DC/DC 总成充电流程

3）DC/DC 总成检查分析：

① 驱动电机控制器和 DC/DC 变换器输入高压为同一路高压电：如果 DC/DC 变换器没有高压输入，驱动电机控制器母线也有高压，电压在 400V 以上，DC/DC 变换器没有高压输入，则 DC/DC 变换器故障；如果驱动电机控制器高压母线也没有高压电，则需要检查母线电压。

② 当 DC/DC 变换器有高压输入，且电压在 400V 以上，读取低压输出在 13.8V 以下，低压电流有电流输出在 0A 左右，则 DC/DC 变换器内部故障；如果 DC/DC 变换器低压输出在 13.8V 以上，低压电流有电流输出在 0A 左右，低压输出可能是虚电压，无须理会，更换 DC/DC 变换器即可。

③ 在发动机未起动的情况下 DC/DC 变换器输出电压，也可使用万用表测量配电盒或起动蓄电池输出极柱电压，其工作电压为 13.8V 以上。

④ 确认 DC/DC 变换器是否通信正常，如果不能正常通信，则 DC//DC 变换器存在故障，更换即可。

# 第 3 章 电力驱动系统

Chapter 03

## 3.1 驱动电机

### 3.1.1 驱动电机结构与原理

电机装有一个定子绕组，绕组如同电动机一样，可产生一个旋转磁场。电机组成部件和电路连接如图 3-1 所示。

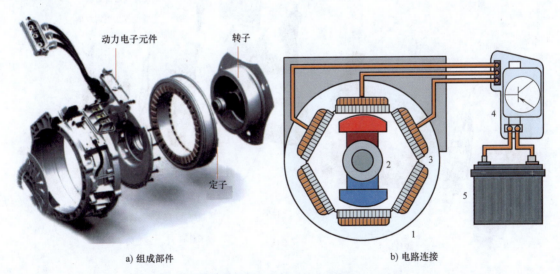

a) 组成部件　　　　　　　　　　　　　　　b) 电路连接

图 3-1　电机组成部件和电路连接

1—电动机/发电机　2—转子　3—定子　4—动力电子元件　5—高压蓄电池

当电机作为电动机工作时，定子绕组会产生一个旋转磁场。转子是一个可以产生磁场的永磁体。同步电机的转速可通过感应交流电的频率精确控制。系统中装有一个变频器，对同步电机的转速进行无级调整。转子位路传感器可持续检测转子的位路。控制电子器件以此测定发动机实际转速。电机工作原理如图 3-2 所示。

如果电机作为发电机工作，转子通过变速器从外部驱动。当转子的磁场通过定子绕组时，每一相的线圈上都会产生感应电动势，转子磁场会依次通过绕组。电力电子装置将获得的电能转化为 288V 直

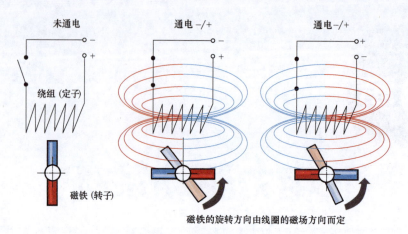

图 3-2 电机工作原理

流充电电流,对高压蓄电池进行充电。

驱动电机是一个紧凑、重量轻、高功率输出、高效率的永磁同步电机(Permanent Magnet Synchronous Motor,PMSM),永磁铁被镶入转子中,旋转磁场和定子线圈共同作用产生转矩;电机旋变被同轴安装在电机上,用来检测转子旋转的角度。此旋转角度被发送到电机控制模块;电机温度传感器检测电机定子内部的温度,此温度信息被发送给电机控制模块。驱动电机组成部件如图 3-3 所示。

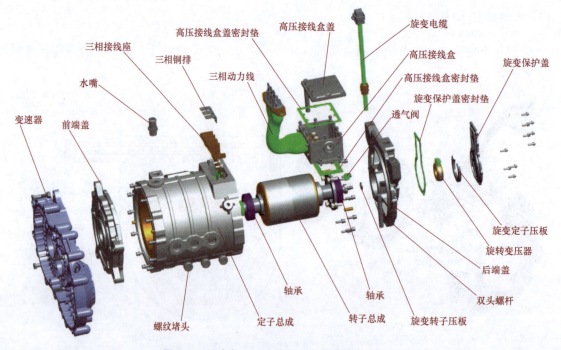

图 3-3 驱动电机组成部件(江淮新能源车型)

永磁同步电机及其驱动系统与外部的电气接口包括高压电部分、低压部分和通信口接口三部分。

高压部分与整车连接的高压直流部分:P——电机控制器直流正端;N——电机控制器直流负端。电机驱动器与永磁同步电机连接的三相交流电部分:A(U)——电机 A 相(U);B(V)——电机 B 相(V);C(W)——电机 C 相(W)。

电机控制器前侧配置 2 个低压插接件,分别为 23 针插接件和 14 针插接件。23 针插接件主要完成 PCU、DC/DC 与整车之间的通信及控制。14 针插接件中有 6 针主要完成 PCU 与电机之间的通信,PCU 可以根据此接线端与电机的旋变连接,实现电机位置及转速的测量和计算,从而实现对电机的精确控制；2针用于检测电机实时温度，防止电机在过温下工作，造成电机毁坏；4针与PCU主控芯片连接，用于软件的改写、烧录，操作方便。

### 3.1.2 驱动电机拆装与部件检修

#### 1. 宝马i3电动汽车驱动电机拆装

以宝马i3车型为例，完整地拆卸和安装驱动电机需要的专用工具见表3-1。

表3-1 拆装驱动电机专用工具

| 名称 | 升降台 2184136 | 用于升降台的固定组件 2305379 | 适配接头 2 357 222 | 定位件 2 357 221 |
|---|---|---|---|---|
| 图示 | | | | 凸耳<br>支架<br>定位座 |

**准备工作：**

1) 断开蓄电池导线负极。**注意：在断开蓄电池导线之前，必须确保车辆休眠。**
2) 排放冷却液。
3) 拆下后部保险杠饰件的架梁。
4) 拆卸竖直支柱。
5) 对于直流电快充（SA4U7）和交流电快充（SA4U6或SA4U8）装备：拆卸便捷充电系统。
6) 拆卸两个水平支柱。
7) 拆卸后部横梁。
8) 拆下左右输出轴。

**拆卸步骤：**

1) 拆下行李舱底板饰板1，松开螺栓2并向上取出维修盖板3，如图3-4所示。

生产时间在2014年12月之后的车辆：如图3-5所示松开螺栓1并取下卸压件，松开卸压件支架的螺栓2。

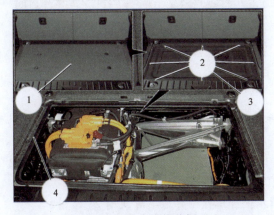

图3-4 取出维修盖板

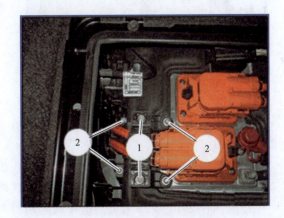

图3-5 取出卸压件及支架

2) 将电位补偿电缆1的螺钉由驱动模块上拆下，脱开EME上高压蓄电池单元的高压线2。

**注意：** 解锁和松开不同电动汽车插头连接的提示。松开EME上蓄电池负极导线的螺母3，取下盖板并松开EME上蓄电池正极导线的螺母4，如图3-6所示。

3）松脱蓄电池负极导线和蓄电池正极导线。将充电插座或便捷充电系统的高压线 5 由 EME 上脱开。将电控辅助加热器的高压线 6 由 EME 上脱开，如图 3-6 所示。

4）如图 3-7 所示松开变速器安装支架 2 上等电势导线的螺栓 1。

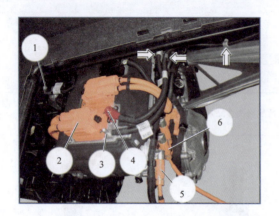

图 3-6　松开 EME 控制模块连接的高压线

图 3-7　松开变速器上的等电势导线

5）松开电位补偿导线 2 的螺栓 1，如图 3-8 所示。

6）脱开信号线的插头连接 3，如图 3-8 所示。

7）脱开高压线的插头连接 4，如图 3-8 所示。

8）松开空调压缩机 6 的螺栓 5，如图 3-8 所示。

9）用导线扎带或行李舱张紧带将空调压缩机 6 固定在驱动模块 7 上，如图 3-8 所示。

10）生产时间在 2014 年 12 月之前的车辆：如图 3-9 所示松开导线槽 2 的螺栓 1，向下抽出高压线及导线槽 2 并在外部侧面固定。

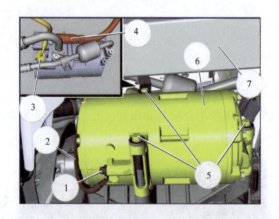

图 3-8　松开电动空调压缩机

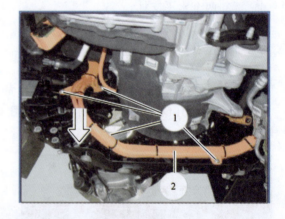

图 3-9　松开导线槽

生产时间在 2014 年 12 月之后的车辆：如图 3-10 所示向外按压锁止凸耳并拔下导线架 1，松开螺栓 2。

11）生产时间在 2014 年 12 月之后的车辆：如图 3-11 所示将电缆盒 1 的锁止凸耳沿驱动模块 2 的箭头方向取下。向下抽出高压线及电缆盒 1 并在外部侧面固定。

生产时间在 2014 年 12 月之后的车辆：如图 3-12 所示松开螺栓 1 并取下导轨槽 2。

12）脱开电线束的插头连接 1，如图 3-13 所示。

13）将 EME 的冷却液管 1 与电机的冷却液管 2 脱开。仅针对交流电快充装备（SA4U6 或 SA4U8）：抽出便捷充电系统的冷却液管 3，松脱用于便捷充电系统的冷却液管 4，如图 3-14 所示。

14）如图 3-15 所示打开固定夹 1 并露出冷却液管 2。

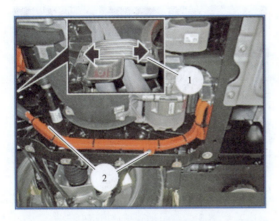

图 3-10 取下导线架

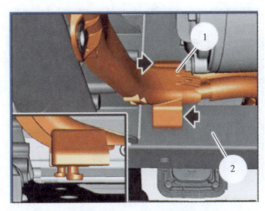

图 3-11 取下电缆盒

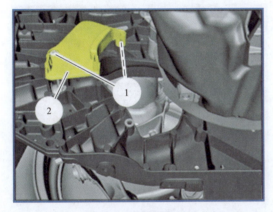

图 3-12 取下导轨槽

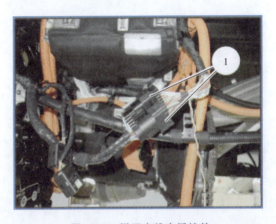

图 3-13 脱开电线束插接件

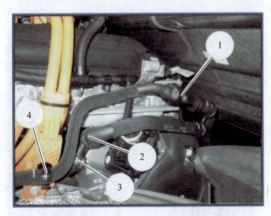

图 3-14 松脱高压系统冷却管路

图 3-15 打开冷却液管固定夹

15) 电机升降台的固定点如图 3-16 所示：

位置 1：专用工具 2 357 222 配备定位件 20。

位置 2：定位盘 80 及定位件 20。

位置 3：专用工具 2 357 221。

升降台从后部移动到车辆下方，并将固定点定位到驱动单元下方。升降台升起并将专用工具 2 357 222 定位到电机 1 的固定点上。将定位盘 2 定位到电机的固定点上，如图 3-17 所示。

16) 如图 3-18 所示松开电机铰链柱 3 的螺栓 1，松开螺栓 2 并拆下电机铰链柱 3。

17) 如图 3-19 所示将专用工具 2 357 221 定位到电机上，并借助螺母 1 固定。**提示：垫圈 2 必须位于电机的圆锥体 3 上。**

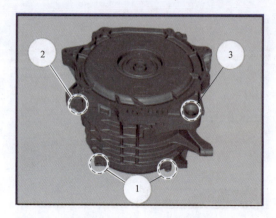

图 3-16 驱动电机固定位置

图 3-17 用拆装平台固定电机

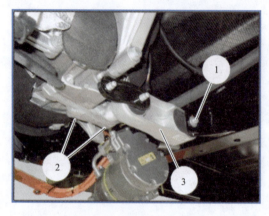

图 3-18 拆下电机铰链柱

图 3-19 安装专用工具到电机上

18）如图 3-20 所示松开左侧和右侧螺栓 1 并移除缓冲挡块 2，松开支承轴承的螺栓 3，通过驱动单元小心降低升降台。

安装步骤：

1）检查图 3-20 所示左右支座 4 是否存在损坏，若有则更换损坏的支座。安装新变速器安装支架或发动机支撑时，连接螺栓前必须校准钻孔是否已对齐，并使用合适的工具（例如杆直径 11mm 的钻头）使支座 4 与发动机支撑/变速器安装支架对齐。

通过驱动单元小心升高并定位升降台，上紧支座 4 的螺栓 3。

安装说明：

左侧支座安装到电机的发动机支撑上：更换螺栓 M10，紧固力矩 56N·m。

图 3-20 移除缓冲挡块

右侧支座安装到变速器安装支架上：更换螺栓 M12，紧固力矩 96N·m 加 45°紧固角度。螺栓 M14 紧固力矩 165N·m。

用缓冲挡块 2 拧紧左侧和右侧螺栓 1（M6），紧固力矩 12N·m。以上部件位置如图 3-20 所示。

2）松开图 3-19 所示电机 3 的螺母 1，将专用工具 2 357 221 借助螺钉和垫圈 2 取下。

3）拉紧图 3-18 所示电机铰链柱 3 上的螺栓 2（M12），紧固力矩 100N·m。拉紧电机铰链柱 3 上的螺栓 1（M12），拧紧力矩 100N·m。

4）降低图 3-15 所示升降台，将冷却液管 2 定位到固定夹 1 中，锁定固定夹 1。

5）连接并锁定图 3-14 所示 EME 的冷却液管 1 和电机的冷却液管 2。仅针对交流电快充装备

# 第3章 电力驱动系统

（SA4U6 或 SA4U8）：穿入便捷充电系统的冷却液管 3，卡入用于便捷充电系统的冷却液管 4。

6）连接并联锁图 3-13 所示电线束的插头 1。

7）生产时间在 2014 年 12 月之后的车辆：定位图 3-12 所示导轨槽 2 并拧紧螺栓 1（M6），紧固力矩 12N·m。

8）生产时间在 2014 年 12 月之后的车辆：将图 3-11 所示电缆盒 1 的锁止凸耳沿驱动模块 2 的箭头方向嵌入。

9）生产时间在 2014 年 12 月之后的车辆：向上穿入图 3-10 所示高压线，定位高压线并嵌入导线架 1。拧紧螺栓 2（M6），紧固力矩 12N·m。

10）生产时间在 2014 年 12 月之前的车辆：向上穿入图 3-9 所示高压线及导线槽 2，拉紧导线槽 2 上的螺栓 1（M6），紧固力矩 12N·m。

11）松开图 3-8 所示驱动模块 7 上的空调压缩机 6 的固定。拧紧空调压缩机 6 上的螺栓 5（M6），紧固力矩 7.6N·m。

**注意**：解锁和松开不同电动汽车插头连接的提示。

12）连接并联锁图 3-8 所示高压线的插头 4 和信号线的插头 3。用螺钉 1（M6）拧紧电位补偿导线 2，紧固力矩 19N·m。

13）拧紧图 3-7 所示变速器安装支架 2 上等电势导线的螺栓 1（M6），紧固力矩 12N·m。

14）将图 3-6 所示高压线 6 的插头连接并锁定到 EME 的电控辅助加热器上。将高压线 5 的插头连接到充电插座或 EME 便捷充电系统上。卡入蓄电池负极导线和蓄电池正极导线。将蓄电池正极导线的螺母 4（M8）拧紧到 EME 上并插上盖板，紧固力矩 15N·m。用螺母 3（M8）在 EME 上拧紧蓄电池负极导线，紧固力矩 15N·m。将高压线 2 插头连接并锁定到 EME 的高压蓄电池单元上。将电位补偿导线用螺栓 1（M6）拧紧在驱动模块上，紧固力矩 12N·m。

15）生产时间在 2014 年 12 月之后的车辆：拧紧图 3-5 所示卸压件支架的螺栓 2（M6），紧固力矩 8N·m。定位卸压件，拧紧螺栓 1（M6），紧固力矩 8N·m。

16）检查图 3-4 所示螺栓连接的氯丁橡胶螺母 2 和密封件 4 是否损坏，必要时进行更新。定位维修改变并拉紧螺栓 2，紧固力矩 1N·m。放入行李舱底板饰件 1。

17）后续工作：

① 安装左侧和右侧的输出轴。
② 安装后部横梁。
③ 安装两个水平支柱。
④ 对于直流电快充（SA4U7）和交流电快充（SA4U6 或 SA4U8）装备：安装便捷充电系统。
⑤ 安装竖直支柱。
⑥ 安装后部保险杠饰件的架梁。
⑦ 连接负极蓄电池导线。
⑧ 添加冷却液并排气。

### 2. 奇瑞 EQ1 电动汽车驱动电机拆装

1）切断高压，拔掉副座椅下方维修开关（MSD）保险端插件，如图 3-21 所示，将座椅向后推拆下盖板即可拔下。

2）拆下后检修盖板总成，如图 3-22 所示。

3）拆除电机进出水管，如图 3-23 所示。

4）拆下电机接地线，拔掉电机信号插件，如图 3-24 所示。

5）举升机举起车辆，在副车架下方放置一平板车，支撑副车架。

6）拔去控制器信号插件和拆除其他在副车架上的高、低压线束，如图 3-25 所示。

图 3-21　MSD 保险端位置

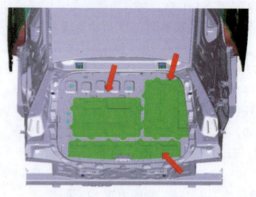

图 3-22　拆下车辆后部检修盖板

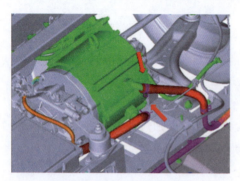

图 3-23　拆下电机冷却水管

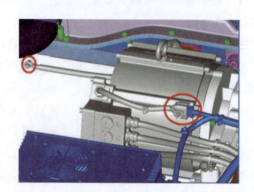

图 3-24　拆下电机接地线

7）拆除副车架，放置在平板车上。

8）如图 3-26 所示，将电机和电机控制器连接的三相线从控制器端拆卸。方法：首先使用开口扳手卸下螺母 1，再拆卸固定在控制上的螺母 2，拆掉 U、V、W 防水端子后，打开控制器小盖板，拆掉压线端子 3 个 M6 螺栓。三相插件与控制器连接螺栓力矩（20±3）N·m，端子固定螺栓力矩（4±1）N·m。

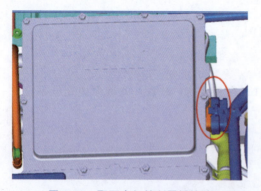

图 3-25　取下电机控制器插接件

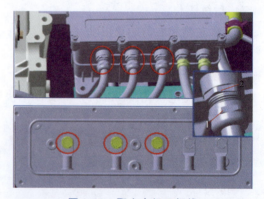

图 3-26　取上电机三相线

9）如图 3-27 所示，拆卸电机和减速器左悬置、前悬置、后悬置，将电机和减速器总成放置在工作台上。

10）拆卸电机和减速器之间的连接螺栓，如图 3-28 所示，安装力矩为（60±6）N·m。

11）晃动电机，并向电机相反方向拉动，即可拆下电机；如果配合较紧，则用一字螺钉旋具撬动配合面，或者用塑料锤敲击减速器壳体，即可分离电机和减速器（注意拆卸和装配时小心减速器油封）。

电机的装配参见电机拆卸的逆过程，电缆与信号线连线及水管的安装参见控制器、线束及水管安装部分。装配完成后，应参照冷却液加注方法加注冷却液。

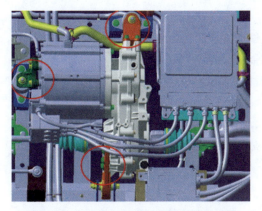

图 3-27 拆下电机与减速器悬置支架螺栓

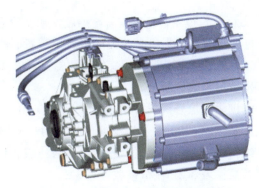

图 3-28 拆卸电机与减速器连接螺栓

驱动电动机安装过程中要注意以下两点：

1）驱动电机安装前用高压绝缘表 500V 档，检测电机三相线对壳体的绝缘阻值，大于 20MΩ 即为合格；安装时反向操作拆解步骤即可。

2）电机安装完成后，检查三相线缆的相序。

### 3. 电机部件检修

以奇瑞 EQ1 电动汽车为例，介绍电机相关故障的检修方法。

（1）电机缺相的检测

电机缺相是由于电机内部某一相或两相由于某种原因发生不通电或者电阻值较大的现象，其主要产生的原因可能为电机内某相烧毁、电缆与电机内绕线断开连接、电缆接头由于未打紧发生烧蚀现象。

1）打开控制器小盖板，检查电缆接头有无烧蚀现象（此故障多由于接头在安装时未打紧引起的）；维修后一定要把图 3-29 所示电缆接头紧固到位。

2）通过利用万用表分别检测电机 A 相与 B 相之间、B 相与 C 相之间、A 相与 C 相之间的电阻来判断是否发生缺相，若相互之间的差值大于 0.5Ω 即判定为电机缺相，请更换电机。

注意：将维修开关拔掉，打开电机控制器小盖板，将 U、V、W 三相线松开。将万用表打至最小单位刻度档，测量相间的阻值。

（2）电机系统绝缘故障的检测

电机绝缘故障常因为电机内部进水、绝缘层受热失效或是绕组某处烧蚀对地短接造成。

图 3-29 检查电缆接头有无烧蚀

电机控制器绝缘故障常因为控制器内部进水，或者是爬电距离变小造成。当电机系统发生绝缘故障时，常会引起控制器报模块故障，或者是整车绝缘故障。检查电机系统绝缘故障时，应将电机系统从整车上脱离（打开控制器的小盖板，将连接到 MCU 的母线螺栓拆掉，将线与安装底座脱开），分别对电机系统的正负对地用绝缘表进行测试，绝缘表测试电压 500V，要求测试时电机温度接近常温，测试结果阻值应大于 20MΩ。若低于此值，则需进一步判定是电机的问题还是控制器的问题：将三相线螺栓拆掉，将线与安装底座脱开，单独对电机进行绝缘测试，如果测试结果阻值低于 20MΩ，判定为电机损坏，请更换电机；否则，请更换控制器。测试工具采用高压绝缘表。

注意：测量时应注意一端与端子连接，一端与外壳连接。测试电压应选择 500V 档位。

(3) 电机位置传感器信号与温度传感器信号静态测试方法

电机位置传感器负责监控电机转子位置,为电机控制提供位置信号。电机位置传感器采用旋转变压器结构。可能出现故障模式为内部发生短路或者断路。

电机尾端信号线插件端子定义如图 3-30 所示。P1~P6 端子为旋变信号,P7、P8 端子为温度信号,测量电阻值时应使 P1 与 P2 为一组,P3 与 P4 为一组,P5 与 P6 为一组,P7 与 P8 为一组。各针脚功能见表 3-2,测试参数见表 3-3。

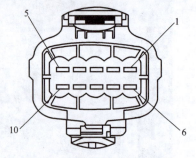

图 3-30 电机尾端信号线插件

表 3-2 电机尾端信号线插件各针脚功能

| 针脚 | 功能 | 针脚 | 功能 |
| --- | --- | --- | --- |
| 1 | 旋变 EXTP_R1 | 5 | 旋变 EXTP_S2 |
| 2 | 旋变 EXTP_R2 | 6 | 旋变 EXTP_S4 |
| 3 | 旋变 EXTP_S1 | 7 | 电机温度传感器 TEMP_1 |
| 4 | 旋变 EXTP_S3 | 8 | 电机温度传感器 TEMP_1 |

表 3-3 测试参数

| 测量回路 | 针脚 | 标准 |
| --- | --- | --- |
| R1~R2 激励回路 | P1、P2 | 20Ω±10% |
| S1~S3 正弦回路 | P3、P4 | 46Ω±10% |
| S2~S4 余弦回路 | P5、P6 | 50Ω±10% |
| 电机温度传感器 | P7、P8 | 阻值随温度变化 |

### 3.1.3 驱动电机故障排除

**1. 驱动电机工作失效故障**

故障现象:江淮新能源电动车辆抖动、无法行驶。

检修方法:

1)进入整车诊断软件驱动电机信息栏里查看电机状态,信息数据界面如图 3-31 所示。观察母线电压值 350V 左右、转向指令和电机当前转向、目标转矩和电机转矩是否相同,如驱动电机信息与 VCU 发出的指令全部一致,车辆无法行驶,可检查电机三相线固定螺栓。

2)检查电机旋变线有无退针、断开现象;拔下电机旋变线插头,用万用表测量相关针脚是否导通。

**2. 驱动电机过速故障**

故障现象:

1)组合仪表报"限速行驶、联系维修""EHPS⊖ 失效",如图 3-32 所示。

图 3-31 驱动电机信息数据

2)车辆掉高压电无法 Ready(此时控制器已关闭 IPU,无法再上高压电)。

3)断开 12V 负极或者清除故障码后,车辆可以 Ready,但挂档后车辆无法行驶,明显听到前驱动电机空转的声音。

4)检查差减轴与驱动电机结合位置有油迹渗出。

故障分析:用诊断仪查询系统,存在的故障码如图 3-33 所示。

---

⊖ EHPS 指 Electronic Hydrostatic Power Steering,电子液压助力转向系统。

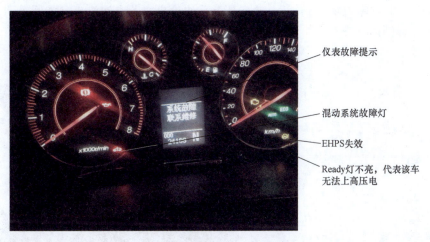

图 3-32 仪表故障提示

| 序号 | 控制器 | 硬件号 | 软件号 | 零件号 | 故障码 | 故障类型 | 定义 | 状态 |
|---|---|---|---|---|---|---|---|---|
| 1 | 制动控制系统 | 8030009BAC020H.0 | 8030009BAC020S.0 | 8030009BAC0200 | 无故障码 | | | |
| 2 | 助力转向系统 | 3410006BAC010H.? | 3410006BAC010S.? | 3410006BAC0100 | 无故障码 | | | |
| 3 | 发动机管理系统 | 1120003BAC1100H.0 | 1120003BAC1100S.0 | 1120003BAC1100 | P057129 | 历史的 | 制动信号不同步 | 60 |
| 4 | 辅助安全系统 | 8040003BAC000H??? | 8040003BAC000S??? | 8040003BAC0000 | 无故障码 | | | |
| 5 | 电池管理系统 | | | | 通信异常 | | | |
| 6 | 前驱电机 | 1520007BAC0000H.0 | 1520007BAC0000S.4 | 1520007BAC0000 | P180619 | 历史的 | 功率模组过电流 | A8 |
| 7 | 前驱电机 | 1520007BAC0000H.0 | 1520007BAC0000S.4 | 1520007BAC0000 | P183470 | 当前的 | 电机过速-关闭IPU | AF |
| 8 | 前驱电机 | 1520007BAC0000H.0 | 1520007BAC0000S.4 | 1520007BAC0000 | P183470 | 当前的 | 电机过速-2级报警 | 2F |
| 9 | 前驱电机 | 1520007BAC0000H.0 | 1520007BAC0000S.4 | 1520007BAC0000 | P180317 | 历史的 | 发电时高压电压高于udc_max时降功率 | 68 |
| 10 | 前驱电机 | 1520007BAC0000H.0 | 1520007BAC0000S.4 | 1520007BAC0000 | P181216 | 历史的 | 发电机高压直流电压低于阈值时降功率 | 28 |
| 11 | 混动控制系统 | 1110003BAC0300H.E | 1110003BAC0300S.E | 1110003BAC0300 | P16FF00 | 历史的 | BMS电池包2风扇故障 | 08 |
| 12 | 混动控制系统 | 1110003BAC0300H.E | 1110003BAC0300S.E | 1110003BAC0300 | P166F00 | 历史的 | BMS风扇故障 | 08 |
| 13 | 混动控制系统 | 1110003BAC0300H.E | 1110003BAC0300S.E | 1110003BAC0300 | P06A111 | 历史的 | 电动空调转速控制线短路到地 | 08 |
| 14 | 混动控制系统 | 1110003BAC0300H.E | 1110003BAC0300S.E | 1110003BAC0300 | P109296 | 历史的 | 发动机故障级别1 | 08 |
| 15 | 混动控制系统 | 1110003BAC0300H.E | 1110003BAC0300S.E | 1110003BAC0300 | P068D00 | 历史的 | 选档信号不匹配 | 08 |
| 16 | 混动控制系统 | 1110003BAC0300H.E | 1110003BAC0300S.E | 1110003BAC0300 | U10C287 | 历史的 | 丢失与充电机的通信超过1s | 08 |
| 17 | 混动控制系统 | 1110003BAC0300H.E | 1110003BAC0300S.E | 1110003BAC0300 | P189496 | 当前的 | 驱动电机故障级别3 | 8B |
| 18 | 混动控制系统 | 1110003BAC0300H.E | 1110003BAC0300S.E | 1110003BAC0300 | P166496 | 当前的 | 高压电池初始化错误 | 0B |
| 19 | 混动控制系统 | 1110003BAC0300H.E | 1110003BAC0300S.E | 1110003BAC0300 | U10C181 | 当前的 | HVIL⊖线断开 | 0B |
| 20 | | 1110003BAC0300H.E | 1110003BAC0300S.E | 1110003BAC0300 | P0CC113 | 历史的 | 水泵控制继电器开路 | 08 |
| 21 | 混动控制系统 | 1110003BAC0300H.E | 1110003BAC0300S.E | 1110003BAC0300 | P189396 | 当前的 | 驱动电机故障级别2 | 8B |
| 22 | 集成启动发电机 | 1520007BAC0000H.0 | 1520007BAC0000S.4 | 1520007BAC0000 | P171216 | 历史的 | 发电机高压直流电压低于阈值时降功率 | 28 |
| 23 | 娱乐系统 | | | | 通信异常 | | | |
| 24 | 空调系统 | 8130004BAC000H?? | 8130004BAC020S.B | 8130004BAC0200 | 无故障码 | | | |

图 3-33 系统故障信息

结合上述故障码，能看到很多当前故障，如当前的电机过速 2 级故障、驱动电机 3 级故障、HVIL 线断开等。当看到有 HVIL 线断开的故障码，很容易联想到高压互锁问题。但是高压互锁问题会不会报出驱动电机 3 级故障？还是因为驱动电机 3 级的故障引发了高压互锁问题？因此，这时候首先往驱动电机的方向去排查问题。上述故障还有过速故障，所谓的过速实际就是一个没有负载的、超过了峰值的转速。

检修过程：

1）首先检查驱动电机（旋变/温度）的插接件，如图 3-34 所示。检查该插接件是否插接良好。

---

⊖ HVIL 指 High Voltage Interlock Loop，高压互锁回路。

2）检查驱动电机与差减轴的结合面，检查是否有油渗出。若有油渗出且能听见明显的空转声音，则需要重点检查差减轴的状态。

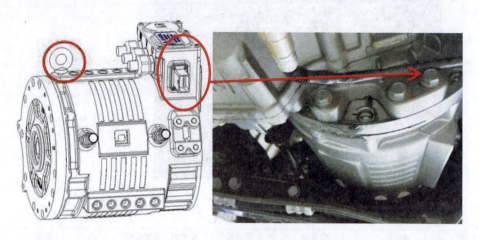

图 3-34　检查驱动电机插接件

3）若上述 2 个地方状态良好，测量驱动电机（旋变/温度）插头的旋变值：

① 1#、12#针脚的旋变值：15Ω。

② 2#、11#针脚的旋变值：36Ω。

③ 3#、10#针脚的旋变值：36Ω。

如该点的旋变值不符，则可判定该驱动电机内部存在故障。

### 3. 发电机旋变故障

**故障现象**：广汽 GA3S PHEV、GS4 PHEV 车辆在行驶过程中掉高压电，无法 Ready。组合仪表报"系统故障、联系维修"。关闭钥匙休眠后，仍无法 Ready。

**故障诊断**：用诊断仪连接车辆，读取系统故障信息如图 3-35 所示。

| 序号 | 控制器 | 硬件号 | 软件号 | 零件号 | 故障码 | 故障类型 | 定义 | 状态 |
|---|---|---|---|---|---|---|---|---|
| 1 | 制动控制系统 | 8030009BAC020H.0 | 8030009BAC020S.0 | 8030009BAC0200 | 无故障码 | | | |
| 2 | 助力转向系统 | 3410006BAC010H.? | 3410006BAC010S.? | 3410006BAC0100 | 无故障码 | | | |
| 3 | 发动机管理系统 | 1120003BAC1100H.0 | 1120003BAC1100S.0 | 1120003BAC1100 | 无故障码 | | | |
| 4 | 辅助安全系统 | 8040003BAC000H??? | 8040003BAC000S??? | 8040003BAC0000 | U041881 | 历史的 | 从BCS收到的车速值无效 或者 BCS_VehSpdVD的值是无效的 | 28 |
| 5 | 电池管理系统 | | | | 通信异常 | | | |
| 6 | 前驱电机 | 1520007BAC0000H.0 | 1520007BAC0000S.5 | 1520007BAC0000 | 无故障码 | | | |
| 7 | 混动控制系统 | 1110003BAC0300H.E | 1110003BAC0300S.E | 1110003BAC0300 | P179296 | 当前的 | 发电机故障级别3 | AB |
| 8 | 集成启动发电机 | 1520007BAC0000H.0 | 1520007BAC0000S.5 | 1520007BAC0000 | P17A077 | 当前的 | ISG⊖电机反转故障 关闭IPU | AF |
| 9 | 娱乐系统 | | | 8505007BAC0200 | 无故障码 | | | |
| 10 | 空调系统 | 8130004BAC0600H. | 8130004BAC0600S. | 8130004BAC0600 | U042281 | 历史的 | 从BCM接收到无效信号 | 2C |
| 11 | 组合仪表 | 8270003BAC0701H.0 | 8270003BAC0701S.0 | 8270003BAC0701 | 无故障码 | | | |
| 12 | 车身控制模块 | 8045006BAC010H.? | 8045006BAC010S.0 | 8045006BAC0100 | U012987 | 历史的 | BCS1通信报文丢失 | 28 |
| 13 | 车身控制模块 | 8045006BAC010H.? | 8045006BAC010S.0 | 8045006BAC0100 | U121087 | 历史的 | BCS2通信报文丢失 | 28 |
| 14 | 车身控制模块 | 8045006BAC010H.? | 8045006BAC010S.0 | 8045006BAC0100 | U121187 | 历史的 | BCS5通信报文丢失 | 28 |
| 15 | TBOX | 8550003BAC99F0H. | 8550003BAC99F0S. | 8550003BAC99F0 | 无故障码 | | | |

图 3-35　用诊断仪读取的故障信息

**故障分析**：根据故障码提示"发电机故障级别 3"与"ISG 电机反转故障 关闭 IPU"，结合维修手册对应的故障码诊断（表 3-4）提示进行检测。

---

⊖　ISG 指 Integrated Starter and Generator，汽车起动发电一体机。

表 3-4 故障码诊断

| DTC | DTC 定义 | 可能故障原因 | 维修处理方法 |
|---|---|---|---|
| P17A077 | ISG 电机反转故障　关闭 IPU | • 转矩控制异常<br>• 电机旋变异常 | • 检查 HCU 控制转矩命令<br>• 检查电机旋变信号电路 |

> 提示：涉及转速类的故障，请首先检查电机的旋变信号是否正常，可通过测量它的旋变阻值来判断，阻值不可超正常值的 ±5Ω。旋变信号针脚定义如图 3-36 所示。

| ISG | | | |
|---|---|---|---|
| 针脚 | 名称 | 线色 | 定义 |
| 1 | +12V | 红 | 12V电源正极 |
| 2 | R1_ISG | 红 | ISG激磁信号正极 |
| 3 | S2_ISG | 黄 | ISG旋变信号SIN+ |
| 4 | S1_ISG | 白 | ISG旋变信号COS+ |
| 5 | MT1+_ISG | 棕 | ISG电机温度信号1+ |
| 6 | IGN(KEY_ON) | 红 | 钥匙信号 |
| 7 | HVIL_IN | 灰 | HVIL IN |
| 8 | HVIL_OUT | 灰 | HVIL OUT |
| 9 | GND_12V | 黑 | 12V电源负极 |
| 10 | R2_ISG | 黑 | ISG激磁信号负极 |
| 11 | S3_ISG | 蓝 | ISG旋变信号COS- |
| 12 | MT1-_ISG | 棕 | ISG电机温度信号1- |
| 13 | MT3+_ISG | 棕 | ISG电机温度信号3+ |
| 14 | MT3-_ISG | 棕 | ISG电机温度信号3- |
| 15 | CANBLO | 紫 | CANBLO标定 |
| 16 | OUTPUT | 灰 | OUTPUT |
| 17 | RESOLVER_SH | 灰 | RESOLVER屏蔽 |
| 18 | S4_ISG | 绿 | ISG旋变信号SIN- |
| 19 | MT2+_ISG | 棕 | ISG电机温度信号2+ |
| 20 | MT2-_ISG | 棕 | ISG电机温度信号2- |
| 21 | CANBHI | 绿 | CANBHI标定 |
| 22 | CANALO | 绿 | CANAHI程序烧写 |
| 23 | CANAHI | 紫 | CANALO程序烧写 |

ISG旋变信号阻值测量：

正旋信号：3#～18#，38Ω

余旋信号：4#～11#，38Ω

励磁信号：2#～10#，18Ω

图 3-36　旋变信号针脚定义

检修步骤：

1）检查发电机旋变插接件是否插接良好，如图 3-37 所示。注意检查该插接件的线束是否断裂或者端子是否退针。

图 3-37　检查旋变插接件

2）检查电机控制器 ISG 通信插头（白色）的插接是否正常，如图 3-38 所示，注意检查该插接件的线束是否断裂或者端子是否退针。

图 3-38　检查 ISG 通信插头

3）若上述插接件、线束表面无异常，则用万用表测量发电机旋变的信号值（白色 ISG 通信插头），针脚定义如图 3-36 所示。若测量阻值不符合定义阻值，说明该插接件到发电机区间内存在故障，可排查电机控制器的故障。

4）拔掉发电机旋变插接件，测量 ISG 通信插头到发电机旋变插头之间的线束是否导通，便于排除中间线束的部分问题。

5）若以上步骤排查均无异常，则可判断发电机内部旋变故障，需更换发电机。

**维修小结：**

1）对于反转故障、旋变故障（有关转速类的故障），首先应该检查电机的旋变信号是否正常，即测量其阻值范围。

2）反转故障也会涉及电机三相线的插接情况。如果三相线接反，也会报这类故障。可确认该故障车是否为拆卸过三相线返修后安装的，或者是否为刚下线的新车，如果正常行驶的车辆，一般可排除此类故障的存在。

3）出现"发电机反转故障　关闭 IPU"的，一般较常见的原因是"发电机旋变的插头松动""发电机旋变的插头与曲轴的插头相互接反""电机控制器 ISG 低压通信插头（白色）内端子退针"。

# 3.2　电机控制器

## 3.2.1　电机控制器结构与原理

以传祺 GA3S 车型的电机控制总成为例，该装置是集成了 ISG、驱动电机（Traction Motor，TM）及 DC/DC 三合一的控制器，其工作电压范围为 220～460V，瞬时最高电流为 445A。电机控制器安装位置如图 3-39 所示。

集成电机控制器包括控制电路、功率驱动单元、DC/DC、高低压插接件、内部线束和所有相关的软硬件等。集成电机控制器作为发电机和驱动电机的控制器，并集成了 DC/DC，是一款双电机控制器。

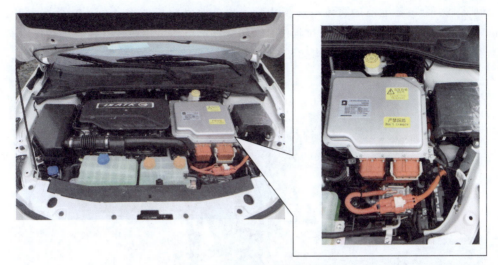

图 3-39 电机控制器安装位置

电机控制器的作用：接收整车命令；将直流电压转化为交流电压，控制电机在不同转速下的转矩输出；将电机控制器系统的状态返回给整车。电机控制器系统连接如图 3-40 所示。

控制器组成部件如图 3-41 所示，薄膜电容的主要功能是储存能量，特别是在电机高速制动工况下能快速储存电机能量反馈的电能，同时另一个功能就是在电机起动的瞬间能给 IGBT[⊖] 提供较大起动电流以保证电机的顺利起动。电机控制器的核心零部件为 IGBT，控制器通过 IGBT 变频开关来控制电机的运行。DC/DC 的主要功能是将高压蓄电池的电转化成低压为蓄电池补充电量以及给整车低压用电器提供电能。

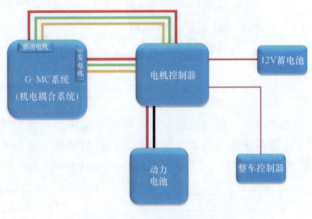

图 3-40 电机控制器系统连接

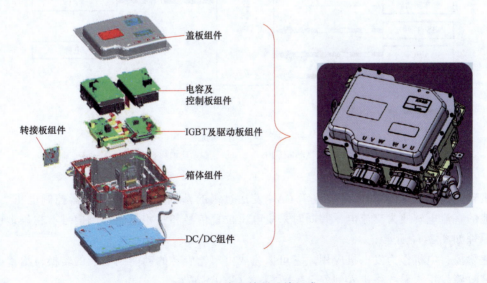

图 3-41 电机控制系统组成

---

⊖ IGBT 指 Insulated Gate Bipolar Transistor，绝缘栅双极型晶体管。

电机控制器是一个将蓄电池的直流电转换为交流电并驱动电机的设备，英文简称为PCU（Power Control Unit）。由于在交流转换成直流的过程中，交流频率和电压可以改变，控制参数可以有很高的自由度。江淮新能源车型的电机控制器结构如图3-42所示。

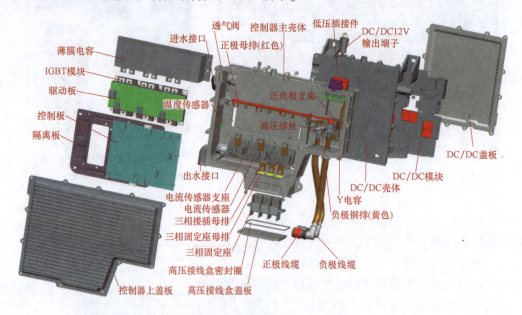

图3-42 电机控制器结构图（江淮新能源）

PCU将动力蓄电池的直流电转换成电机可用的交流电，电机完成转矩输出。

VCU基于加速踏板位置信号、档位信号和车速信号计算车辆的目标转矩，并通过CAN通信发送转矩需求指令给PCU。其控制流程如图3-43所示。

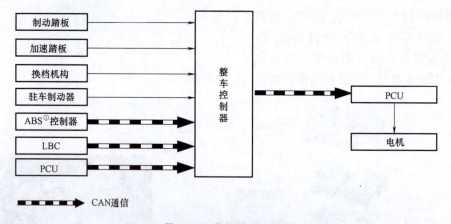

图3-43 电机控制流程

① ABS指Antilock Brake System，制动防抱死系统。

在电机转矩请求信号由VCU通过整车CAN发送过来的基础上，电机控制器控制电机。电机控制器将蓄电池的直流电转换为交流电，并同时采集电机位置信号和三相电流检测信号，精确地驱动电机，电机控制原理如图3-44所示。

在减速阶段，电机作为发电机应用。它可以完成由车轮旋转的动能到电能的转换，给蓄电池充电。

如果有故障发生，系统将进入到安全失效模式（Fail-Safe）。

### 3.2.2 电机控制器拆装与检测

本节以比亚迪e6车型为例，讲解电机控制器（即VTOG——双向逆变充放电式电机控制器）的拆

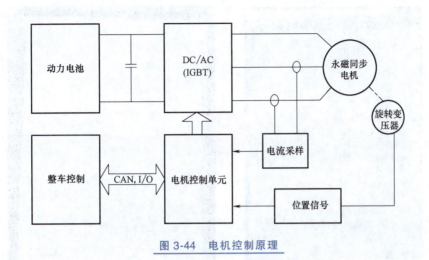

图 3-44 电机控制原理

卸与安装。

### 1. 拆装工具与注意事项

1）拆装所需工具：诊断仪、十字螺钉旋具、大棘轮、加长杆、10mm 套筒、小棘轮、8mm 套筒、冷却液。

2）安装注意事项：

① 安装三相线之前，需先查看三相线线束端插头内是否有冷却液，如果有需要先将冷却液擦拭干净再安装。

② VTOG 安装完成，并确认各线束均安装完备后，将维修开关插好。

③ VTOG 在拆装过程中会损失掉部分冷却液，安装完成后，需将冷却液添加到应有水平。

④ VTOG 安装完成后，由于仪表需要与 VTOG 匹配，所以需要断开蓄电池，然后再接上，重新上 OK 档电，观察 OK 灯是否可以点亮，整车是否可以正常运行。

⑤ 需要对整车进行充电尝试，观察车辆是否可以正常充电，仪表是否有正常显示。

⑥ VTOG 安装完成后，需清除电子液压助力系统（HAS-hev）和车身电子稳定性控制系统（Electronic Speed Controller，ESC）的故障码，然后退电，6min 后再上电确认整车状态。

### 2. 电机控制器拆卸步骤

1）拆卸 VTOG 之前，需通过诊断仪清除原车原 VTOG 上的电机防盗。

① 连接诊断仪。

② 选择 G6 车型，进入。

③ 进入 G6 车型后，选择防盗匹配进入，如图 3-45 所示。

④ 然后选择 ECM⊖ 密码清除，根据诊断仪的提示进行相应的操作。

⑤ 清除密码后，需等待 10s 后再断电，保证电机防盗密码清除成功。

2）断开维修开关，流程如图 3-46 所示。

① 打开车辆内室储物盒，并取出内部物品。

② 取出储物盒底部隔板。

③ 使用十字螺钉旋具将安装盖板螺钉（4 个）拧下，并掀开盖板。

④ 取出维修开关上盖板。

⑤ 拉动维修开关手柄呈竖直状态，向上提拉，取出维修开关。

⑥ 使用电工绝缘胶布封住维修开关插接件母端。

3）将 VTOG 后面的 5 个高压插接件拔下来，流程如图 3-47 所示。

---

⊖ ECM 指 Engine Control Module，发动机电子控制模块。

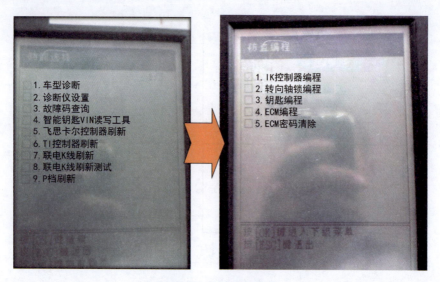

图 3-45 清除电机防盗

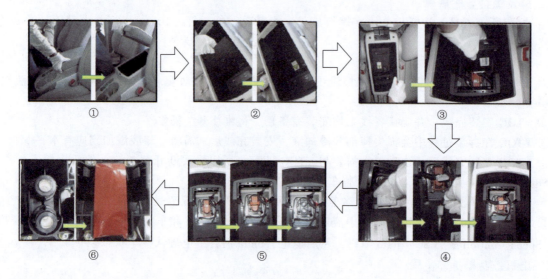

图 3-46 断开维修开关步骤

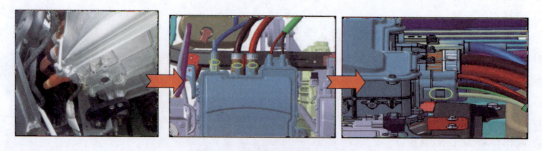

图 3-47 拔取高压插接件流程

① 将二次锁死机构（绿色塑料卡扣）向外推，取下；

② 摁住插接件上的卡扣，将插接件用力向外拔出。注意：插接件不能硬拔，空间较小注意防护手部。

4）将 VTOG 侧面的低压插接件拔下来，如图 3-48 所示。

① 固定好前舱盖板。

② 拔出低压插接件（先解除二次锁死机构）；注意：拔低压插接件时需要先松开锁紧保险，注意

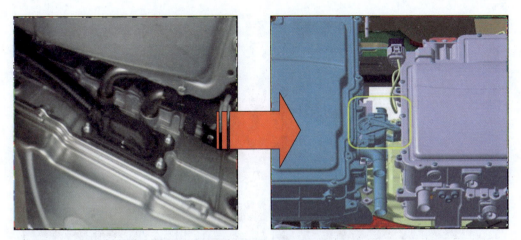

图 3-48　取下低压插接件

力度不要损坏锁紧装置。

5）拆卸 VTOG 安装固定螺栓，如图 3-49 所示。

① 拧开 VTOG 固定螺栓（共 5 个固定螺栓）；需要用到的工具包括大棘轮、加长杆、10mm 套筒。

② 后面 2 个螺栓比较难拆，需要将手伸到 VTOG 后面通过大棘轮和 10mm 套筒配合使用，无需加长杆。

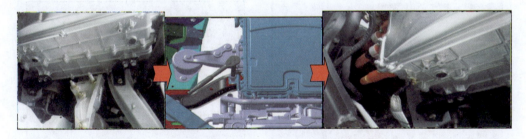

图 3-49　取下控制器固定螺栓

6）如图 3-50 所示拆卸搭铁线螺栓，搭铁在 VTOG 的右侧，需要使用棘轮与 10mm 套筒；注意：力矩不用太大，防止拧坏搭铁线。

图 3-50　拆卸搭铁线螺栓

7）如图 3-51 所示拆卸水管固定螺栓，水管的 2 个固定螺栓在 VTOG 前侧，都需要使用小棘轮与 8mm 套筒拆下。注意：力矩不用太大，防止拧断螺栓。

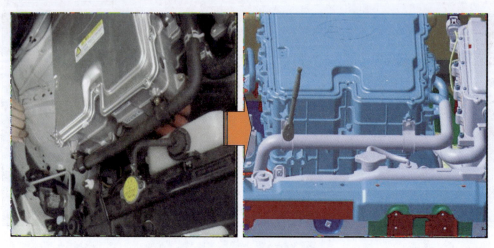

图 3-51　拆卸水管固定螺栓

8）拆卸水管软管，如图 3-52 所示。

① VTOG 有 2 个水管软管，上为进水管，下为出水管，需用卡箍钳将卡箍钳下。

② 将水管拔出。先拆上面的卡箍，后拆下面的卡箍，拔出水管。注意：需要用冷却液盆接住冷却液，防止飞溅流失以及高压件进水。

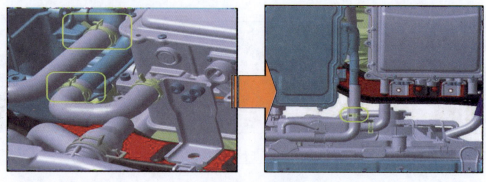

图 3-52　拆卸水管软管

9）拆卸三相线固定螺栓，如图 3-53 所示。

① 搭 VTOG 三相线需最后拆卸，用大棘轮、加长杆、10mm 套筒将三相线的固定螺栓拆下。

② 用力向下将三相线插接件拔下。注意：拔下三相线时需注意，防止冷却液进入三相线的插接件。

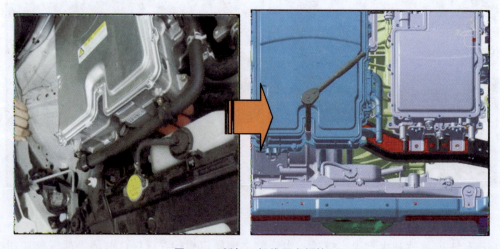

图 3-53　拆卸三相线固定螺栓

10）取出 VTOG：以上步骤完成后，即可将 VTOG 搬出前舱。

### 3. 电机控制器安装步骤

1）VTOG 安装，操作步骤如图 3-54 所示。

① 安装 VTOG 固定螺栓。

② 安装 VTOG 后侧的 5 个高压插接件。

③ 安装三相线，将三相线对准 VTOG 的三相线对接口，向上将三相线顶入插接件，随后用螺栓将三相线打紧。

④ 安装低压插接件，将低压插接件线束端与板端对接好，然后把卡扣扳回原来卡死的位置，听到"咔哒"声后，将插接件轻轻向外拉一下，检查是否接好。

⑤ 安装 VTOG 搭铁。

⑥ 安装 VTOG 固定水管。

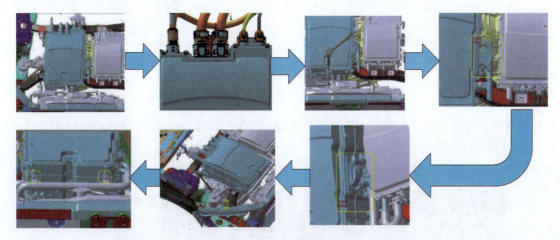

图 3-54　电机控制器安装流程

2）VTOG 防盗匹配流程如图 3-55 所示。

① 连接诊断仪。

② 进入 G6 车型。

③ 找到防盗匹配选项进入，如图 3-55 所示。

④ 进入 ECM 防盗匹配。

⑤ 按照匹配步骤将钥匙放在点火开关处。

⑥ 匹配完成后，待 10s 之后再退电，保证匹配完成。

图 3-55　防盗匹配

### 4. 电机控制器检测方法

将 PCU 总正、总负断开，如图 3-56 所示利用万用表电阻档测量总正、总负之间的阻值，若阻值无穷大，则正常；若为 0，则 PCU 内部短路，需更换内部元器件。

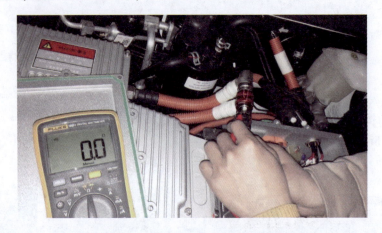

图 3-56 测量 PCU 总正、总负电阻值

（1）方法一

如何判断电机控制器正常与否，下面以江铃 E200/E200S 车型为例讲解检测与判别方法。

1）电机控制器检测方法。

电机控制器插接件及连接端子针脚排列如图 3-57 所示，J2 护套如图 3-58 所示。

图 3-57 电机控制器插接件

① 1 号针脚是 12V-（地线），万用表打到导通档，用万用表的黑表笔搭车身上的螺栓，红表笔放在 1 号针脚上，此时 1 号针脚与车身地是导通的。

② 11 号针脚是 12V+，万用表打到直流电压档，钥匙拧到 ON 档，万用表的黑表笔搭车身上的螺栓，红表笔放在 11 号针脚上，此时电压为 13.5V。

③ 2 号针脚是加速辅信号输入，万用表打到直流电压档，钥匙拧到 ON 档，万用表的黑表笔搭车身上的螺栓，红表笔放在 2 号针脚上，此时电压为 0.35V。

④ 18 号针脚是加速主信号输入，万用表打到直流电压档，钥匙拧到 ON 档，万用表的黑表笔搭车身上的螺栓，红表笔放在 18 号针脚上，此时电压为 0.7V。

⑤ 10 号针脚是 146V+，万用表打到直流电压档，钥匙拧到 START 档，万用表的黑表笔搭 146V（图 3-59），红表笔放在 10 号针脚上，此时电压为 146V。

⑥ 13 号针脚是倒档信号输入，万用表打到直流电压档，钥匙拧到 ON 档，挂上倒档，万用表的黑表笔搭车身上的螺栓，红表笔放在 13 号针脚上，此时电压为 13.5V。

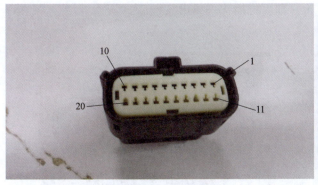

图 3-58 J2 护套

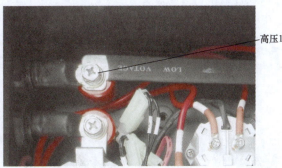

图 3-59 高压 146V 测试点

⑦ 14 号针脚是前进档信号输入，万用表打到直流电压档，钥匙拧到 ON 档，挂上前进档，万用表的黑表笔搭车身上的螺栓，红表笔放在 14 号针脚上，此时电压为 13.5V。

2）判断电机控制器正常与否。

① 若 1 号、2 号、10 号、11 号、18 号电压都正常，当把钥匙拧到"START"档，仪表上"READY"符号不显示，则应是电机控制器的故障。

② 当把钥匙拧到"STATR"档后，仪表"READY"符号显示，同时动力切断符号熄灭，听到放电继电器"嘀嗒"的声音，把钥匙拧回到"ON"档，这时"READY"符号熄灭，动力切断符号亮起，放电继电器断开。此故障为：a）电机控制器故障；b）放电继电器的故障/高压熔丝熔断。

③ 把钥匙拧到"START"档后，仪表上"READY"符号显示，挂前进档，踩加速踏板，车辆不行驶，应检查 2 号、18 号针脚的电压是否会随着踩加速踏板的行程电压值而发生变化，检查 14 号/13 号针脚的电压是否为 13.5V。

注：当档位已挂上前进或倒档，把加速踏板踩到底时，2 号针脚的电压值应为 1.9V；18 号针脚的电压值为 3.8V；若这两个针脚的电压不变化，车辆是不能行驶的。此故障为整车控制器故障（前提是线路正常）。

当挂倒档时，13 号针脚的电压为 0V；挂前进档时，14 号针脚的电压为 0V，车辆也是不能行驶的。应检查熔丝盒里的变速杆熔丝（10A）是否烧坏及变速杆到电机控制器 13、14 号针脚的线有没有导通。

（2）方法二

以江铃新能源 E200 车型为例。

1）电机控制器检测方法。

把电机控制器上面盖板的螺栓拆掉后，再把正负极动力线及相线拆掉，即可更换电机控制器，如图 3-60 所示。

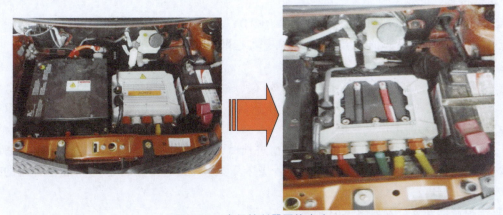

图 3-60 电机控制器更换方法

插接件拔下的方法：如图3-61所示把卡扣往外推，即可把插接件拔出。

电机控制器插接件针脚排列如图3-62所示。

图3-61 插接件拆取方法

图3-62 电机控制器插接件针脚排列

① 1号针脚为高压144V，万用表笔放在该针脚上，负表笔放在高压箱内负极端，把钥匙拧到"START"档，测量电压为144V。

② 6号针脚为加速踏板输出辅信号，为0.35V（钥匙拧到ON档状态下测量）。

③ 7号针脚为加速踏板输出主信号，为0.7V（钥匙拧到ON档状态下测量）。

④ 16号针脚为12V-信号，万用表打到导通档，与车身铁测量，导通。

⑤ 23号针脚为12V+信号，万用表打到电压档，正表笔放在该针脚上，负表笔放在车身地，钥匙拧到ON档，此时测量的电压为12V。

⑥ 21号针脚为放电继电器12V-，控制放电继电器线圈端。

⑦ 8号针脚为制动信号，踩下制动踏板，此针脚电压为12V。

⑧ 12号针脚为CAN H信号线。

⑨ 14号针脚为加速踏板5V-信号。

⑩ 3号针脚为电动助力转向系统（Electric Power Steering，EPS）输出信号。

⑪ 4号针脚为"START"档信号，把钥匙拧到STATR档，该针脚电压为12V+。

⑫ 5号针脚为CAN L信号线。

2）判断电机控制器正常与否。

① 若1号、6号、7号、16号、23号针脚电压都正常，当把钥匙拧到"START"档，仪表上"READY"符号不显示，则应是电机控制器的故障。

② 当把钥匙拧到"START"档后，仪表"READY"符号显示，同时动力切断符号熄灭，听到放电继电器"嘀嗒"的声音，把钥匙拧回到"ON"档，这时"READY"符号熄灭，动力切断符号亮起，放电继电器断开。此故障为：a）电机控制器故障；b）放电继电器的故障/高压熔丝熔断；c）12V+电源没到放电继电器。

③ 把钥匙拧到"START"档后，仪表上"READY"符号显示，挂前进档，踩加速踏板，车辆不行驶，应检查6号、7号针脚的电压是否会随着踩加速踏板的行程电压值发生变化，检查11号、10号针脚的电压是否为13.5V。

注：当档位已挂上前进或倒档，把加速踏板踩到底时，6号针脚的电压值应为1.9V；7号针脚的电压值为3.8V；若这两个针脚的电压不变化，车辆是不能行驶的。此故障为整车控制器故障（确定故障前先检查整车控制器的工作电源是否正常）。

当挂倒档时，10号针脚的电压为0V；挂前进档时，11号针脚的电压为0V，车辆也是不能行驶的。应检查熔丝盒里的变速杆熔丝（10A）是否烧坏及变速杆到电机控制器10、11号针脚的线有没有导通。

3）整车控制器安装位置如图3-63所示。

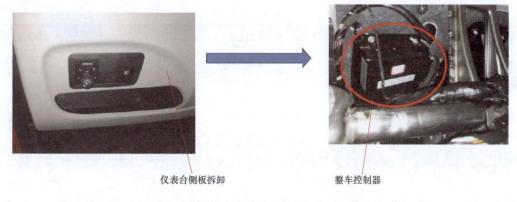

图 3-63　整车控制器安装位置（江铃 E200）

### 3.2.3　电机控制器故障排除

**1. 比亚迪唐电机控制器故障检修**

以比亚迪唐为例，电机控制器出现故障时，整车通常表现为无 EV 模式，仪表报"请检查动力系统"。检测故障时，需用诊断仪进入"电机控制器"模块读取数据流，如图 3-64 所示。有两种情况，一种为"系统无应答"，需要进行全面诊断；另一种是能读取相应故障码，则根据相应故障码进行诊断。

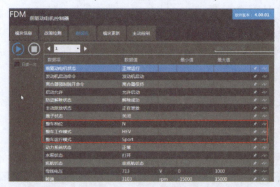 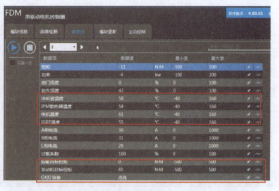

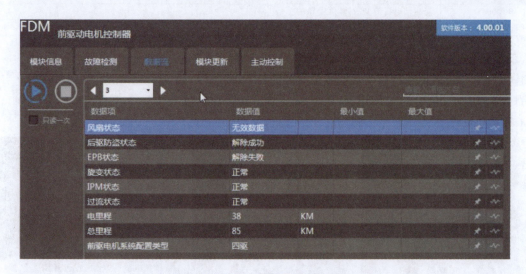

图 3-64　前驱动电机控制器数据流（比亚迪唐）

（1）读取"系统无应答"时诊断流程

检查低压插接件相关的引脚（表 3-5）。若有异常，可检查相应的低压回路，包括电源、接地、CAN 通信等。

表 3-5 低压插接件检测信息

| 端子 | 信号 | 检测条件 | 正常值 |
|---|---|---|---|
| B51-60/62~B51-61 | VCC 外部 12V 电源 | ON 档 | 10~14V |
| B51-36~B51-37 | CANLCAN 信号低 | OFF 档(断蓄电池) | 54~69Ω |

(2) 可读取故障码的诊断流程

1) 故障码报"P1B0100：IPM<sup>⊖</sup>故障"：先查询驱动电机控制器的程序版本信息，确认故障码是否能清除，然后再尝试多次上 OK 档电试车，看故障是否会重现。

① 检测检查直流母线到三相线的管压降是否正常（表 3-6）；若不正常，更换驱动电机控制器与 DC 总成。

② 若管压降正常，确认是否还报其他故障码，根据其他故障码进行排查依旧无效，更换驱动电机控制器与 DC 总成直流母线到三相线的管压降测量方法。

表 3-6 三相线与其他端子检测信息

| 端子 | 万用表连接 | 正常值 |
|---|---|---|
| 三相线 A/B/C—直流母线正极 | 正极—负极 | 0.32V 左右 |
| 直流母线负极—三相线 A/B/C | 正极—负极 | 0.32V 左右 |
| 三相线 A/B/C—车身地阻抗 | 正极—负极 | 10MΩ |

2) 故障码报"P1B0500：高压欠电压"：先查询驱动电机控制器的程序版本信息，确认故障码是否能清除，然后再尝试多次上 OK 档电试车，看故障是否会重现。

① 读取高压蓄电池电压若小于 400V，则对高压蓄电池、高压配电箱和高压线路进行检查。

② 用诊断仪读取电机控制器直流母线电压（正常值约 400~820V），同时对比 DC 母线电压，若都不正常，则检查高压蓄电池、高压配电箱和高压线路。

③ 若驱动电机控制器母线电压和 DC 高压侧电压，一个正常，一个不正常，则更换驱动电机控制器与 DC 总成。

3) 检查旋变信号异常，故障码及含义见表 3-7。

表 3-7 旋变信号故障码及含义

| 故障码 | 故障含义 |
|---|---|
| P1BBF00 | 前驱动电机旋变故障-信号丢失 |
| P1BC000 | 前驱动电机旋变故障-角度异常 |
| P1BC100 | 前驱动电机旋变故障-信号幅值减弱 |

检查低压插接件：

① 退电 OFF 档，拔掉电机控制器低压插接件。

② 测量 B51-44 与 B51-29 之间阻值：(8.3±2)Ω；测量 B51-45 与 B51-30 之间阻值：(16±4)Ω；测量 B51-46 与 B51-31 之间阻值：(16±4)Ω；所测阻值如图 3-65 所示。

a) B51-44 脚与 B51-29 脚之间阻值

b) B51-45 脚与 B51-30 脚之间阻值

c) B51-46 脚与 B51-31 脚之间阻值

图 3-65 测量低压插接件阻值

⊖ IPM 指 Interlligent Power Modules Application Manual，智能功率模块。

③ 如果所测电阻正常，则检查电机旋变插接件是否松动，如果没有，则为动力总成故障。

4）检测过温故障，故障码及含义见表3-8。

表3-8 过温故障码及含义

| 故障码 | 故障含义 | 故障码 | 故障含义 |
|---|---|---|---|
| P1BB300 | 前驱动电机控制器IGBT过温报警 | P1BC700 | 前驱动电机控制器IPM散热器过温故障报警 |
| P1BB400 | 前驱动电机控制器水温过高报警 | P1BC800 | 前驱动电机控制器IGBT三相温度校验故障报警 |

5）故障码报"P1B0900：开盖保护"：先查询驱动电机控制器的程序版本信息，确认故障码是否能清除，然后再尝试上OK档电试车，看故障是否会重现。检测控制器盖子是否打开；更换驱动电机控制器与DC总成。

6）检测电机缺相、电机过电流故障，故障码及含义见表3-9。

表3-9 电极故障码及含义

| 故障码 | 故障含义 | 故障码 | 故障含义 |
|---|---|---|---|
| P1BC200 | 前驱动电机缺A相 | P1BC400 | 前驱动电机缺C相 |
| P1BC300 | 前驱动电机缺B相 | P1B0000 | 前驱动电机过电流 |

7）检查电机三相线：

① 退电OFF档，取下维修开关；拔掉电机三相线高压插件。

② 电机A、B、C三相高压线之间阻值0.36Ω±0.02Ω，阻值如图3-66所示。

图3-66 测量三相高压线之间阻值

③ 如果所测电阻异常，则检查插接件是否松动，如果没有，则为动力总成故障。

**2. 电机控制器高温故障**

**故障现象**：比亚迪唐车辆在满电状态下EV模式行驶几分钟后，突然自动切换到油电混动模式（HEV），人为也无法再切回EV模式，仪表没有故障提示。使用ED400或VDS1000读取到在车辆切换HEV瞬间，驱动电机控制器中的IGBT温度达到100℃。

**故障分析**：在驱动电机控制器及DC总成内部，有三组单元在工作时会产生热量，分别为IPM、IGBT、电感；因此，在驱动电机控制器及DC总成内部有相应的水道对这三个部分进行冷却。导致IGBT高温报警的原因有：

1）电机冷却系统防冻液不足或有空气。
2）电机电动水泵不工作。
3）电机散热器堵塞。
4）驱动电机控制及DC总成本身故障。

**检修过程**：

1）使用ED400或VDS1000读取驱动电机数据流，水泵工作不正常。
2）检查散热风扇正常起动、运行。
3）检查过程中发现动水泵在OK电下不工作，致使IGBT温度迅速上升。
4）仔细检查发现水泵搭铁出现断路故障，通过排查找到断路点。重新装配好试车，故障排除。

**专家指点**：工作温度超过一定范围时，驱动电机控制器及 DC 总成就会检测到，同时经过 CAN 网络传递给发动机管理系统（Engine Management System，EMS），EMS 驱动冷却风扇继电器后，冷却风扇工作以快速冷却防冻液，从而降低温度，以下为冷却风扇工作条件：

1）电机水温：47～64℃低速请求；>64℃高速请求。
2）IPM：53～64℃低速请求；>64℃高速请求；>85℃报警。
3）IGBT：55～75℃低速请求；>75℃高速请求；>90℃限制功率输出；>100℃报警。
4）电机温度：90～110℃低速请求；>110℃高速请求。

满足 3 个低速请求，电子风扇低速转动；满足 1 个高速请求电子风扇高速转动。

### 3. 电机控制器与 DC 总成故障

**故障现象**：比亚迪唐车辆上电 OK 灯点亮，SOC 为 83%，EV 模式行驶中自动切换到 HEV，发动机起动，无法使用 EV 模式，仪表提示"请检查动力系统"。

**检修过程**：

1）用诊断仪读取整车各模块软、硬件版本号与整车故障码并记录。
2）清除整车故障码后对车辆重新上电。
3）试车故障再次出现读取数据流，驱动电机控制器报 P1B1100：旋变故障-信号丢失；P1B1300：旋变故障-信号幅值减弱。
4）在驱动电机控制器 62 针插接件线束端，分别测量电机旋变阻值正常；参考标准：正弦（16±4）Ω、余弦（16±4）Ω、励磁（8.3±2）Ω。
5）检查驱动电机控制器 62 针插接件端子、旋变小线端子，正常。
6）更换驱动电机控制器与 DC 总成后，车辆恢复正常。

**专家指点**：更换前驱动电机控制器及 DC 总成，需要进行防盗编程及标定：

1）更换前必须对旧控制器 ECM 密码清除，如图 3-67 所示。
2）安装新控制器需 ECM 编程，如图 3-68 所示。

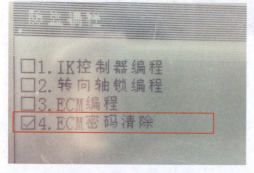
图 3-67　进行 ECM 密码清除

图 3-68　进行 ECM 编程

3）ECM 编程完成退电 5s，重新上电。对电机系统配置设置，如图 3-69 所示。

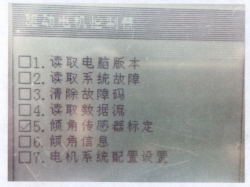
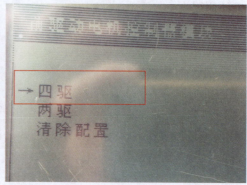

图 3-69　电机系统配置设置

4）读取倾角信息，如图 3-70 所示。

图 3-70 读取倾角信息

注：在车辆处于水平时读取倾角数值，确认是否正常（坡道坡度正常值为 0）；如有偏差，则进行倾角标定。

5）确认制动信号是否正常标定完毕后车辆退电，5s 后重新上电。读取数据流，确认制动信号是否正常，不踩制动踏板时信号为 0，如图 3-71 所示。

如果数据异常，则需进行制动起点标定，标定方法如下：

① 整车上 ON 档电（特别注意不要上 OK，否则车辆在进行下一步时会有向前冲的危险）；不要踩制动踏板（有制动开关信号就无法标定）。

② 深踩加速踏板（50%~100%），持续 5s 以上，电控便可自动标定。

③ 正常退电一次延迟 5s 再上电。

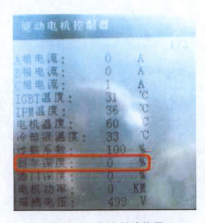

图 3-71 确认制动信号

# 3.3 纯电车型减速器

## 3.3.1 减速器结构与原理

宝马 i3 的变速器由宝马集团自行研发，变速器的生产也由宝马 Dingolfing 工厂相关部门负责。

变速器总传动比为 9.7：1，因此变速器输入端的转速是变速器输出端的 9.7 倍。该传动比通过两个圆柱齿轮对来实现，因此在变速器内输入轴旁还有一个中间轴。变速器输出端处的圆柱齿轮与差速器壳体固定连接在一起并驱动差速器。变速器内部齿轮结构如图 3-72 所示。差速器将转矩分配给两个输出端并在两个输出端之间进行转速补偿。

图 3-73 所示的结构示意图以简化形式展示了变速器内的转矩传输情况。

特斯拉驱动单元设有一个单速齿轮减速齿轮箱，位于电机和变频器之间，如图 3-74 所示。变速器通过两个相等长度的驱动轴与后轮连接，采用双级减速和三轴副轴结构。铸铝变速器外壳配有齿轮箱、变频器透气孔、注油和排水塞。

档位选择器和变速器之间没有机械连接。变速器齿轮组是常啮合的。变速器没有机械空档或倒档，没有停车棘爪。反向驱动由反转电机转矩的极性来实现，空档则通过电机断电来实现。

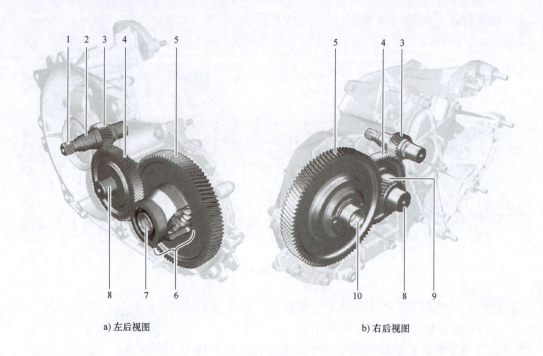

a) 左后视图　　　　　　　　　　　　　b) 右后视图

图 3-72　变速器内部齿轮结构（宝马 i3）

1—啮合轴（用于连接电机驱动轴）　2—变速器输入轴　3—输入轴上的圆柱齿轮　4—中间轴上的圆柱齿轮
5—变速器输出端处的圆柱齿轮　6—差速器　7—左侧半轴接口　8—中间轴
9—中间轴上的圆柱齿轮 3　10—右侧半轴接口

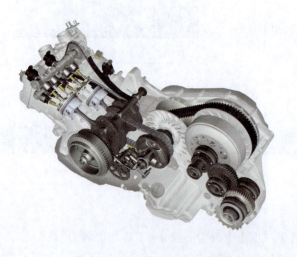

图 3-73　变速器内部转矩传输

图 3-74　变速器结构（特斯拉）

1—齿圈　2—变速器外壳　3—差速器　4—中间轴齿轮
5—油泵　6—传动轴密封　7—差速器轴承

### 3.3.2　减速器拆装与检测

以北汽新能源 EU5 车型为例，该车减速器总成拆装步骤如下。

1）拆卸前熟知新能源汽车高压安全操作规范。

2）拆卸蓄电池托盘。

3）拆卸电动真空泵总成。

4）拆卸两侧半轴总成。
5）拆卸电机前部挡板。
6）将动力总成举升装置置于动力总成下部，如图3-75所示。
7）拆卸后悬置与减速器固定螺栓A与螺栓B，如图3-76所示。
螺栓A规格：M14×1.5×80；紧固力矩：150~170N·m；使用工具：21mm六角套筒。
螺栓B规格：M12×1.25×80；紧固力矩：85~95N·m；使用工具：15mm六角套筒。

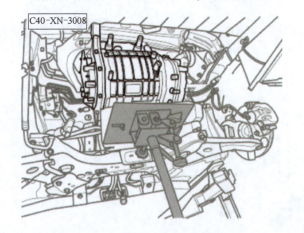

图3-75 动力总成举升装置布置　　　　图3-76 拆卸后悬置与减速器的紧固螺栓

8）旋出左悬置软垫与左悬置支架固定螺栓，如图3-77所示。
螺栓规格：M10×1.25×60；紧固力矩：60~70N·m；使用工具：13mm六角套筒。
9）旋出固定螺栓，使用另一个动力总成举升装置落下减速器组件，如图3-78所示。
螺栓规格：M8×1.25×35；紧固力矩：36~40N·m；使用工具：10mm六角套筒。

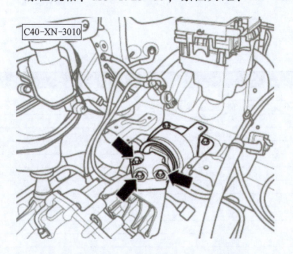
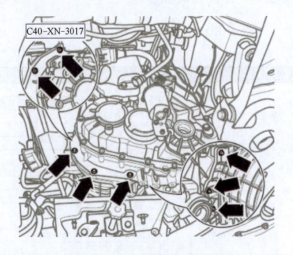

图3-77 旋出左悬置软垫与支架固螺栓　　　　图3-78 旋出减速器固定螺栓

10）旋出左悬置支架与减速器固定螺栓，取下左悬置支架，如图3-79所示。
螺栓规格：M10×1.25×50；紧固力矩：60~70N·m；使用工具：13mm六角套筒。
11）旋出固定螺栓A与螺栓B，拆下P位电机总成，如图3-80所示。
螺栓A规格：M6×1.0×40；紧固力矩：8~10N·m；使用工具：10mm六角套筒。
螺栓B规格：M6×1.0×15；紧固力矩：8~10N·m；使用工具：10mm六角套筒。
12）安装以倒序进行，同时注意以下事项：驱动电机花键A区域与减速器连接花键B区域需要均匀涂抹润滑脂，如图3-81所示。润滑脂规格：德国力魔LM48润滑脂，用量20g。

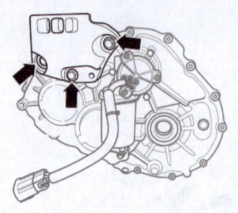

图3-79 取下左悬置支架与减速器固定螺栓

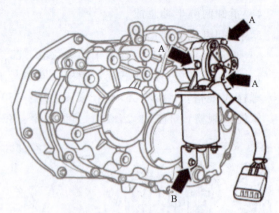

图3-80 旋出减速器固定螺栓

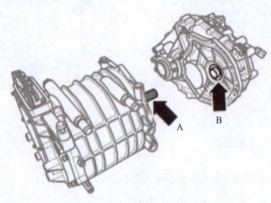

图3-81 润滑脂涂抹位置

### 3.3.3 减速器故障排除

以奇瑞EQ1电动汽车为例,减速器一般故障的排除方法见表3-10。

表3-10 减速器故障排除方法

| 故障情况 | 可能原因 | 排除方法 |
|---|---|---|
| 噪声过大或异常 | 一轴、二轴、差速器轴承损坏 | 更换轴承 |
|  | 齿轮齿面磕碰、有毛刺或齿面发生点蚀或接触不良 | 修复或更换齿轮 |
|  | 齿轮轴向位置及间隙不当 | 检查、调整 |
|  | 油面太低,润滑不够充分 | 加油至规定位置 |
|  | 总成内有异物 | 检查、排除 |
| 渗油 | 油封过量磨损或损坏 | 更换 |
|  | 密封胶涂敷不均匀或密封垫损坏 | 更换密封垫、涂胶 |
|  | 结合面磕碰未及时修平 | 检查、修复 |
|  | 通气阀失效 | 更换通气阀 |
|  | 差速器油封损坏 | 更换 |
| 轴承非正常损坏 | 润滑油含金属杂质 | 更换 |
|  | 润滑不充分或润滑油不符合要求 | 更换 |
|  | 使用不合格的轴承 | 更换 |

## 3.4 混动车型变速器

### 3.4.1 混动变速器结构与原理

丰田P410混合动力汽车传动桥总成包括2号电动机发电机(MG2)(用于驱动车辆)和1号电动

机发电机（MG1）（用于发电），采用带复合齿轮装置的无级变速器装置。该传动桥应用于丰田雷凌-卡罗拉双擎、第 7 代凯美瑞混动、第 3 代普锐斯、雷克萨斯 CT200H 与 ES300H 等车型上。

此混合动力传动桥系统使用电子变速杆系统进行换档控制。

传动桥主要包括 MG1、MG2、复合齿轮装置、变速器输入减振器总成、中间轴齿轮、减速齿轮、差速器齿轮机构和油泵，组成部件如图 3-82 所示。

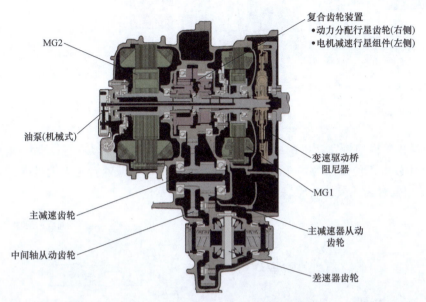

图 3-82　丰田 P410 传动桥内部结构

传动桥为三轴结构：复合齿轮装置、变速器输入减振器总成、油泵、MG1 和 MG2 安装在输入轴上；中间轴从动齿轮和减速主动齿轮安装在第二轴上；减速从动齿轮和差速器齿轮机构安装在第三轴上；齿轮组组成如图 3-83 所示。

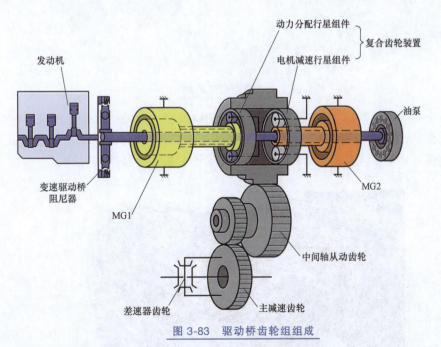

图 3-83　驱动桥齿轮组组成

发动机、MG1 和 MG2 通过复合齿轮装置机械连接。每一个行星齿圈与复合齿轮机构结合，如图 3-84 所示。复合齿轮装置包括动力分配行星齿轮机构和电动机减速行星齿轮机构，各行星齿圈与复合齿轮集成于一体。另外，此复合齿轮还集成了中间轴主动齿轮和驻车档齿轮。

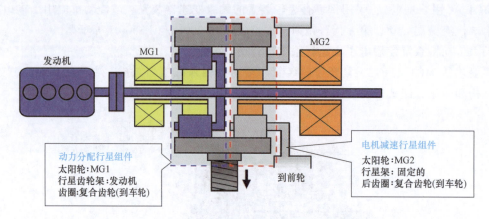

图 3-84　齿轮组连接与动力分配

动力分配行星齿轮机构将发动机的原动力分成两路：一路用来驱动车轮，另一路用来驱动 MG1。因此，MG1 可作为发电机使用。为了降低 MG2 的转速，采用电机减速行星齿轮机构，使高转速、大功率的 MG2 最佳适应复合齿轮。该齿轮装置结构如图 3-85 所示。

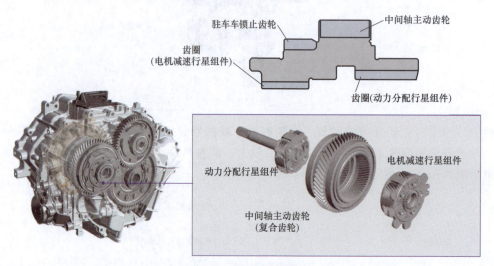

图 3-85　复合齿轮机构

4EL70 是一个全自动后轮驱动变速器，包含一个电子控制型连续可变电动变速器。它包括 1 个输入轴、3 个静止式和 2 个旋转式摩擦离合器总成、1 个液压增压和控制系统、1 个电动油液泵、3 个行星齿轮组和 2 个电动驱动电机。其内部结构如图 3-86 所示，机械部件如图 3-87 所示。

图 3-86　4EL70 变速器内部结构

# 第3章 电力驱动系统

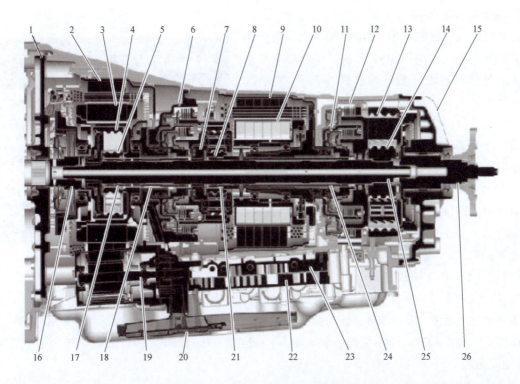

图 3-87　4EL70 变速器机械部件

1—自动变速器扭转减振器壳体　2—驱动电机定子（位置1）　3—驱动电机转子（位置1）　4—太阳齿轮支架（位置1）
5—太阳齿轮（位置1）　6—可变1-2-3-4挡和1-2-3挡离合器　7—太阳齿轮支架（位置2）　8—太阳齿轮（位置2）
9—驱动电机定子（位置2）　10—驱动电机转子（位置2）　11—可变3-4挡和2-3挡离合器壳体
12—可变1-2挡和1-2挡离合器壳体　13—太阳齿轮支架（位置3）　14—太阳齿轮（位置3）
15—自动变速器壳体加长件　16—输入轴　17—太阳齿轮轴（位置1）　18—2-3挡和1-2-3挡离合器轴
19—自动变速器油泵　20—自动变速器机油滤清器　21—太阳齿轮轴（位置2）　22—控制阀电磁阀体
23—上控制阀体　24—可变3-4挡和2-3挡离合器轴　25—主轴　26—输出轴

## 3.4.2　混动变速器数据流分析

以比亚迪 6HDT45 变速器为例，对其数据流进行分析。

变速器的故障诊断经常需要从数据入手，常用的数据主要包括：发动机转速、输入轴转速、离合器实际压力、促动器位置、促动器中位等。下面介绍各主要数据的正常范围及故障的诊断。

（1）离合器实际压力

离合器实际压力一般在 300~2800kPa 之间。当离合器处于分离状态时，离合器实际压力一般在 300~500kPa 之间；当离合器处于结合状态时，离合器实际压力一般在 800kPa 以上。离合器压力数据如图 3-88 所示。

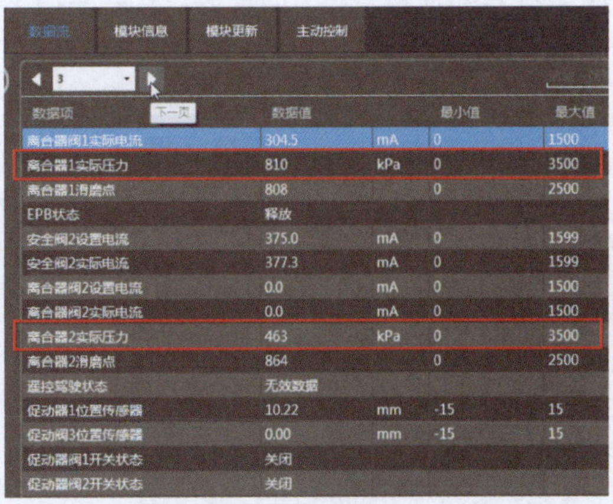

如果出现离合器压力在 2800kPa 以上，踩下加速踏板，发动机转速飙升，车速提升缓慢，则说明离合器打滑，一般是由离合器片烧损导致，需更换离合器。

如果出现离合器压力低于 300kPa，一般会出现行驶中突然熄火和无动力输出故障，可先检查变速器油量是否不足，油量不足需补加变速器油，若油量充足则更换电液模块，若故障还没消除的话则拆箱检查。

图 3-88　离合器压力数据

（2）离合器滑磨点

离合器滑磨点一般在600~1000之间，会随着车辆的使用情况发生变化，如图3-89所示。离合器滑磨点过小会造成的故障现象一般有起步发冲和升档顿挫。离合器滑磨点过大会造成起步迟钝故障，也会出现升档顿挫。发生离合器滑磨点过大或者过小时，可热车之后再操作离合器自适应，若故障仍无法排除故障需更换离合器。

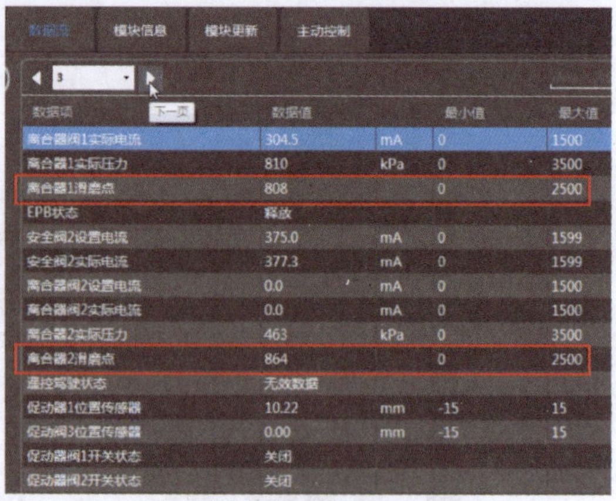

（3）促动器中位

促动器中位即拨叉中位，促动器1为1/3档拨叉，促动器2为2/4档拨叉，促动器3为5档拨叉，促动器4为6/R档拨叉，促动器5为EV档与充电档拨叉。因为促动器1、2、4、5均控制两个档位，故有一个中间位置为N位状态。

图 3-89　离合器滑磨点数据

促动器中位值范围（图3-90）：促动器1一般在1170~1330之间；促动器2一般在1160~1320之间；促动器3一般在1130~1290之间；促动器4一般在1120~1280之间；促动器5一般在1100左右（后期可能改变）。

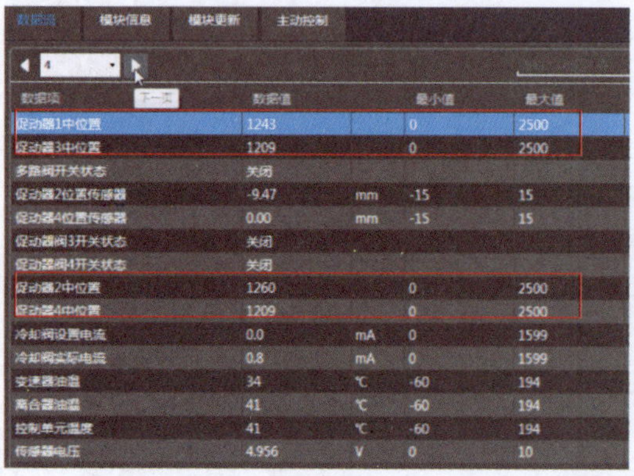

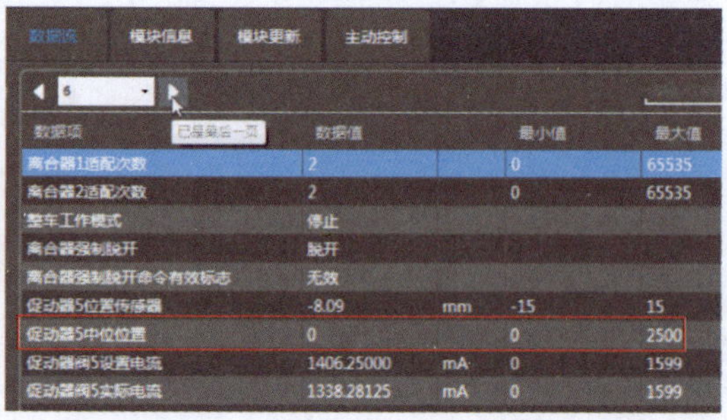

图 3-90　促动器中位数据

若中位值不在对应范围会出现挂档打齿、异响或某档挂不到位等故障，出现这些故障时可以先检查电液模块和自动变速器控制单元（Transmission Control Unit，TCU）插接件是否连接好，针脚有没有歪斜，若无异常则更换电液模块，若故障仍未排除的话需更换变速器处理。

（4）促动器位置

每个促动器有一个位置传感器，用于感应促动器位置，正常情况下促动器位置传感器数值在-11~11mm之间，超过11mm的话就会报错，出现故障。促动器位置传感器数据如图3-91所示。

促动器位置在1/4/5/6/充电档时，促动器位置传感器数值为正值；在2/3/R/EV档时，促动器位置传感器数值为负值；空档位置为0。图3-91中促动器1为10.22，促动器3为0.01，1/3档拨叉和5档拨叉在充电档位置，促动器2数值为-9.47，2/4档拨叉在2档位置，促动器5数值为-8.09，5/R档拨叉在R位。

（5）油泵信息

HEV模式下P位、D位数据流信息如图3-92和图3-93所示：油泵压力在-1.38~21.8bar之间（1bar=$10^5$Pa）；电机运行占空比在0%~100%之间；电机使能信息为使能-禁止；电机转速在0~10000r/min之间。

第3章 电力驱动系统

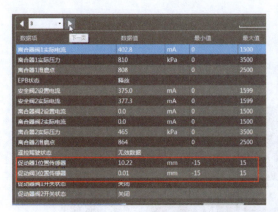

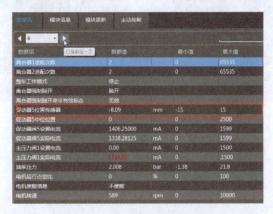

图 3-91 促动器位置传感器数据

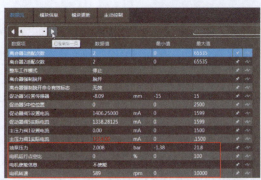

图 3-92 HEV 模式下 P 位数据流

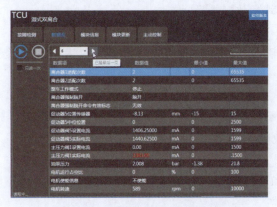

图 3-93 HEV 模式下 D 位数据流

105

### 3.4.3 混动变速器故障排除

**1. 车辆无法起动 P 位指示灯闪烁故障**

**故障现象**：比亚迪唐 DM 车辆无法起动，车辆正常上电，组合仪表显示"请检查车辆网络"，如图 3-94 所示，P 位指示灯闪烁。

图 3-94 仪表提示"请检查车辆网络"

**故障分析**：

1) 网关控制器故障。
2) TCU 熔丝损坏故障。
3) 相关线束通信异常。
4) TCU 故障。

**维修步骤**：

1) 用 VDS1000 扫描模块时无法正常进入 TCU 模块，其他模块通信正常，TCU 通信出现异常。

2) 进入相关模块读取故障时发现只有 ECM 系统存在故障，显示 U0102：ECM 与 TCU 通信失败（历史故障）。

3) 清除故障码重新起动车辆测试，依旧只有 ECM 报故障，这时显示 U0102：ECM 与 TCU 通信失败（当前故障）。

4) 重点检查 TCU 电源和 ECM 到 TCU 之间的通信线束，拔下 F1/20#30A TCU 熔丝正常无损坏，检查 BJ37 R/Y 和 AJ02 R/Y 对接插头 16#针脚无异常，测量电源导通性正常，拔下 TCU 模块 A49#插头测量 1#R/Y 和 3#R/Y 针脚都有 12V 电源信号，测量 48#CANH 线 2.6V 正常，测量 62#CANL 线 2.38V 正常，此时判定为 TCU 模块内部故障。

**故障排除**：更换 TCU 模块后故障排除。

**2. 变速器功能受限故障**

**故障现象**：比亚迪唐车辆出现故障时没有 2/4/6 档，仪表出现"变速器功能受限"，如图 3-95 所示。

**故障分析**：

1) 电液控制模块故障。
2) 湿式双离合器总成故障。

**检修过程**：

1) 用 VDS1000 读取 TCU 发现有两个故障码，如图 3-96 所示。P160F：离合器 2 压力传感器故障；P163A：离合器 2 压力不正常。

2) 读取数据流发现离合器 2 实际压力只有 55kPa（严重偏小），离合器 1 实际压力 455kPa（正常），如图 3-97 所示。

图 3-95　仪表提示"变速器功能受限"

图 3-96　读取故障码信息

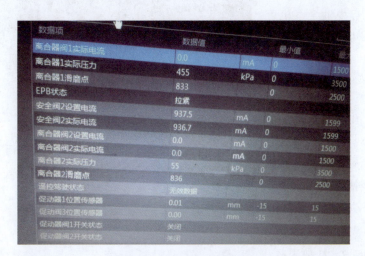

图 3-97　离合器压力值数据

3）结合故障码以及数据流判断为电液控制模块故障导致。

**故障排除**：更换电液控制模块后故障排除。

### 3. 无 EV 模式只能 HEV 模式行驶

**故障现象**：比亚迪唐车辆仪表提示"变速器功能受限"，无 EV 模式只能 HEV 模式行驶，如图 3-98 所示。

**故障分析：**

1）电液控制模块故障。

2）湿式双离合器总成故障。

3）TCU故障。

4）线束故障。

5）变速器机械故障。

**检修过程：**

1）用VDS1000读取TCU发现有两个故障码，分别为P1684：EV2档挂不到位和P1685：EV档回不了空档，如图3-99所示。

图3-98 仪表提示"变速器功能受限"

图3-99 读取系统故障码

2）SOC53%时查看数据流发现P位时促动器5位置传感器的数值为8.94 mm（在发电档，正常应该在EV档），如图3-100所示。

3）做一键自适应无法成功，显示档位失败，确认过程中油泵电机可以运转，排除油泵电及其控制器异常；

4）检查档位传感器插接件未见异常；

5）为避免档位传感器误报，更换后故障依旧；

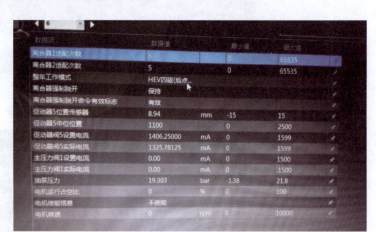

图3-100 查看P位数据流

6）通过以上确认为变速器机械部分异常导致EV2挡挂不到位。

**4. 从EV模式自动切换到HEV模式**

**故障现象：** 仪表显示当前SOC为90%，OK灯点亮，EV模式起步后不久自动切换到HEV模式，仪表无异常提示，如图3-101所示。

**故障分析：**

1）高压系统异常。

2）变速器异常。

**检修过程：**

1）扫描各高压模块无故障码。

2）扫描TCU发现报P1688：油泵压力过低（当前故障），如图3-102所示。若TCU报P1688故

图 3-101　故障车辆仪表显示

障，会导致车辆 EV 模式不能正常使用，此油泵压力是指油泵电机的压力，并非变速器油泵组件的压力偏低。

图 3-102　TCU 系统故障码

3）考虑到车辆原地不动且模式不切换时油泵电机工作，故无法判断实际工作情况（注：车辆在做 TCU 一键自适应时，可在过程中确认油泵电机是否能正常运转）。

4）首先试车观察发现 EV 自动切换 HEV 时，前驱动电机控制器数据流显示发起动原因为"TCU 请求起动发动机"，如图 3-103 所示，进一步确认为变速器部分导致车辆出现故障。

图 3-103　前驱动电机控制器数据

5）再次试车观察故障时，TCU 的数据流变化如下：电机运行占空比为 80%、电机使能信息为使能、电机转速为 0，如图 3-104 所示（根据控制原理分析说明：TCU 已经发送命令给油泵电机控制器，但油泵电机控制器未驱动运转）。

图 3-104　TCU 数据流

6）分析出现上述数据流原因有：①油泵电机控制器供源有异常；②油泵电机控制器内部损坏；③油泵电机自身损坏。

7）检查油泵电机控制器的电源脚（Ea06-2）发现无 12V 供电，进一步结合电路图检查油泵电机控制器供电熔丝 F6/1（此熔丝在副驾座椅下的熔丝盒中）发现熔丝极柱松脱，重新紧固故障排除。

## 3.5　电子换档器

### 3.5.1　电子换档结构与原理

以荣威 EI5 车型为例，电子换档器总成的作用如下：
1）采集当前档位信息。
2）输出换档位置信号。
3）输出驾驶模式、能量回收模式、电量显示请求信号。

电子换档器总成通过动力高速 CAN 总线与外部其他电控单元交换信息，主要的数据交换对象是整车控制单元（VCU）。R、N、D 位信息是通过读取电子换档器总成内的档位位置传感器的信号获得，而 P 位的位置信号可通过按压换档旋钮开关触发；驾驶模式、能量回收模式、电量显示的信息则是通过对应的模式位置开关获得。

采集到的 R、N、D 位位置信息，各类模式信息通过动力高速 CAN 总线发送给 VCU。

P 位驻车通过与电子驻车系统交互实现。电子换档器控制原理如图 3-105 所示。

电子换档器总成上的 LED 指示灯来指示当前档位，各个档位都有一个对应的 LED 指示灯，这些位置分别是 P、R、N、D。当点火开关处于 ON 时，换档器控制单元（Shift Control Unit，SCU）程序根据换档器的档位来点亮对应的 LED 指示灯。

电子换档器总成包括 SCU、换档旋钮开关、驾驶模式开关、能量回收模式开关、电量显示开关等，实体如图 3-106 所示，电子换档器总成由 2 个螺钉和 4 个卡夹固定到中控台上。

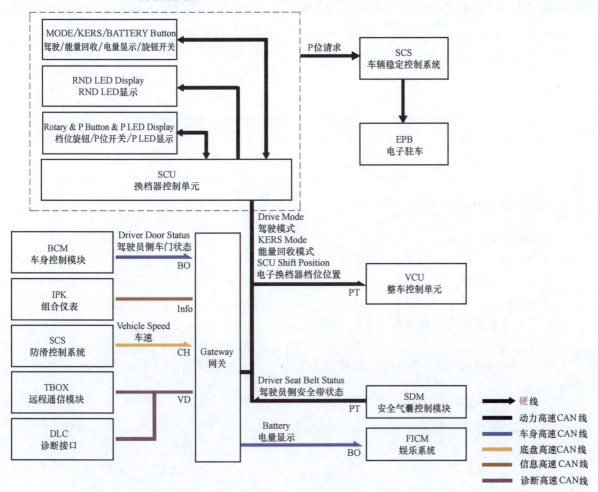

图 3-105　电子换档器控制原理图

图 3-106　电子换档器开关分布（荣威 EI5）

SCU 电路板上感应档位信息的芯片内封装有一个霍尔旋转角度位置传感器。当操作换档旋钮开关时，芯片内的传感器可以感应换档旋钮开关的角度位置，将档位信号以脉冲宽度调制（Pulse Width Modulation，PWM）形式输出给 SCU，从而判断出 R、N、D 位置，档位切换见表 3-11。

表 3-11 档位切换

| 档位切换 | 切换条件 | 功能说明 |
| --- | --- | --- |
| P→N | 踩制动踏板,车速<2km/h | 驻车档切换空档 |
| N→D | — | 空档切换前进档 |
| N→R | 踩制动踏板 | 空档切换倒档 |
| D→N | — | 前进档切换空档 |
| R→N | — | 倒档切换空档 |
| R→D | — | 倒档切换前进档 |
| N/R/D→P | 车速<2km/h,按下换档旋钮开关;车速<2km/h,关闭点火开关;车速<2km/h,没有踩下制动踏板,松开驾驶员侧安全带且打开驾驶员侧车门 | 非 P 位切换 P 位 |

### 3.5.2 电子换档拆装与检测

**1. 电子换档器拆装**

以荣威 ERX5 车型为例,电子换档器拆装步骤如下:

1)断开蓄电池负极。

2)撬开中控台上饰板。

3)拆下电子换档器固定到中控台的 2 个螺钉,如图 3-107 所示。

4)断开与电子换档器连接的线束插接器,如图 3-108 所示。

5)拆下电子换档器。

6)以相反的顺序进行部件安装,注意螺钉的紧固力矩为 3.5~4.5N·m。

7)连接蓄电池负极。

8)对电子换档器进行编程与编码。

**2. 档位控制器端子检测**

以比亚迪 e6 车型为例,档位控制器电路与插接器端子如图 3-109 和图 3-110 所示,其检测数据见表 3-12 和表 3-13。

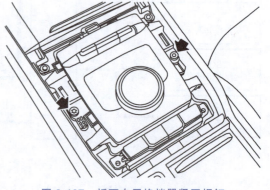

图 3-107 拆下电子换档器紧固螺钉

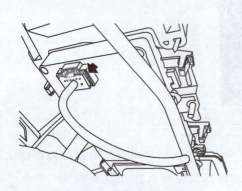

图 3-108 断开线束插接件

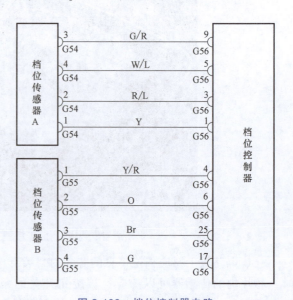

图 3-109 档位控制器电路

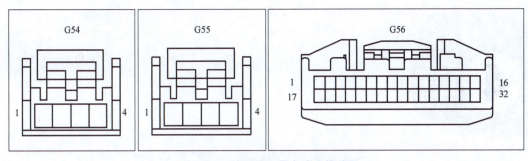

图 3-110 档位控制器电路连接端子

表 3-12 档位传感器回路检测电压值

| 端子 | 线色 | 条件 | 正常值 |
|---|---|---|---|
| G54-3→车身地 | Gr | 始终 | 小于1Ω |
| G54-4→车身地 | W/L | 换档手柄打到 N 位 | 约 5V |
| G54-2→车身地 | R/L | 换档手柄打到 P 位 | 约 5V |
| G54-1→车身地 | Y | 电源打到 ON 档 | 约 5V |
| G55-1→车身地 | Y/R | 换档手柄打到 R 位 | 约 5V |
| G55-2→车身地 | O | 换档手柄打到 D 位 | 约 5V |
| G55-3→车身地 | Br | 始终 | 小于1Ω |
| G55-4→车身地 | G | 电源打到 ON 档 | 约 5V |
| G56-28→车身地 | R/G | 电源打到 ON 档 | 11～14V |
| G56-12→车身地 | R/G | 电源打到 ON 档 | 11～14V |
| G56-19→车身地 | B | 始终 | 小于1Ω |
| G56-20→车身地 | B | 始终 | 小于1Ω |

表 3-13 档位传感器与档位控制器线束电阻值

| 端子 | 线色 | 正常值 |
|---|---|---|
| G54-3→G56-9 | Gr | 小于1Ω |
| G54-4→G56-5 | W/L | 小于1Ω |
| G54-2→G56-3 | R/L | 小于1Ω |
| G54-1→G56-1 | Y | 小于1Ω |
| G54-1→G56-4 | Y/R | 小于1Ω |
| G54-2→G56-6 | O | 小于1Ω |
| G54-3→G56-25 | Br | 小于1Ω |
| G54-4→G56-17 | G | 小于1Ω |

# 第4章 混合动力系统

## 4.1 丰田混合动力系统

### 4.1.1 丰田混合动力系统结构与原理

丰田混合动力系统（Toyota Hybrid System，THS）的核心是由行星齿轮机构组成的动力合成器或称为动力分配器（Power Split Device，PSD），用于协调发动机、发电机和电动机的运行和动力传递。THS 系统的控制功能见表 4-1。

表 4-1　THS 系统控制功能

| 功能 | 概要 |
| --- | --- |
| 怠速停止 | 自动停止发动机的怠速运转（怠速停止）以减少能量损失 |
| EV 行驶（高效行驶控制） | 发动机效率低时，仅使用电动机即可驾驶车辆。此外，发动机效率高时可发电。进行此控制的目的是使车辆的总效率达到最高 |
| EV 行驶模式 | 如果驾驶员操作开关且满足工作条件，车辆即可仅依靠电机行驶 |
| 电机辅助 | 加速时，电机补充发动机动力 |
| 再生制动（能量再生） | 减速期间和踩下制动踏板时，收集以往以热量形式损失的部分能量，生成电能重新使用，如用作电机动力 |

THS 主要由发动机、混合动力汽车传动桥总成、带变换器的逆变器总成和 HV 蓄电池组成，采用混联式混合动力系统，总成部件如图 4-1 所示。

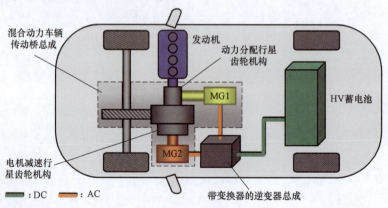

图 4-1　THS 部件组成

以雷克萨斯 CT200H 车型为例，该车混合动力系统部件如图 4-2 所示。

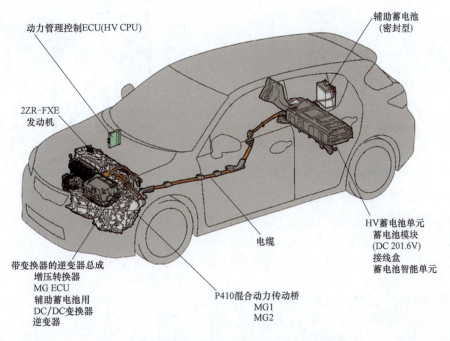

图 4-2　雷克萨斯 CT200H 车型混合动力系统部件

### 4.1.2　丰田混合动力系统拆装与检测

**1. 凯美瑞 HEV 混动模块拆装**

以 2018 款凯美瑞 HEV 车型为例，该车混动控制系统模块拆装方法如下：

1）拆卸仪表板下 1 号安全气囊总成。

2）拆卸 3 号仪表板至前围支架分总成，如图 4-3 所示。

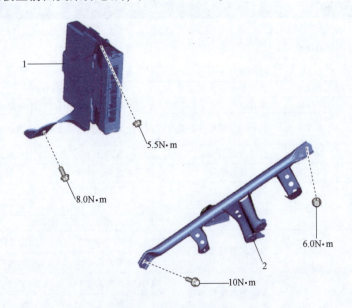

图 4-3　拆卸仪表板支架

1—混动系统 ECU 总成　2—3 号仪表板至前围支架分总成

3）拆卸混合动力汽车 ECU 总成：

① 断开 4 个混合动力汽车 ECU 总成插接器，如图 4-4 所示。

② 拆下螺栓、螺母和混合动力汽车 ECU 总成，如图 4-5 所示。

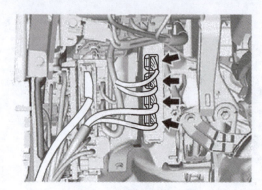

图 4-4　断开 ECU 插接器

图 4-5　拆下 ECU 总成

4) 按与拆卸相反的顺序安装 ECU，螺栓紧固力矩为 8.0N·m；螺母紧固力矩为 5.5N·m。

### 2. ES300h 混合动力控制系统 ECU 检测

以雷克萨斯 ES300h 车型为例，该车混动控制 ECU 端子如图 4-6 所示，端子检测数据见表 4-2。

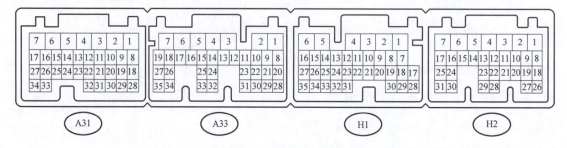

图 4-6　雷克萨斯 ES300h 车型混动 ECU 端子

表 4-2　雷克萨斯 ES300h 车型混动 ECU 检测数据

| 端子编号 | 线色 | 端子描述 | 条件 | 规定状态 |
| --- | --- | --- | --- | --- |
| A31-2(+B2)-H1-6(E1) | B-BR | 电源 | 电源开关 ON(IG) | 11~14V |
| A31-11(VLO)-H1-6(E1) | G-BR | DC/DC 工作监视/电压变化信号 | 电源开关 ON(IG) | 产生脉冲 |
| A31-13(IWP)-H1-6(E1) | L-BR | 逆变器水泵总成信号 | 电源开关 ON(READY) | 产生脉冲 |
| A31-14(NIWP)-H1-6(E1) | R-BR | 逆变器水泵总成信号 | 电源开关 ON(READY) | 产生脉冲 |
| A31-15(BL)-H1-6(E1) | W-BR | 倒车灯 | 电源开关 ON(IG)，变速杆置于 R | 11~14V |
| A31-16(GI)-H1-6(E1) | B-BR | 凸轮轴位置传感器信号 | 电源开关 ON(READY)，发动机正在运行 | 产生脉冲 |
| A31-19(CLK)-H1-6(E1) | GR-BR | 空调通信信号 | 电源开关 ON(READY)，空调系统停止 | 产生脉冲 |
| A31-20(STB)-H1-6(E1) | V-BR | 空调通信信号 | 电源开关 ON(READY)，空调系统停止 | 产生脉冲 |
| A31-21(NODD)-H1-6(E1) | W-BR | DC/DC 工作情况 | DC/DC 变换器工作正常 | 5~7V |
| | | | DC/DC 变换器工作不正常 | 2~4V |
| | | | DC/DC 变换器工作禁止 | 0.1~0.5V |
| A31-24(MMT)-A31-25(MMTG) | G-GR | 电机温度传感器 | 电源开关 ON(IG)，温度为 25℃(77℉) | 3.6~4.6V |
| | | | 电源开关 ON(IG)，温度为 60℃(140℉) | 2.2~3.2V |
| A31-26(GMT)-A31-27(GMTG) | L-P | 发电机温度传感器 | 电源开关 ON(IG)，温度为 25℃(77℉) | 3.6~4.6V |
| | | | 电源开关 ON(IG)，温度为 60℃(140℉) | 2.2~3.2V |
| A31-29(SIO)-H1-6(E1) | P-BR | HV 蓄电池鼓风机风扇工作信号 | 电源开关 ON(IG)，主动测试期间 | 产生脉冲 |
| A31-30(ETI)-H1-6(E1) | Y-BR | 空调通信信号 | 电源开关 ON(READY)，空调系统停止 | 产生脉冲 |
| A31-31(ITE)-H1-6(E1) | W-BR | 空调通信信号 | 电源开关 ON(READY)，空调系统停止 | 产生脉冲 |

(续)

| 端子编号 | 线色 | 端子描述 | 条件 | 规定状态 |
|---|---|---|---|---|
| A31-32(ILK)-H1-6(E1) | L-BR | 互锁开关 | 电源开关 ON(IG),插接器盖总成、逆变器上盖、发动机 4 号线束(空调线束)和维修塞把手安装正确 | 0 ~ 1.5V |
| | | | 电源开关 ON(IG),插接器盖总成、逆变器上盖、发动机 4 号线束(空调线束)或维修塞把手未安装 | 11 ~ 14V |
| A33-1(IG2)-H1-6(E1) | B-BR | 电源 | 电源开关 ON(IG) | 11 ~ 14V |
| A33-2(IG2D)-H1-6(E1) | R-BR | IG2 继电器 | 电源开关 ON(IG) | 11 ~ 14V |
| A33-5(+B1)-H1-6(E1) | B-BR | 电源 | 电源开关 ON(IG) | 11 ~ 14V |
| A33-6(MREL)-H1-6(E1) | V-BR | 主继电器 | 电源开关 ON(IG) | 11 ~ 14V |
| A33-7(ST1-)-H1-6(E1) | GR-BR | 制动取消开关 | 电源开关 ON(IG),踩下制动踏板 | 0 ~ 1.5V |
| | | | 电源开关 ON(IG),松开制动踏板 | 11 ~ 14V |
| A33-8(FD)-H1-6(E1) | LG-BR | 变速杆位置信号 | 电源开关 ON(IG),变速杆置于 D 或 S | 11 ~ 14V |
| | | | 电源开关 ON(IG),变速杆未置于 D 或 S | 0.5 ~ 1.5V |
| A33-9(RV)-H1-6(E1) | P-BR | 变速杆位置信号 | 电源开关 ON(IG),变速杆置于 R | 11 ~ 14V |
| | | | 电源开关 ON(IG),变速杆未置于 R | 0.5 ~ 1.5V |
| A33-11(D)-H1-6(E1) | Y-BR | 变速杆位置信号 | 电源开关 ON(IG),变速杆置于 D 或 S | 11 ~ 14V |
| | | | 电源开关 ON(IG),变速杆未置于 D 或 S | 0.5 ~ 1.5V |
| A33-12(N)-H1-6(E1) | W-BR | 变速杆位置信号 | 电源开关 ON(IG),变速杆置于 N | 11 ~ 14V |
| | | | 电源开关 ON(IG),变速杆未置于 N | 1.2 ~ 2.8V |
| A33-13(B)-H1-6(E1) | GR-BR | 变速杆位置信号 | 电源开关 ON(IG),任何位置 | 0.5 ~ 1.5V |
| A33-14(R)-H1-6(E1) | L-BR | 变速杆位置信号 | 电源开关 ON(IG),变速杆置于 R | 11 ~ 14V |
| | | | 电源开关 ON(IG),变速杆未置于 R | 0.5 ~ 1.5V |
| A33-15(P)-H1-6(E1) | G-BR | 变速杆位置信号 | 电源开关 ON(IG),变速杆置于 P | 11 ~ 14V |
| | | | 电源开关 ON(IG),变速杆未置于 P | 0.5 ~ 1.5V |
| A33-16(MJ)-H1-6(E1) | V-BR | 变速杆位置信号 | 电源开关 ON(IG),变速杆置于 P、R、N、D 或 S | 11 ~ 14V |
| A33-18(VCP1)-A33-34(EP1) | B-G | 加速踏板传感器总成电源(VPA1) | 电源开关 ON(IG) | 4.5 ~ 5.5V |
| A33-19(VCP2)-A33-35(EP2) | W-Y | 加速踏板传感器总成电源(VPA2) | 电源开关 ON(IG) | 4.5 ~ 5.5V |
| A33-20(CLK-)-H1-6(E1) | W-BR | MG 通信时钟信号 | 电源开关 ON(READY) | 产生脉冲 |
| A33-21(CLK+)-H1-6(E1) | B-BR | MG 通信时钟信号 | 电源开关 ON(READY) | 产生脉冲 |
| A33-23(STP)-H1-6(E1) | W-BR | 制动灯开关 | 踩下制动踏板 | 11 ~ 14V |
| | | | 松开制动踏板 | 0 ~ 1.5V |
| A33-24(HTM+)-H1-6(E1) | B-BR | 自动力管理控制 ECU 至 MG ECU 的通信信号 | 电源开关 ON(READY) | 产生脉冲 |
| A33-25(HTM-)-H1-6(E1) | W-BR | 自动力管理控制 ECU 至 MG ECU 的通信信号 | 电源开关 ON(READY) | 产生脉冲 |
| A33-26(VPA1)-A33-34(EP1) | R-G | 加速踏板传感器总成(加速踏板位置检测) | 电源开关 ON(IG),松开加速踏板 | 0.4 ~ 1.4V |
| | | | 电源开关 ON(IG),发动机停机,变速杆置于 P,完全踩下加速踏板 | 2.6 ~ 4.5V |
| A33-27(VPA2)-A33-35(EP2) | L-Y | 加速踏板传感器总成(加速踏板位置检测) | 电源开关 ON(IG),松开加速踏板 | 1.0 ~ 2.2V |
| | | | 电源开关 ON(IG),发动机停机,变速杆置于 P,完全踩下加速踏板 | 3.4 ~ 5.3V |
| A33-29(MTH-)-H1-6(E1) | Y-BR | 自 MG ECU 至动力管理控制 ECU 的通信信号 | 电源开关 ON(READY) | 产生脉冲 |
| A33-30(MTH+)-H1-6(E1) | L-BR | 自 MG ECU 至动力管理控制 ECU 的通信信号 | 电源开关 ON(READY) | 产生脉冲 |
| A33-31(HSDN)-H1-6(E1) | B-BR | MG ECU 切断信号 | 电源开关 ON(READY) | 0 ~ 1.5V |
| A33-32(REQ-)-H1-6(E1) | Y-BR | MG ECU 通信请求信号 | 电源开关 ON(READY) | 产生脉冲 |
| A33-33(REQ+)-H1-6(E1) | L-BR | MG ECU 通信请求信号 | 电源开关 ON(READY) | 产生脉冲 |
| H1-1(AM22)-H1-6(E1) | P-BR | 稳压电源 | 电源开关 ON(IG) | 11 ~ 14V |
| | | | 电源开关 ON(READY) | 11 ~ 15.5V |
| H1-2(SMRG)-H1-5(E01) | G-W-B | 系统主继电器工作信号 | 电源开关 ON(IG) → 电源开关 ON(READY) | 产生脉冲 |
| H1-3(SMRP)-H1-5(E01) | GR-W-B | 系统主继电器工作信号 | 电源开关 ON(IG) → 电源开关 ON(READY) | 产生脉冲 |

(续)

| 端子编号 | 线色 | 端子描述 | 条件 | 规定状态 |
| --- | --- | --- | --- | --- |
| H1-4(SMRB)-H1-5(E01) | R-W-B | 系统主继电器工作信号 | 电源开关 ON(IG)→电源开关 ON(READY) | 产生脉冲 |
| H1-7(SSW1)-H1-6(E1) | LG-BR | 电源开关 | 按住电源开关 | 0~1.5V |
| H1-11(TC)-H1-6(E1) | W-BR | 诊断端子 | 电源开关 ON(IG) | 11~14V |
| H1-13(EVSW)-H1-6(E1) | Y-BR | EV驱动模式开关(集成控制和面板总成)信号 | 电源开关 ON(IG),EV驱动模式开关(集成控制和面板总成)不工作 | 11~14V |
| | | | 电源开关 ON(IG),EV驱动模式开关(集成控制和面板总成)工作 | 0~1.5V |
| H1-14(SPDI)-H1-6(E1) | V-BR | 车速信号 | 电源开关置于 ON(READY)位置时以大约 20km/h 的速度行驶 | 产生脉冲 |
| H1-28(THB)-H1-30(ETHB) | SB-P | 辅助蓄电池温度 | 电源开关 ON(IG),辅助蓄电池温度为 25℃(77℉) | 1.7~2.3V |
| | | | 电源开关 ON(IG),辅助蓄电池温度为 60℃(140℉) | 0.6~0.9V |
| H1-29(ABFS)-H1-6(E1) | B-BR | 安全气囊激活信号 | 电源开关 ON(READY) | 产生脉冲 |
| H1-32(BTH+)-H1-6(E1) | Y-BR | 自蓄电池智能单元至动力管理控制 ECU 的通信信息 | 电源开关 ON(IG) | 产生脉冲 |
| H1-33(BTH-)-H1-6(E1) | BR-BR | 自蓄电池智能单元至动力管理控制 ECU 的通信信息 | 电源开关 ON(IG) | 产生脉冲 |
| H1-34(CA2H)-H1-6(E1) | L-BR | CAN 通信信号 | 电源开关 ON(IG) | 产生脉冲 |
| H1-35(CA2L)-H1-6(E1) | LG-BR | CAN 通信信号 | 电源开关 ON(IG) | 产生脉冲 |
| H2-1(ACCD)-H1-6(E1) | W-BR | ACC 继电器 | 电源开关 ON(ACC) | 11~14V |
| H2-2(IG1D)-H1-6(E1) | G-BR | IG1 继电器 | 电源开关 ON(IG) | 11~14V |
| H2-7(AM21)-H1-6(E1) | LG-BR | 稳压电源 | 电源开关 ON(IG) | 11~14V |
| | | | 电源开关 ON(READY) | 11~15.5V |
| H2-11(LIN2)-H1-6(E1) | B-BR | LIN 通信信号 | 电源开关 ON(IG) | 产生脉冲 |
| H2-17(SSW2)-H1-6(E1) | V-BR | 电源开关 | 按住电源开关 | 0~1.5V |
| H2-23(M)-H1-6(E1) | Y-BR | 变速器控制开关 | 电源开关 ON(IG),变速杆置于 S | 11~14V |
| | | | 电源开关 ON(IG),变速杆未置于 S | 0~1.5V |
| H2-24(CA1L)-H1-6(E1) | W-BR | CAN 通信信号 | 电源开关 ON(IG) | 产生脉冲 |
| H2-25(CA1H)-H1-6(E1) | B-BR | CAN 通信信号 | 电源开关 ON(IG) | 产生脉冲 |
| H2-26(SFTD)-H1-6(E1) | G-BR | 变速器控制开关 | 电源开关 ON(IG),变速杆置于除 S(-)外的任何位置 | 11~14V |
| | | | 电源开关 ON(IG),变速杆置于 S 且朝向 - | 0~1.5V |
| H2-27(SFTU)-H1-6(E1) | L-BR | 变速器控制开关 | 电源开关 ON(IG),变速杆置于除 S(+)外的任何位置 | 11~14V |
| | | | 电源开关 ON(IG),变速杆置于 S 且朝向 + | 0~1.5V |
| H2-30(CA3N)-H1-6(E1) | W-BR | CAN 通信信号 | 电源开关 ON(IG) | 产生脉冲 |
| H2-31(CA3P)-H1-6(E1) | R-BR | CAN 通信信号 | 电源开关 ON(IG) | 产生脉冲 |

### 4.1.3 丰田混合动力系统故障排除

**1. 一汽丰田卡罗拉 HEV 车型偶尔无法行驶故障排除**

**故障现象**：一辆搭载 8ZR-FE 发动机的 2016 款丰田卡罗拉 HEV 偶尔出现无法行驶的故障，同时组合仪表上的主警告灯、发动机故障灯等多个故障指示灯点亮，且多功能显示屏提示"混合动力系统故障，换至 P 位"。

**故障诊断**：

1）首先试车验证故障现象。踩下制动踏板，按下电源开关，组合仪表上的 READY 指示灯正常点亮，观察组合仪表，无任何故障指示灯点亮。将档位置于 D 位，车辆能够正常行驶。与车主沟通得知，半年前车辆发生过一次碰撞事故，当时修理厂维修人员更换了前保险杠和左前翼子板，自从维修后，车辆经常会出现上述故障现象，且故障具有一定的偶发性。

2）连接故障检测仪（GTS）读取故障码，无任何故障码存储。

3）使用多种测试方法让故障现象重现，在使用高压水枪对车辆进行淋雨测试时，组合仪表上的多个故障指示灯点亮，并且车辆出现无法行驶的故障。

4）用故障检测仪进行检测，读取的故障码为"P0A3F21 电动机'A'位置传感器信号振幅最小""P1CAD49 电动机'A'位置传感器内部电子故障"。

5）查阅维修手册，得知2个故障码均与电动机解析器有关。卡罗拉混合动力汽车的混合动力驱动桥内安装了2个解析器，如图4-7所示，分别监测发电机（MG1）、电动机（MG2）转子磁极位置、速度和旋转方向。

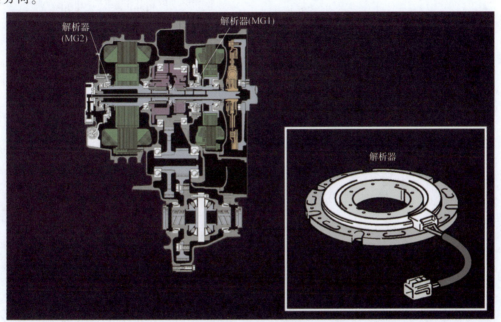

图4-7 解析器的安装位置与实体形状

解析器的定子包括3种线圈：励磁线圈、检测线圈S和检测线圈C。解析器的转子呈椭圆形，与MG1、MG2的永磁转子相连接，同步转动，椭圆形转子外圆曲线代表永磁转子磁极位置。带变换器的逆变器总成（MG ECU）将预定频率的交流电流输入励磁线圈，随着椭圆形转子的旋转，转子和定子间的间隙发生变化，就会在检测线圈S和检测线圈C上感应出相位差为90°的正弦、余弦感应电流，MG ECU根据检测线圈S和检测线圈C感应电流的波形相位、幅值及脉冲次数，计算出MG1和MG2永磁转子的磁极位置和转速信号，作为MG ECU对MG1、MG2矢量控制的基础信号。当转子从特定位置正向旋转180°时，励磁线圈、检测线圈S和检测线圈C的输出波形如图4-8所示。

6）根据上述解析器的工作原理，结合该车的故障现象分析，当MG2解析器输出信号错误时，MG ECU无法识别MG2的具体位置和转速，使得MG2无法转动，车辆出现无法行驶的故障。鉴于车辆之前发生过碰撞事故，且为间歇性故障，综合分析，判断故障可能出在MG2解析器及其相关的线路上。

7）根据相关电路（图4-9），拆下维修服务插销，等待10min，断开蓄电池负极端子电缆，断开MG ECU导线插接器B27，用万用表测量MG ECU导线插接器B27端子5与端子6之间的电阻（即MG2解析器励磁线圈的电阻）为13Ω；测量端子1与端子2（检测线圈S）之间的电阻为20.5Ω；测量端子4与端子3（检测线圈C）之间的电阻为20.5Ω，与维修手册的标准值基本相符。依次测量MG ECU导线插接器B27端子1、端子2、端子3、端子4、端子5、端子6与车身搭铁之间的电阻，均大于1MΩ，正常。将导线插接器B27复位，连接蓄电池负极端子电缆，插上维修服务插销，按下电源开关，组合仪表上的多个故障指示灯熄灭，车辆又能够正常行驶。

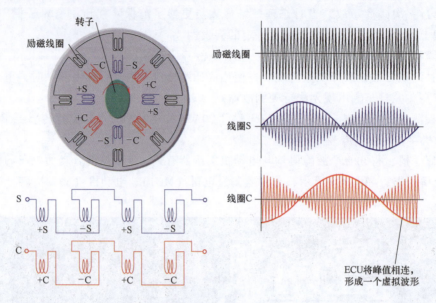

图 4-8　解析器内三种线圈与对应输出波形

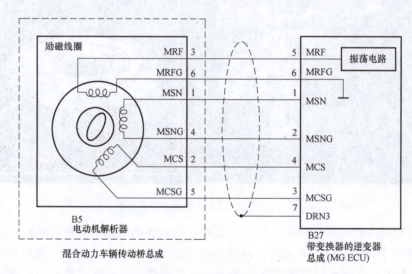

图 4-9　MG2 解析器连接电路图

8）再次使用高压水枪对车辆进行淋雨测试，故障现象再次出现，立即使用气枪对发动机舱部件、底盘部件上的水进行局部吹干，从而进行划分区域排查。在清理 MG2 解析器导线插接器上的水珠时，发现 MG2 解析器导线插接器内部渗水，仔细检查 MG2 解析器导线插接器，发现 MG2 解析器导线插接器防水胶塞已缺失，怀疑跟上次事故维修有关。推测在下雨天，雨水顺着线束慢慢渗入到 MG2 解析器导线插接器内部，使得解析器信号线出现短路故障，导致车辆无法行驶。仔细检查 MG2 解析器端子，发现端子已经出现轻微的氧化腐蚀。

**故障排除**：使用除锈剂清理 MG2 解析器端子上的氧化物，并更换 MG2 解析器导线插接器，用故障检测仪清除故障码，再次使用高压水枪对车辆进行淋雨测试，故障现象不再出现，将车辆交还给客户。1 个月后对客户进行电话回访，客户反映车辆一切正常，故障彻底排除。

2. 广汽丰田凯美瑞 HEV 混合动力系统故障灯点亮故障排除

**故障现象**：该车行驶过程中发现仪表上的发动机故障灯、防滑灯、制动系统故障灯点亮，将车停靠路边，并关闭点火开关，重新起动车辆，仪表上的"READY"起动后能正常灯熄灭，而且车辆能正常行驶，无明显异常。

**故障诊断：**

1）用诊断电脑对混合动力系统进行读码。①C1203：ECM Communication Circuit（ECM通信故障）；②C1345：线性电磁阀偏移学习未进行。

2）根据故障码翻阅维修手册，指示部位为：混合动力汽车控制ECU和线性电磁阀的初始化和校准未进行。

3）首先用电脑对故障码进行清除，故障灯熄灭后马上点亮，用电脑读取故障码为C1345（线性电磁阀偏移学习未进行）、C1368（线性电磁阀偏移故障）。比开始多了一个故障码，但都是线性电磁阀偏移故障，参阅维修手册，防滑ECU可存储并校准各零件（如行程传感器、执行器电磁阀和行程模拟器电磁阀）的差值。如果更换这些零件中的任意一个，则执行线性电磁阀的初始化和校准。提示：执行线性电磁阀的初始化和校准之前，将输出C1203（ECM通信故障）。

4）按照维修手册执行线性电磁阀的初始化和校准：

① 进入Chassis/ABS/VSC/TRC/Reset Memory菜单清除存储的线性蓄电池阀校准数据。

② 进入Chassis/ABS/VSC/TRC/ECB（电子制动控制系统）/Utility/LinearValve Offset菜单执行线性电磁阀的初始化和校准。

③ 在车辆静止不踩制动踏板的情况下，检查制动警告灯/黄色的闪烁间隔从1s变成0.25s。

5）当初始化和校准进行到最后一步时，制动警告灯/黄色的闪烁间隔没有从1s变成0.25s，仍是以1s的间隔闪烁，初始化和校准未能完成，输出故障码C1345（线性电磁阀偏移学习未进行）、C1368（线性电磁阀偏移故障）。重复1）~3）步骤，现象依旧。依据维修手册提示，多次初始化和校准不能完成，需更换制动执行器总成。

6）执行蓄压器压力归零（释放蓄压器里面的压力），更换制动执行器总成，进行初始化和校准（诊断过程1）~3）步骤）；线性电磁阀初始化和校准能够顺利完成，故障灯熄灭，故障排除。

**故障排除：** 更换制动执行器总成，执行蓄压器压力归零与线性电磁阀初始化和校准。

### 3. 一汽丰田普锐斯HEV车型不能以纯电方式行驶故障排除

**故障现象：** 一辆丰田普锐斯混合动力汽车型在低速行驶时偶然会出现发动机一直运转，不能以纯电动方式行驶的故障现象。

**故障诊断：**

1）接车后反复试车，使故障现象重现，通过观察发现，在各种用电设备均关闭的情况下，该车发动机怠速运转近30min，仍不能自动熄火。观察仪表盘右侧的电量指示，当发动机运转时，高压蓄电池的电量不但没有上升，反而有逐渐下降的趋势。该车发动机停机的条件之一是高压蓄电池的电量要充足，如果高压蓄电池的电量不足，发动机便不会熄火。当该车的故障症状出现时，高压蓄电池的电量停止升高，将发动机熄火后再起动，故障现象会自行消失；故障现象消失后，在发动机怠速运转时，高压蓄电池的电量不断上升，约10min后即可充满，此时，发动机自动熄火。

2）该车采用丰田第二代混合动力系统，能够根据车辆行驶状态，自动使用2种动力源。使用故障检测仪进入蓄电池管理ECU和混动电子控制系统ECU，未发现任何故障码。

3）为进一步分析故障，根据该车转矩列线图（图4-10），比较车辆在故障状态与正常状态下的数据。故障状态下，混合动力变速驱动桥中的MG1的输出转矩为0，而正常状态应约为-6N·m，当MG1的输出转矩为负值时，表示MG1由发动机驱动，作为发电机使用。故障状态时，MG1的输出转矩为0，表示MG1处于空载状态，并未发电。

从HV的充电状态分析，车辆故障状态时，发动机怠速运转30min，高压蓄电池的电量长时间维持在50%左右；而车辆恢复正常状态时，发动机怠速运转仅5min左右，高压蓄电池的电量已经上升了约5%。从高压蓄电池的电流输出看，车辆故障状态时，电流数据为正值，表明高压蓄电池正在输出电能，说明发动机正消耗高压蓄电池的电量来维持自身的运转。正常状态下，高压蓄电池的输出电流为-10A，表示其正处于充电状态。因为高压蓄电池的输出电流是由电流传感器（图4-11）检测的，说明高压蓄电池与用电系统是接通的。

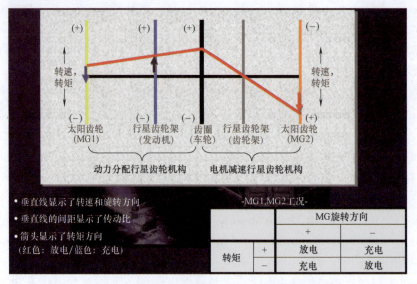

图 4-10　丰田第二代混合动力系统转矩列线图

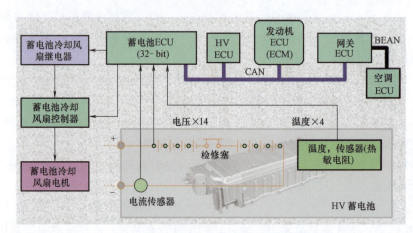

图 4-11　电流传感器在系统中的位置

以上数据表明故障状态下发动机没有带动 MG1 发电。发动机不能正常熄火的原因，是由于高压蓄电池没有获得充电，故障应该在高压蓄电池与 MG1 的连接上。

4）根据逆变器总成的示意图（图 4-12），在发动机怠速运转时，MG1 作为发电机为高压蓄电池充

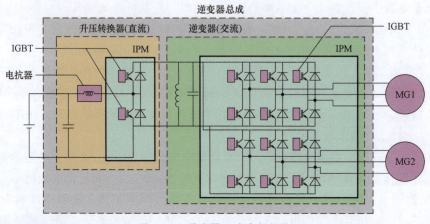

图 4-12　逆变器总成内部结构

电。MG1 的输出电流经过整流器变成直流后，必须经过升压变换器中的场效应管才能到达高压蓄电池。现在的充电电流为 0A，有 2 种可能性：一是电机或整流器有故障，二是场效应管没有导通。由于 MG1 及整流器都是三相结构，同时失效的可能性不大。场效应管是受逆变器总成内部的电机控制单元控制的，混动电子控制系统 ECU 通过数据总线向电机控制单元传送控制指令，电机控制单元根据指令来控制场效应管的导通量。

5）根据偶发故障的排除经验，MG1 线路可能存在接触不良的现象。于是，当故障出现时，在观察数据流的同时，晃动逆变器总成的 MG1 控制线束，发现高压蓄电池的输出电流由正变负，说明其充电恢复了。而晃动线束的部位正好靠近 MG1 导线插接器，这说明故障点就在 MG1 控制线束的插接器内部。

**故障排除**：断开高压蓄电池左后侧的检修塞（橙色），隔绝车辆与高压蓄电池的高电压连接，断开 MG1 与变频器的导线插接器，清理并锁紧该插接器三相插座和接线柱，恢复断开的导线插接器和检修塞，反复试车，确认故障彻底排除。

## 4.2 本田混合动力系统

### 4.2.1 本田混合动力系统结构与原理

#### 1. IMA 混动系统

IMA 是 Integrated Motor Assist 的缩写，中文是一体化电机辅助系统，为并联型混合驱动系统，由主电源装置（汽油发动机）与辅助系统（IMA 电机）构成，如图 4-13 所示。

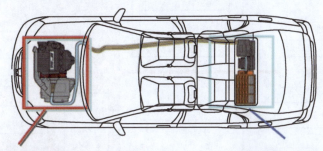

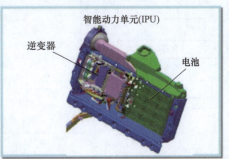

图 4-13 IMA 系统组成

IMA 混合动力系统组成部件如图 4-14 所示：

1）辅助发动机运行，也作为发电机使用的 IMA 电机。
2）所用的高压电能包含在 IPU 里的蓄电池模组。
3）控制 IMA 电机驱动和再生充电的电机变频器（MPI）。
4）将 IMA 蓄电池的 100.8V 电压转换成蓄电池 12V 电压的 DC/DC 变换器。

5）控制系统的电机控制模块（MCM）。

6）保护和开/关高电压电路的连接板。

7）连接转换 IPU 和 IMA 电机间的高压电流的电源缆线。

8）放置在 IPU 上的备用轮胎。

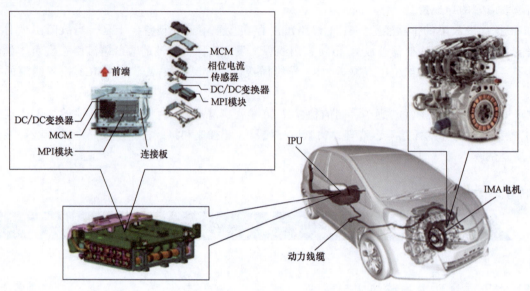

图 4-14　IMA 系统组成部件

IMA 混合动力系统控制关系如图 4-15 所示。

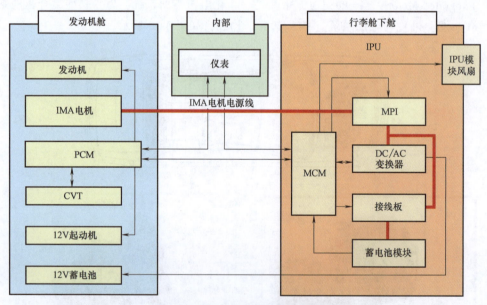

图 4-15　IMA 混合动力系统示意图

## 2. i-MMD 混动系统

本田的智能化多模式驱动系统混合动力系统（Intelligent Multi Mode Drive，i-MMD）是在串联式基础上同时具备发动机直接驱动模式（高速时）的全新混动模式。

电动动力系统由高压电机和发动机提供动力。系统根据行驶情况或通过手动操作 EV 开关切换驱动动力。发动机为 LFA1 2.0 L DOHC i-VTEC 顺序多点燃油喷射发动机，与高压电机联合驱动车辆。

除发动机外，其主要部件还包括变速器（e-CVT）内的两个高压电机、发动机舱中的电源控制单元（PCU）、行李舱中的高压蓄电池、PCU 和高压蓄电池之间的高压电机电源逆变器单元电缆。系统组成如图 4-16 所示。

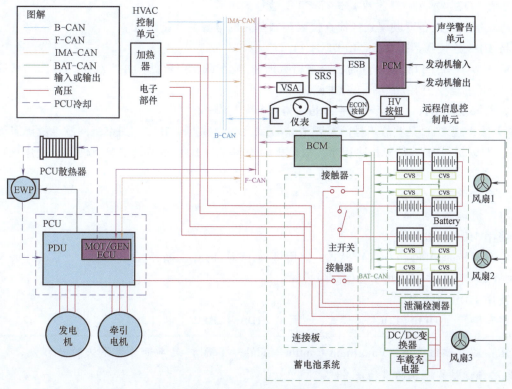

图 4-16 电动动力系统

## 4.2.2 本田混合动力系统检测与拆装

**1. 系统检修指引**

"间歇性故障"意味着系统曾出现过故障，但现在已正常。如果仪表板上的电源系统指示灯未点亮，检查与故障排除电路有关的所有插接器是否连接不良或端子松动。如果电源系统指示灯点亮后熄灭，原故障可能是间歇性的。

定期为电机控制单元和/或蓄电池状态单元提供新的软件或新的服务程序。务必在线检查与正在排除故障的 DTC 或症状相关的最新软件或维修信息。

"断路"和"短路"是常用的电气术语。断路指线路或连接的断开；短路指意外地将导线搭铁或连接到另一根导线上。对于简单的电子元件，这通常意味着根本无法工作。对于复杂的电子元件（如电机控制单元或蓄电池状态监视器单元）意味着有时可以工作，但是不能按照预定方式工作。

如果电源系统指示灯在仪表点亮，则转至使用 HDS（本田诊断系统）来检查是否存在 DTC。

> **注意**：视情况而定，高压蓄电池关闭指示灯、高压蓄电池指示灯、电机高温指示灯（表 4-3）可能在多功能显示系统（Multi-Information Display，MID）中与电源系统指示灯同时点亮。

表 4-3 故障指示灯名称及符号

| 名称 | 电源系统指示灯 | 高压蓄电池关闭指示灯 | 高压蓄电池指示灯 | 电机高温指示灯 | 12V 充电系统指示灯 |
|---|---|---|---|---|---|
| 符号 | | | | | |

如果12V充电系统指示灯在仪表点亮，则转至使用HDS（本田诊断系统）来检查是否存在DTC。

### 2. 使用HDS（本田诊断系统）进行DTC检查的步骤

1）将车辆转至准备驾驶模式，检查仪表控制单元的电源系统指示灯。

2）将HDS连接到数据插接器（DLC）上。

3）检查DTC并予以记录。同时检查定格数据和/或车载快照数据，并下载所见数据。然后参考显示DTC的故障排除，开始相应的故障排除程序。

4）如果未发现DTC，转至动力系统指示灯电路故障排除。

如果无法重现DTC某些故障排除需要清除DTC，并尝试重现DTC。如果是间歇性故障且无法重现DTC，不要继续执行DTC故障排除程序。故障排除程序仅在DTC可再现情况下使用。使用该程序只会导致混淆，并有可能对零件进行不必要的更换。

### 3. DTC清除方法

1）将车辆转为ON模式。

2）使用HDS清除DTC。

3）将车辆转为OFF（LOCK）模式，然后将HDS从DLC上断开。

结束故障排除程序（运用于任何故障排除后）：

1）使用HDS清除DTC。

2）将车辆转为OFF（LOCK）模式，然后将HDS从DLC上断开。

> 注意：动力控制模块（Powertrain Control Module，PCM）是车辆防盗系统的一部分。如果更换PCM，则必须注册发动机防盗锁止系统。

### 4. 排除动力控制单元（PCU）插接器的电路故障

1）将车辆转为OFF（LOCK）模式

2）执行12V蓄电池端子断开程序。

3）断开PCU插接器，如图4-17所示。

4）将线束端子的一侧A连接到市售数字式万用表B上，并将线束端子的另一侧C连接到市售香蕉插头D（Pomona电子工具编号3563或同等工具）上，如图4-18所示。

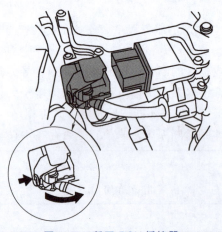

图4-17 断开PCU插接器

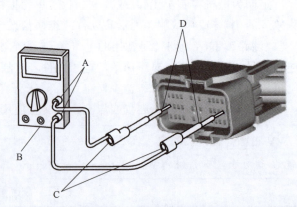

图4-18 检查线束连接端子

5）从端子侧，轻轻地在端子测试孔处插入针脚探针（阳）。不要将尖端强行插入端子。

> 注意：为获得准确结果，务必使用针脚探针（阳）。为避免损坏插接器端子，不要插入测试设备探针、回形针或其他的替代品，以免损坏端子导致连接不良和测量不正确。切勿刺穿导线上的绝缘层，否则会导致或最终导致电气连接不良或间歇性故障。

**5. 排除蓄电池状态监视器单元插接器的电路故障**

1)将车辆转为 OFF(LOCK)模式

2)拆下充电用插头和 IPU 盖子。

3)从导线侧,轻轻将较尖的测试器探针插入插接器,直至它与导线的端子一端接触为止,如图 4-19 所示。

> **注意**:当进行车辆上的 IPU 故障排除时,检查图 4-20 所示搭铁电缆连接。如果电缆已拆下,则需要进行安装。

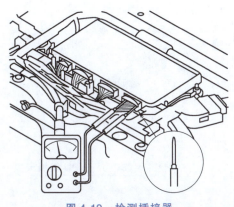

图 4-19 检测插接器

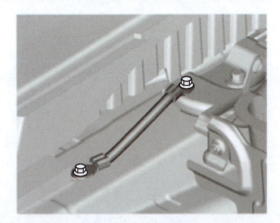

图 4-20 搭铁电缆

车载自动诊断系统(On Board Diagnostics,OBD)显示各 DTC 和所有参数的当前系统状况,该功能可以用来查看维修工作是否成功完成。DTC 诊断测试结果显示如下:

① 通过:车载诊断成功完成。

② 失败:车内诊断完成但未成功。

③ 未完成:车载诊断正在进行,但是处于 DTC 启用状态之外。

**6. IPU 单元拆装方法**

智能动力单元(IPU)拆装步骤如下:

1)关闭维修塞。

2)断开高压电机电源逆变器单元电缆。
注意:副连接板的连接位置如图 4-21 所示。

拆卸各线束插接器部件如图 4-22 所示,具体步骤如下:

① 断开 IPU 搭铁电缆 A。

② 断开高压电机电源逆变器单元电缆搭铁端子 B。

③ 断开插接器 C。

④ 拆下线束夹 D。

⑤ 断开高压电机电源逆变器单元电缆端子 E。

⑥ 拆下电缆卡扣 F。

3)拆卸行李舱后侧装饰板。

4)拆卸 IPU 出口接头。

5)拆卸进气管。

6)拆卸 IPU 总成,步骤如下:

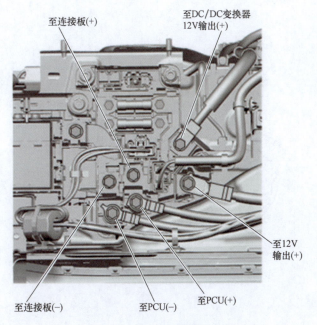

图 4-21 副连接板连接位置

① 拆下 IPU 隔板卡扣，如图 4-23 所示。

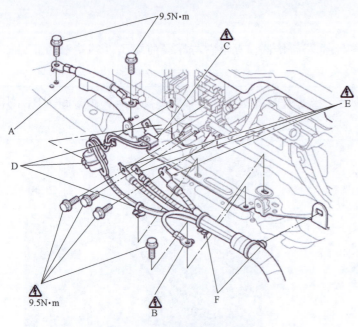

图 4-22 拆卸各线束插接器

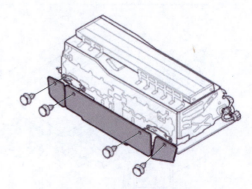

图 4-23 拆下 IPU 隔板卡扣

② 断开图 4-24 所示插接器 A。

③ 拆下图 4-24 所示 IPU 总成 B。

7) 拆卸 IPU 部件（图 4-25）步骤如下：

① 拆下 IPU 出口管 A。

② 拆下插接器卡扣 B。

③ 拆下线束夹 C。

④ 拆下 IPU 进口连接接头 D。

⑤ 拆下 IPU 上盖 E。

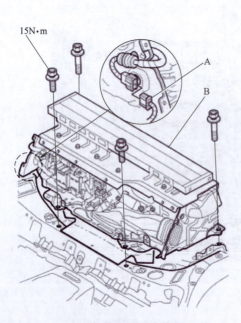

图 4-24 拆下 IPU 总成

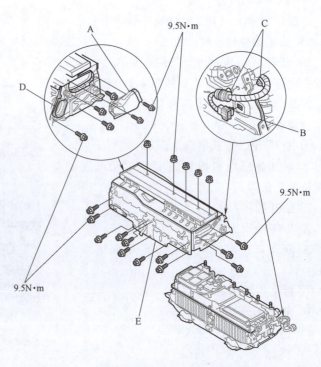

图 4-25 拆卸 IPU 部件

⑥ 如有必要,拆下图 4-26 所示 IPU 隔板。

8)安装所有拆下的部件。

按照与拆卸相反的顺序安装部件,并注意以下事项:仔细对齐图 4-27 所示 IPU 上盖 B 的孔 A 和双头螺栓 C,先紧固标准螺栓 D;将 IPU 隔板 E 插入 IPU 罩 F 和车身车架之间。

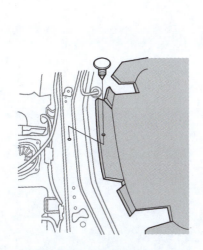

图 4-26 拆下 IPU 隔板

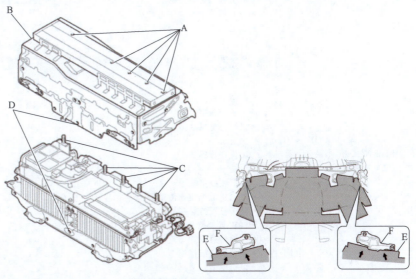

图 4-27 IPU 安装注意事项

### 4.2.3 本田混合动力系统故障排除

混合动力系统故障排除见表 4-4。

表 4-4 混合动力系统故障排除

| 症状 | 可能的故障原因 | 处理方法 |
| --- | --- | --- |
| 将车辆转为 ON 模式时,换档位置指示灯显示异常或根本不显示 | • F-CAN 通信线路故障<br>• 仪表控制单元故障<br>• PCM 故障<br>• SBW 换档器控制单元故障 | • 检查 F-CAN 通信线路<br>• 通过仪表控制单元自诊断功能,检查 F-CAN 通信线路<br>• 通过仪表控制单元自诊断功能检查仪表控制单元中的指示灯驱动电路 |
| 换档位置指示灯不显示电子选档器位置/模式 | • F-CAN 通信线路故障<br>• 仪表控制单元故障<br>• SBW 换档器控制单元故障<br>• PCM 故障 | • 检查 F-CAN 通信线路<br>• 通过仪表控制单元自诊断功能,检查 F-CAN 通信线路<br>• 通过仪表控制单元自诊断功能检查仪表控制单元中的指示灯驱动电路 |
| 即使在 D 位置/模式操作换档拨片,换档拨片也不工作 | • PCM 故障<br>• 换档拨片故障<br>• 换档拨片电路故障 | • 对换档拨片电路进行故障排除<br>• 检查换档拨片 |
| HDS 不能与 PCM 通信 | DLC 电路故障 | DLC 电路故障排除 |
| 车辆处 READY TO DRIVE 模式,但车辆在所有档位都不能移动 | • 牵引电机故障:磨损或损坏<br>　· 定子<br>　· 转子<br>　· 位置传感器<br>　· 位置传感器线路<br>　· 端子板<br>　· 传感器线束<br>　· 三相线束<br>• 牵引电机故障:安装故障<br>　· 定子 | • 检查变速器是否安装错误,并检查飞轮是否磨损和损坏。如果磨损或损坏,更换飞轮<br>• 检查副轴是否磨损和损坏<br>• 检查电机轴是否磨损和损坏<br>• 检查发电机轴是否磨损和损坏<br>• 检查主减速器齿轮是否磨损和损坏<br>• 检查止推垫圈是否卡滞、磨损和损坏<br>• 检查输入轴、副轴、发电机轴、电机轴和差速器托架的轴承<br>• 检查 ATF 冷却器 |

（续）

| 症状 | 可能的故障原因 | 处理方法 |
|---|---|---|
| 车辆处 READY TO DRIVE 模式，但车辆在所有档位都不能移动 | ・位置传感器<br>・端子<br>・三相线束端子<br>● 牵引电机中有异物<br>● PCU 三相插接器中有异物<br>● 发电机电机故障：磨损或损坏<br>・定子<br>・转子<br>・位置传感器<br>・位置传感器线路<br>・端子板<br>・三相线束<br>● 发电机电机故障：安装故障<br>・定子<br>・位置传感器<br>・端子<br>・三相线束端子<br>● 发电机电机位置传感器未学习<br>● 驻车位置传感器故障<br>● SBW 换档器控制单元故障<br>● 变速器总成和飞轮安装故障<br>● 副轴磨损或损坏<br>● 电机轴磨损或损坏<br>● 主减速器齿轮磨损或损坏<br>● 止推垫圈卡滞、磨损或损坏<br>● 输入轴轴承、副轴轴承、发电机轴、电机轴或差速器托架轴承故障<br>● ATF 冷却器堵塞<br>● 轴分离 | ● 检查轴<br>● 检查驻车位置传感器<br>● 检查 SBW 换档器控制单元<br>● 更换变速器（e-CVT）总成 |
| 车辆在 D 位置/模式不移动 | ● 牵引电机位置传感器磨损或损坏<br>● 牵引电机位置传感器线路故障<br>● 电机传感器线束故障 | ● 检查电机轴是否磨损和损坏<br>● 检查电机位置传感器线束是否连接不良、端子松动、磨损和损坏<br>● 更换变速器总成 |
| 车辆在 R 位置/模式时不移动 | ● 牵引电机位置传感器磨损或损坏<br>● 牵引电机位置传感器线路故障<br>● 电机传感器线束故障 | ● 检查电机轴是否磨损和损坏<br>● 检查电机位置传感器线束是否连接不良、端子松动、磨损或损坏<br>● 更换变速器（e-CVT）总成 |
| 加速不良 | ● 牵引电机故障：磨损或损坏<br>・定子<br>・转子<br>・位置传感器<br>・位置传感器线路<br>・端子板<br>・变速器油温传感器<br>・传感器线束<br>・三相线束<br>● 牵引电机故障：安装故障<br>・定子<br>・位置传感器<br>・端子<br>・三相线束端子<br>● 牵引电机定子温度高<br>● 牵引电机转子温度高<br>● 牵引电机位置传感器未学习<br>● 发电机电机故障：磨损或损坏<br>・定子<br>・转子<br>・驻车位置传感器<br>・位置传感器线路<br>・端子板 | ● 检查发动机控制系统<br>● 检查电机位置传感器线束是否连接不良、端子松动、磨损和损坏<br>● 检查 ATF 液位。如果液位低于下液位，检查 ATF 冷却器管路是否泄漏和连接松动。如有必要，清洗 ATF 冷却器管路<br>● 检查副轴是否磨损和损坏<br>● 检查电机轴是否磨损和损坏<br>● 检查发电机轴是否磨损和损坏<br>● 检查 ATF 泵主动齿轮是否磨损和损坏<br>● 更换阀体总成<br>● 检查分离板中的节流孔是否堵塞。如果节流孔堵塞，则将其拆下并清洁分离板节流孔<br>● 检查 ATF 滤网是否有碎屑。如果滤网阻塞，找出导致碎屑的损坏部件<br>● 检查 ATF 冷却器<br>● 更换变速器（e-CVT）总成 |

第4章 混合动力系统

(续)

| 症状 | 可能的故障原因 | 处理方法 |
|---|---|---|
| 加速不良 | • 三相线束<br>• 发电机电机故障:安装故障<br>　• 定子<br>　• 位置传感器<br>　• 端子<br>　• 三相线束端子<br>• 发电机电机定子温度高<br>• 发电机电机位置传感器未学习<br>• 发动机输出过低<br>• ATF 液位过低<br>• ATF 泵磨损或卡滞<br>• 主调节器阀卡滞或弹簧磨损<br>• 分离板节流孔中有异物<br>• 冷却器限压阀故障<br>• ATF 滤网堵塞<br>• ATF 冷却器堵塞 | |
| 发动机在所有驾驶条件下都振动 | • 发电机电机故障:磨损或损坏<br>　• 定子<br>　• 转子<br>　• 位置传感器<br>　• 位置传感器线路<br>　• 端子板<br>　• 三相线束<br>• 发电机电机故障:安装故障<br>　• 定子<br>　• 位置传感器<br>　• 端子<br>　• 三相线束端子<br>• 发动机输出过低<br>• 离合器故障<br>• 离合器端板和顶盘的间隙不正确 | • 检查发动机控制系统<br>• 检查发电机轴是否磨损和损坏<br>• 检查离合器端板和顶盘之间的间隙。如果间隙超出公差,更换离合器<br>• 更换变速器(e-CVT)总成 |
| 车辆在 N 位置/模式移动 | • ATF 加注过量<br>• 限压阀故障<br>• 离合器故障<br>• 离合器端板和顶盘的间隙不正确 | • 检查 ATF 液位。液位高于上液位时,如果加注过量则排放 ATF<br>• 更换阀体总成<br>• 检查离合器端板和顶盘之间的间隙。如果间隙超出公差,更换离合器 |
| 车辆不从发电机电机充电 | • 牵引电机中有异物<br>• PCU 三相插接器中有异物<br>• 发电机电机故障:磨损或损坏<br>　• 定子<br>　• 转子<br>　• 位置传感器<br>　• 位置传感器线路<br>　• 端子板<br>　• 三相线束<br>• 发电机电机故障:安装故障<br>　• 定子<br>　• 位置传感器<br>　• 端子<br>　• 三相线束端子<br>• 副轴磨损或损坏<br>• 电机轴磨损或损坏<br>• 止推垫圈卡滞、磨损或损坏<br>• 输入轴轴承、副轴轴承、发电机轴、电机轴或差速器托架轴承故障<br>• 驻车机构故障 | • 检查电机轴是否磨损和损坏<br>• 检查发电机轴是否磨损和损坏<br>• 更换变速器(e-CVT)总成 |

131

(续)

| 症状 | 可能的故障原因 | 处理方法 |
|---|---|---|
| 车辆不从电机再生系统充电 | ● 牵引电机故障:磨损或损坏<br>　· 定子<br>　· 转子<br>　· 位置传感器<br>　· 位置传感器线路<br>　· 端子板<br>　· 传感器束<br>　· 三相线束<br>● 牵引电机故障:安装故障<br>　· 定子<br>　· 位置传感器<br>　· 端子<br>　· 三相线束端子<br>● 牵引电机中有异物<br>● PCU 三相插接器中有异物<br>● 副轴磨损或损坏<br>● 电机轴磨损或损坏<br>● 主减速器齿轮磨损或损坏<br>● 止推垫圈卡滞、磨损或损坏<br>● 输入轴轴承、副轴轴承、发电机轴、电机轴或差速器托架轴承故障 | ● 检查电机位置传感器线束是否连接不良、端子松动、磨损和损坏<br>● 检查电机轴是否磨损和损坏<br>● 检查发电机轴是否磨损和损坏<br>● 检查副轴是否磨损和损坏<br>● 检查主减速器齿轮是否磨损和损坏<br>● 检查止推垫圈是否卡滞、磨损和损坏<br>● 检查输入轴、副轴、发电机轴、电机轴和差速器托架的轴承<br>● 更换变速器(e-CVT)总成 |
| 从混合动力驱动模式切换到发动机驱动模式时,振动过大 | ● 牵引电机位置传感器故障<br>● 牵引电机位置传感器线路故障<br>● 变速器油温传感器故障<br>● 电机传感器线束故障<br>● 牵引电机位置传感器安装失败<br>● 发电机电机位置传感器故障<br>● 发电机电机位置传感器线路故障<br>● 发电机电机位置传感器安装失败<br>● 换档电磁阀 A 故障<br>● 换档电磁阀 B 故障<br>● 驻车棘爪作动器故障<br>● 驻车位置传感器故障<br>● 飞轮故障<br>● ATF 液位过高<br>● 主调节器阀卡滞或弹簧磨损<br>● 分离板节流孔中有异物<br>● 换档阀 A 故障<br>● 换档阀 B 故障<br>● 冷却器限压阀故障<br>● 离合器单向阀故障<br>● 副轴磨损或损坏<br>● 离合器故障<br>● 离合器端板和顶盘的间隙不正确<br>● 转矩限制器故障 | ● 使用 HDS 检查换档电磁阀的功能。检查换档电磁阀是否卡滞,并检查 O 形圈<br>● 检查电机位置传感器线束是否连接不良、端子松动、磨损和损坏<br>● 检查 ATF 液位。如果液位低于下液位,检查 ATF 冷却器管路是否泄漏和连接松动。如有必要,清洗 ATF 冷却器管路<br>● 更换阀体总成<br>● 检查分离板中的节流孔是否堵塞。如果节流孔堵塞,则将其拆下并清洁分离板节流孔<br>● 检查电机轴是否磨损和损坏<br>● 检查发电机轴是否磨损和损坏<br>● 检查副轴是否磨损和损坏<br>● 检查超速档齿轮是否磨损和损坏<br>● 检查离合器端板和顶盘之间的间隙。如果间隙超出公差,更换离合器<br>● 检查飞轮是否磨损和损坏,如果飞轮磨损或损坏,更换飞轮<br>● 更换变速器(e-CVT)总成 |
| 从发动机驱动模式切换到混合动力驱动模式时,振动过大 | ● 牵引电机位置传感器故障<br>● 牵引电机位置传感器线路故障<br>● 变速器油温传感器故障<br>● 电机传感器线束故障<br>● 牵引电机位置传感器安装失败<br>● 发电机电机位置传感器故障<br>● 发电机电机位置传感器线路故障<br>● 发电机电机位置传感器安装失败<br>● ATF 液位过高<br>● 主调节器阀卡滞或弹簧磨损<br>● 分离板节流孔中有异物<br>● 换档阀 A 故障<br>● 限压阀故障<br>● 输入轴磨损或损坏<br>● 离合器端板和顶盘的间隙不正确<br>● 转矩限制器故障 | ● 检查 ATF 液位。如果液位低于下液位,检查 ATF 冷却器管路是否泄漏和连接松动。如有必要,清洗 ATF 冷却器管路<br>● 检查电机位置传感器线束是否连接不良、端子松动、磨损和损坏<br>● 检查电机轴是否磨损和损坏<br>● 检查发电机轴是否磨损和损坏<br>● 检查输入轴是否磨损和损坏<br>● 更换阀体总成<br>● 检查分离板中的节流孔是否堵塞。如果节流孔堵塞,则将其拆下并清洁分离板节流孔<br>● 检查 ATF 滤网是否有碎屑。如果滤网阻塞,找出导致碎屑的损坏部件<br>● 检查离合器端板和顶盘之间的间隙。如果间隙超出公差,更换离合器<br>● 检查飞轮是否磨损和损坏,如果飞轮磨损或损坏,更换飞轮<br>● 更换变速器(e-CVT)总成 |

(续)

| 症状 | 可能的故障原因 | 处理方法 |
|---|---|---|
| 从EV驱动模式切换到混合动力驱动模式时,振动过大 | ●发电机电机故障:磨损或损坏<br>　·定子<br>　·转子<br>　·位置传感器<br>　·位置传感器线路<br>　·端子板<br>　·三相线束<br>●发电机电机故障:安装故障<br>　·定子<br>　·位置传感器<br>　·端子<br>　·三相线束端子<br>●发电机电机定子温度高<br>●发电机电机位置传感器未学习<br>●飞轮故障<br>●输入轴磨损或损坏<br>●发电机轴磨损或损坏<br>●转矩限制器故障 | ●检查飞轮是否磨损和损坏,如果飞轮磨损或损坏,更换飞轮<br>●检查输入轴是否磨损和损坏<br>●检查发电机轴是否磨损和损坏<br>●更换变速器(e-CVT)总成 |
| 从混合动力驱动模式切换到EV驱动模式时,振动过大 | ●飞轮故障<br>●输入轴磨损或损坏<br>●发电机轴磨损或损坏<br>●转矩限制器故障 | ●检查飞轮是否磨损和损坏,如果飞轮磨损或损坏,更换飞轮<br>●检查输入轴是否磨损和损坏<br>●检查发电机轴是否磨损和损坏<br>●更换变速器(e-CVT)总成 |
| 在发动机驱动模式中变速器(e-CVT)发出噪声 | ●牵引电机故障:磨损或损坏<br>　·定子<br>　·转子<br>　·位置传感器<br>　·位置传感器线路<br>　·端子板<br>　·传感器线束<br>　·三相线束<br>●牵引电机故障:安装故障<br>　·定子<br>　·位置传感器<br>　·端子<br>　·三相线束端子<br>●牵引电机中有异物<br>●发电机电机故障:磨损或损坏<br>　·定子<br>　·转子<br>　·位置传感器<br>　·位置传感器线路<br>　·端子板<br>　·三相线束<br>●发电机电机故障:安装故障<br>　·定子<br>　·位置传感器<br>　·端子<br>　·三相线束端子<br>●飞轮故障<br>●ATF液位过低<br>●ATF泵磨损或卡滞<br>●ATF滤网堵塞<br>●输入轴磨损或损坏<br>●副轴磨损或损坏<br>●电机轴磨损或损坏<br>●主减速器齿轮磨损或损坏<br>●超速档齿轮磨损或损坏<br>●离合器故障<br>●止推垫圈卡滞、磨损或损坏<br>●输入轴轴承、副轴轴承、发电机轴、电机轴或差速器托架轴承故障 | ●检查飞轮是否磨损和损坏,如果飞轮磨损或损坏,更换飞轮<br>●检查ATF液位。如果液位低于下液位,检查ATF冷却器管路是否泄漏和连接松动。如有必要,清洗ATF冷却器管路<br>●检查电机位置传感器线束是否连接不良、端子松动、磨损和损坏<br>●检查ATF泵主动齿轮是否磨损和损坏<br>●检查ATF滤网是否有碎屑。如果滤网阻塞,找出导致碎屑的损坏部件<br>●更换阀体总成<br>●检查输入轴是否磨损和损坏<br>●检查副轴是否磨损和损坏<br>●检查电机轴是否磨损和损坏<br>●检查发电机轴是否磨损和损坏<br>●检查主减速器齿轮是否磨损和损坏<br>●检查超速档齿轮是否磨损和损坏<br>●检查离合器端板和顶盘之间的间隙。如果间隙超出公差,更换离合器<br>●检查止推垫圈是否卡滞、磨损和损坏<br>●检查输入轴、副轴、发电机轴、电机轴和差速器托架的轴承<br>●更换变速器(e-CVT)总成 |

(续)

| 症状 | 可能的故障原因 | 处理方法 |
|---|---|---|
| 在混合动力驱动模式中变速器(e-CVT)发出噪声 | • 牵引电机故障：磨损或损坏<br>　·定子<br>　·转子<br>　·位置传感器<br>　·位置传感器线路<br>　·端子板<br>　·传感器线束<br>　·三相线束<br>• 牵引电机故障：安装故障<br>　·定子<br>　·位置传感器<br>　·端子<br>　·三相线束端子<br>• 牵引电机中有异物<br>• 发电机电机故障：磨损或损坏<br>　·定子<br>　·转子<br>　·位置传感器<br>　·位置传感器线路<br>　·端子板<br>　·三相线束<br>• 发电机电机故障：安装故障<br>　·定子<br>　·位置传感器<br>　·端子<br>　·三相线束端子<br>• 飞轮故障<br>• ATF液位过低<br>• ATF泵磨损或卡滞<br>• ATF滤网堵塞<br>• 输入轴磨损或损坏<br>• 副轴磨损或损坏<br>• 发电机轴磨损或损坏<br>• 电机轴磨损或损坏<br>• 主减速器齿轮磨损或损坏<br>• 离合器故障<br>• 离合器端板和顶盘的间隙不正确<br>• 转矩限制器故障<br>• 止推垫圈卡滞、磨损或损坏<br>• 输入轴轴承、副轴轴承、发电机轴、电机轴或差速器托架轴承故障 | • 检查飞轮是否磨损和损坏，如果飞轮磨损或损坏，更换飞轮<br>• 检查ATF液位。如果液位低于下液位，检查ATF冷却器管路是否泄漏和连接松动。如有必要，清洗ATF冷却器管路<br>• 检查电机位置传感器线束是否连接不良、端子松动、磨损和损坏<br>• 检查ATF泵主动齿轮是否磨损和损坏<br>• 检查ATF滤网是否有碎屑。如果滤网阻塞，找出导致碎屑的损坏部件<br>• 更换阀体总成<br>• 检查输入轴是否磨损和损坏<br>• 检查副轴是否磨损和损坏<br>• 检查发电机轴是否磨损和损坏<br>• 检查电机轴是否磨损和损坏<br>• 检查主减速器齿轮是否磨损和损坏<br>• 检查离合器端板和顶盘之间的间隙。如果间隙超出公差更换离合器<br>• 检查止推垫圈是卡滞、磨损和损坏<br>• 检查输入轴、副轴、发电机轴、电机轴和差速器托架的轴承<br>• 更换变速器(e-CVT)总成 |
| 在EV驱动模式中变速器(e-CVT)发出噪声 | • 牵引电机故障：磨损或损坏<br>　·定子<br>　·转子<br>　·位置传感器<br>　·位置传感器线路<br>　·端子板<br>　·传感器线束<br>　·三相线束<br>• 牵引电机故障：安装故障<br>　·定子<br>　·位置传感器<br>　·端子<br>　·三相线束端子<br>• 牵引电机中有异物<br>• 副轴磨损或损坏<br>• 电机轴磨损或损坏<br>• 主减速器齿轮磨损或损坏<br>• 离合器故障<br>• 离合器端板和顶盘的间隙不正确<br>• 止推垫圈卡滞、磨损或损坏<br>• 输入轴轴承、副轴轴承、发电机轴、电机轴或差速器托架轴承故障 | • 检查电机位置传感器线束是否连接不良、端子松动、磨损和损坏<br>• 检查副轴是否磨损和损坏<br>• 检查电机轴是否磨损和损坏<br>• 检查主减速器齿轮是否磨损和损坏<br>• 检查离合器端板和顶盘之间的间隙。如果间隙超出公差，更换离合器<br>• 检查止推垫圈是否卡滞、磨损和损坏<br>• 检查输入轴、副轴、发电机轴、电机轴和差速器托架的轴承<br>• 更换变速器(e-CVT)总成 |

(续)

| 症状 | 可能的故障原因 | 处理方法 |
|---|---|---|
| 车辆停止时充电期间变速器(e-CVT)发出噪声 | • 牵引电机中有异物<br>• 发电机电机故障：磨损或损坏<br>　· 定子<br>　· 转子<br>　· 位置传感器<br>　· 位置传感器线路<br>　· 端子板<br>　· 三相线束<br>• 发电机电机故障：安装故障<br>　· 定子<br>　· 位置传感器<br>　· 端子<br>　· 三相线束端子<br>• 飞轮故障<br>• ATF 液位过低<br>• ATF 泵磨损或卡滞<br>• ATF 滤网堵塞<br>• 输入轴磨损或损坏<br>• 发电机轴磨损或损坏<br>• 转矩限制器故障 | • 检查飞轮是否磨损和损坏，如果飞轮磨损或损坏，更换飞轮<br>• 检查 ATF 液位。如果液位低于下液位，检查 ATF 冷却器管路是否泄漏和连接松动。如有必要，清洗 ATF 冷却器管路<br>• 检查 ATF 泵主动齿轮是否磨损和损坏<br>• 检查 ATF 滤网是否有碎屑。如果滤网阻塞，找出导致碎屑的损坏部件<br>• 更换阀体总成<br>• 检查输入轴是否磨损和损坏<br>• 检查发电机轴是否磨损和损坏<br>• 更换变速器(e-CVT)总成 |
| 车辆加速不超过一定速度 | • 牵引电机故障：磨损或损坏<br>　· 定子<br>　· 转子<br>　· 位置传感器<br>　· 位置传感器线路<br>　· 端子板<br>　· 变速器油温传感器<br>　· 传感器线束<br>　· 三相线束<br>• 牵引电机故障：安装故障<br>　· 定子<br>　· 位置传感器<br>　· 端子<br>　· 三相线束端子<br>• 牵引电机定子温度高<br>• 牵引电机转子温度高<br>• 牵引电机位置传感器未学习<br>• 发电机电机故障：磨损或损坏<br>　· 定子<br>　· 转子<br>　· 位置传感器<br>　· 位置传感器线路<br>　· 端子板<br>　· 三相线束<br>• 发电机电机故障：安装故障<br>　· 定子<br>　· 位置传感器<br>　· 端子<br>　· 三相线束端子<br>• 发电机电机定子温度高<br>• 发电机电机位置传感器未学习<br>• 发动机输出过低<br>• ATF 液位过低<br>• ATF 泵磨损或卡滞<br>• 主调节器阀卡滞或弹簧磨损<br>• 分离板节流孔中有异物<br>• 冷却器限压阀故障<br>• ATF 滤网堵塞<br>• ATF 冷却器堵塞 | • 检查发动机控制系统<br>• 检查电机位置传感器线束是否连接不良、端子松动、磨损和损坏<br>• 检查 ATF 液位。如果液位低于下液位，检查 ATF 冷却器管路是否泄漏和连接松动。如有必要，清洗 ATF 冷却器管路<br>• 检查 ATF 泵主动齿轮是否磨损和损坏<br>• 更换阀体总成<br>• 检查电机轴是否磨损和损坏<br>• 检查发电机轴是否磨损和损坏<br>• 检查分离板中的节流孔是否堵塞。如果节流孔堵塞，则将其拆下并清洁分离板节流孔<br>• 检查 ATF 滤网是否有碎屑。如果滤网阻塞，找出导致碎屑的损坏部件<br>• 检查 ATF 冷却器<br>• 更换变速器(e-CVT)总成 |

(续)

| 症状 | 可能的故障原因 | 处理方法 |
| --- | --- | --- |
| 在所有换档位置/模式振动 | • 变速器总成和飞轮安装故障<br>• 飞轮故障 | • 检查变速器是否安装错误,并检查飞轮是否磨损和损坏。如果磨损或损坏,更换飞轮<br>• 检查飞轮是否磨损和损坏,如果飞轮磨损或损坏,更换飞轮 |
| 变速器不能换档到P位置/模式或从P位置/模式换出 | • 驻车棘爪作动器故障<br>• 驻车棘爪作动器驱动器单元故障<br>• 驻车位置传感器故障<br>• SBW换档器控制单元故障<br>• 驻车机构故障 | • 检查驻车位置传感器<br>• 检查驻车机构和驻车棘爪作动器<br>• 检查SBW换档器控制单元 |
| 车速表和里程表不工作 | • 牵引电机位置传感器磨损或损坏<br>• 牵引电机位置传感器线路故障<br>• 电机传感器线束故障<br>• 牵引电机位置传感器安装失败 | • 检查电机轴是否磨损和损坏<br>• 检查电机位置传感器线束是否连接不良、端子松动、磨损和损坏<br>• 更换变速器总成 |
| 车辆不能转为READY TO DRIVE模式 | • 驻车棘爪作动器故障<br>• 驻车棘爪作动器驱动器单元故障<br>• 驻车位置传感器故障<br>• SBW换档器控制单元故障 | • 检查驻车位置传感器<br>• 检查驻车机构和驻车棘爪作动器<br>• 检查SBW换档器控制单元 |

## 4.3 通用混合动力系统

### 4.3.1 通用混合动力系统结构与原理

以雪佛兰迈锐宝XL车型为例,电控智能双电机无级变速器(EVT)采用双电机驱动技术,集成式控制模块(TPIM),永磁同步电机为第二代Voltec系统电机,最大功率分别为60kW、54kW,最大转矩分别为275N·m、140N·m。EVT位置及结构如图4-28所示。

混合动力控制系统组成部件如图4-29所示。

该混动系统结合了电动驱动和发动机驱动两种模式。

当处于电动模式时,车辆仅由存储在高压混合动力/电动汽车蓄电池组中的电能供电。车辆可在该模式下行驶直至加速度/转矩需求需要内燃机的帮助或高压蓄电池已达到最低电量状态。

处于混合动力模式时,变速器结合电动驱动电机和内燃机(Internal Combustion Engine,ICE)的输出来驱动车轮和推动车辆。

该混动系统不使用12V起动电机起动内燃机。位于变速器内的更强劲的300V电机(驱动电机1)用于起动内燃机。驱动电机1能够在几百毫秒内使内燃机以工作速度旋转,几乎即时起动。

车辆的车载电脑确定需要运行内燃机的时间。某些强制运行内燃机的正常车辆情况如下:

1)混合动力/电动汽车蓄电池组的充电状态过低。
2)发动机舱盖打开或未完全锁定。
3)环境温度低。

系统的维修模式可用于维修、诊断、确认故障指示灯(MIL)是否正确运行以及排放检查目的。车辆熄火且制动踏板未被踩下时,按住电源按钮5s以上可将车辆置于维修模式。仪表和音频系统的运行方式与起动时相同,但车辆将无法行驶。驱动系统将不在维修模式中起动。

图 4-28　EVT 位置及结构

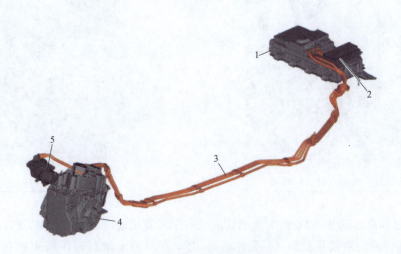

图 4-29　混动控制系统部件图
1—高压蓄电池总成　2—14V 电源模块　3—300V 蓄电池正极和负极电缆
4—5ET50 变速器和 T6 电源逆变器模块　5—G1 空调压缩机

当车辆滑行或制动时，电源逆变器模块可能以发电模式将驱动电机作为发电机运行。作为发电机运行时，驱动电机施加传动机构负载，帮助降低车辆速度。驱动电机产生的电能被电源逆变器模块转移到混合动力/电动汽车蓄电池组。

### 4.3.2 通用混合动力系统拆装

混合动力控制模块的更换步骤如下：

1）停用高压系统，按以下步骤实施高压解除：

① 查阅高压安全信息。

② 断开并拆下所有12V蓄电池充电器。

③ 将车辆电源模式转为"OFF（关闭）"。将所有无钥匙进入发射器拿出车辆，放在车外某处。

④ 尝试使用点火开关模式起动车辆。

如果车辆进入"驱动系统激活"模式或发动机起动，从车辆上找到所有无钥匙进入发射器并将其取出，然后返回到该程序的起始处。

如果车辆未进入"驱动系统激活"模式并且发动机未起动进入下一步。

⑤ 断开12V蓄电池。

如果为了维修混合动力/电动汽车蓄电池组、高压电缆或14V电源模块而进行解除，则需要将S15手动维修断开装置用作工具来解除"高压锁定按钉"安全功能。

⑥ 拆下S15手动维修断开装置，将其放置于车辆外部的安全位置。使用U®认证的或同等的最小额定电压为600V的绝缘胶带封盖暴露的高压开口。

⑦ 等待5min，以使高压电容器放电。注意拆下任何高压插接器之前，必须等待5min。在此等待时间内，允许拆下非高压部件。

⑧ 拆下图4-30所示T6电源逆变器模块56路插接器盖螺母1和螺栓3，拆下盖板2。

⑨ 断开T6电源逆变器模块56路插接器。

⑩ 拆下图4-31所示T6电源逆变器模块高压电缆盖剩余的螺栓1和高压电缆盖2。

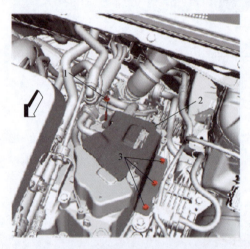

图4-30 拆下插接器盖螺母与螺栓

图4-31 拆下高压电缆盖

⑪ 通过测量已知良好的9~12V蓄电池确认测试数字式万用表（DMM）的功能。

⑫ 断开T6电源逆变器模块处的A4混合动力/电动汽车蓄电池组高压线束插接器（注意佩带高压绝缘手套）。检查高压直流连接密封件是否变形或损坏。检查高压直流插接器是否有密封件残留物或碎屑。始终更换损坏的密封件，并在高压解除后使用防刮伤的工具清除插接器的密封件残留物。

⑬ 确认图4-32所示T6电源逆变器模块插接器1在以下点上的电压测量值小于3V：高压直流（-360V）负极端子B至车辆底盘搭铁；高压直流（+360V）正极端子A至车辆底盘搭铁；高压直流（+360V）正极端子A和高压直流（-360V）负极端子B。

如果等于或大于3V：保持数字式万用表（DMM）与端子的连接状态，直到电压降至低于3V，以使高压电容器放电。一旦电压低于3V，则继续执行下一步。

⑭ 确认图4-32所示T6电源逆变器模块的高压直流线束插接器2在以下点上的电压测量值小于3V：高压直流（-360V）负极端子B至车辆底盘搭铁；高压直流（+360V）正极端子A至车辆底盘搭铁；高压直流（+360V）正极端子A和高压直流（-360V）负极端子B。

如果等于或大于3V：有一个接触器卡滞在闭合位置并且A4混合动力/电动汽车蓄电池组内发生绝缘损耗。参见混合动力/电动车辆蓄电池电压。

⑮ 断开位于变速器上方的G1空调压缩机高压电气插接器。如果维修G1空调压缩机，同时直接确认G1空调压缩机处的电压测量值。

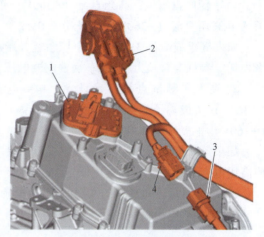

图4-32 高压线束连接端子

⑯ 在下列测试点处，确认图4-32所示G1空调压缩机线束插接器3的电压测量值是否小于3V：高压直流（-360V）负极端子B至车辆底盘搭铁；高压直流（+360V）正极端子A至车辆底盘搭铁；高压直流（+360V）正极端子A和高压直流（-360V）负极端子B。

如果等于或大于3V：保持数字式万用表（DMM）与端子的连接状态，直到电压降至低于3V，以使高压电容器放电。一旦电压低于3V，则继续执行下一步。

⑰ 在下列测试点处，确认图4-33所示G1空调压缩机高压直流蓄电池线束插接器4的电压测量值是否小于3V：高压直流（-360V）负极端子B至车辆底盘搭铁；高压直流（+360V）正极端子A至车辆底盘搭铁；高压直流（+360V）正极端子A和高压直流（-360V）负极端子B。

如果等于或大于3V：有一个接触器卡滞在闭合位置并且A4混合动力/电动汽车蓄电池组内发生绝缘损耗。参见混合动力/电动车辆蓄电池电压。

⑱ 通过测量已知良好的9~12V蓄电池确认测试数字式万用表（DMM）的功能。

⑲ T6电源逆变器模块现已放电。可以执行T6电源逆变器模块、T12变速器或常规车辆维修，如果需要其他高压部件维修则继续。

⑳ 确定是否不需要执行G1空调压缩机的高压解除。如果需要执行G1空调压缩机的高压解除则：

a）断开G1空调压缩机高压电气插接器。

b）在下列测试点处，确认G1空调压缩机模块插接器的电压测量值是否小于3V：高压直流（-360V）负极端子B至车辆底盘搭铁；高压直流（+360V）正极端子A至车辆底盘搭铁；高压直流（+360V）正极端子A和高压直流（-360V）负极端子B。

如果等于或大于3V，使数字式万用表（DMM）处于连接到端子的状态直到电压降至低于3V，以允许高压电容器放电。一旦电压低于3V，则继续执行。

c）G1空调压缩机现已放电。可以执行T6电源逆变器模块、T12变速器、G1空调压缩机或常规车辆维修，如果需要其他高压部件维修则继续下一步。

㉑ 拆下覆盖在模块上的附件直流电源控制模块（14V电源模块）冷却管道。

㉒ 如图4-33所示断开K1 14V电源模块处的高压插接器。

㉓ 在下列测试点处，确认K1 14V电源模块线束插接器的电压测量值是否小于3V：高压直流（-360V）负极端

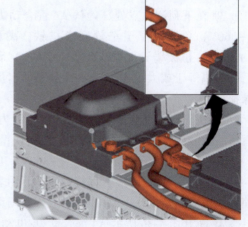

图4-33 断开K1 14V电源模块高压插接器

子 B 至车辆底盘搭铁；高压直流（+360V）正极端子 A 至车辆底盘搭铁；高压直流（+360V）正极端子 A 和高压直流（-360V）负极端子 B。

如果等于或大于 3V：有一个接触器卡滞在闭合位置并且 A4 混合动力/电动汽车蓄电池组内发生绝缘损耗。参见混合动力/电动车辆蓄电池电压。

㉔ 在下列测试点处，确认 K1 14V 电源模块插接器的电压测量值是否小于 3V：高压直流（-360V）负极端子 B 至车辆底盘搭铁；高压直流（+360V）正极端子 A 至车辆底盘搭铁；高压直流（+360V）正极端子 A 和高压直流（-360V）负极端子 B。

如果等于或大于 3V：保持数字式万用表（DMM）与端子的连接状态，直到电压降至低于 3V，以使高压电容器放电。一旦电压低于 3V，则继续执行下一步。

㉕ 通过测量已知良好的 9~12V 蓄电池确认测试数字式万用表（DMM）的功能。

㉖ K1 14V 电源模块现已放电。可以执行 K1 14V 电源模块维修，如果需要其他高压部件维修则继续。

㉗ 识别 A4 混合动力/电动汽车蓄电池组正极和负极电缆盖处的高压锁定按钉的特征，该特征对准图 4-34 所示 S15 手动维修断开装置 1、2 上的特征。S15 手动维修断开装置将用作拆下高压锁定按钉的钥匙。

㉘ 使用 S15 手动维修断开装置的钥匙功能，从 A4 混合动力/电动汽车蓄电池组正极和负极电缆盖总成上拆下高压锁定按钉。

㉙ 拆下图 4-35 所示蓄电池正极和负极电缆盖总成紧固件 1 和盖 2。

㉚ 断开图 4-35 所示 A4 混合动力/电动汽车蓄电池组负极插接器 3 和正极插接器 4。

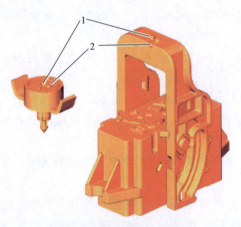

图 4-34 手动维修断开装置

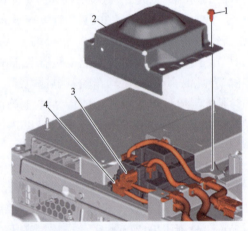

图 4-35 蓄电池正负极插接器

㉛ 在下列测试点处，确认 A4 混合动力/电动汽车蓄电池组的电压测量值是否小于 3V：高压直流（-360V）负极端子至车辆底盘搭铁；高压直流（+360V）正极端子至车辆底盘搭铁；高压直流（+360V）正极端子和高压直流（-360V）负极端子。

如果等于或大于 3V：有一个接触器卡滞在闭合位置并且 A4 混合动力/电动汽车蓄电池组内发生绝缘损耗。

㉜ 在下列测试点处，确认 A4 混合动力/电动汽车蓄电池组线束的电压测量值是否小于 3V：高压直流（-360V）负极端子至车辆底盘搭铁；高压直流（+360V）正极端子至车辆底盘搭铁；高压直流（+360V）正极端子和高压直流（-360V）负极端子。

如果等于或大于 3V：保持数字式万用表（DMM）与端子的连接状态，直到电压降至低于 3V，以使高压电容器放电。一旦电压低于 3V，则继续执行下一步。

㉝ 断开图 4-36 所示 A4 混合动力/电动汽车蓄电池组 1 处的 G1 空调压缩机线束插接器。

㉞ 确认 A4 混合动力/电动汽车蓄电池组插接器在以下点上的电压测量值小于 3V：高压直流

（-360V）负极端子至车辆底盘搭铁；高压直流（+360V）正极端子至车辆底盘搭铁；高压直流（+360V）正极端子和高压直流（-360V）负极端子1。

如果等于或大于3V：有一个接触器卡滞在闭合位置并且A4混合动力/电动汽车蓄电池组内发生绝缘损耗。

㉟ 断开图4-37所示A4混合动力/电动汽车蓄电池组2处的K1 14V电源模块插接器。

㊱ 确认A4混合动力/电动汽车蓄电池组插接器在以下点上的电压测量值小于3V：高压直流（-360V）负极端子至车辆底盘搭铁；高压直流（+360V）正极端子至车辆底盘搭铁；高压直流（+360V）正极端子和高压直流（-360V）负极端子1。

如果等于或大于3V：有一个接触器卡滞在闭合位置并且A4混合动力/电动汽车蓄电池组内发生绝缘损耗。参见混合动力/电动车辆蓄电池电压。

㊲ 通过测量已知良好的9~12V蓄电池确认测试数字式万用表（DMM）的功能。

㊳ A4混合动力/电动汽车蓄电池组的高压插接器现已放电。必要时，可以执行A4混合动力/电动汽车蓄电池组的拆卸或任何高压部件车上维修。高压解除已完成。

2）拆下图4-37所示高压蓄电池正极和负极电缆盖上的紧固螺栓。

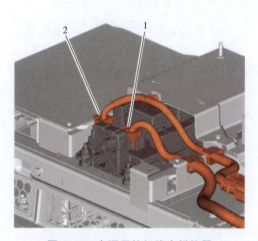

图4-36 空调压缩机线束插接器

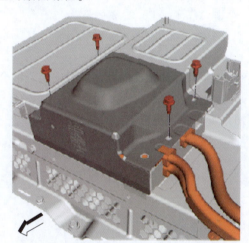

图4-37 高压蓄电池正负极电缆盖

3）拆下高压蓄电池盖侧面的固定螺栓，如图4-38所示。

4）断开图4-39所示3处电气插接器1。

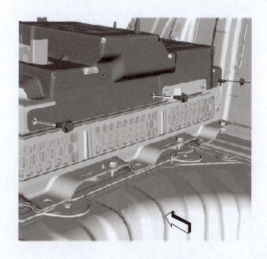

图4-38 拆下侧面固定螺栓

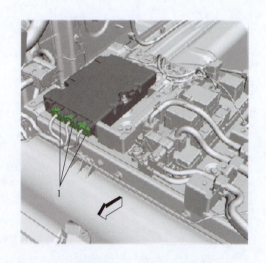

图4-39 断开3处电气插接器

5)断开图 4-40 所示 4 处电气插接器 1。

6)拆卸图 4-41 所示混合动力总成控制模块上的 3 个安装螺母 1。

7)拆卸图 4-41 所示混合动力总成控制模块 2。

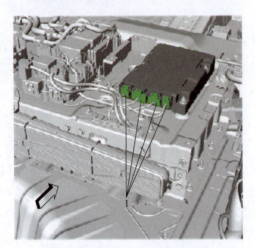

图 4-40　断开 4 处电气插接器

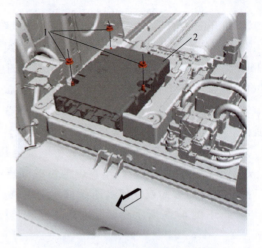

图 4-41　拆卸控制模块安装螺母

8)按照与拆卸相反的顺序进行安装,混合动力总成控制模块安装螺母 1 的紧固力矩为 9N·m。

9)启用高压系统。

10)重新编程混合动力总成控制模块 2。

# 第5章 温度管理系统

## 5.1 高压温度管理系统

### 5.1.1 高压温度管理系统结构与原理

**1. 高压蓄电池温度管理系统**

以宝马 i3 车型为例，该车高压蓄电池单元直接通过制冷剂进行冷却。空调系统的制冷剂循环回路由两个并联支路构成：一个用于车内冷却，一个用于高压蓄电池单元冷却。两个支路各有一个膨胀和截止组合阀，用于相互独立地控制冷却功能，如图 5-1 所示。蓄能器管理电子装置可通过施加电压控

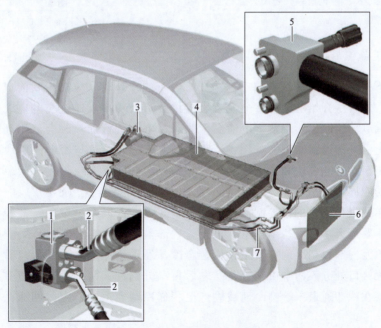

图 5-1 高压蓄电池冷却系统组成

1—膨胀和截止组合阀 2—连接高压蓄电池单元的制冷剂循环回路 3—电动制冷剂压缩机 4—高压蓄电池
5—用于车内冷却的膨胀阀 6—制冷剂循环回路内的冷凝器 7—制冷剂管路

制并打开膨胀和截止组合阀。这样可使制冷剂流入高压蓄电池单元内，在此膨胀、蒸发和冷却。车内冷却同样根据需要来进行。蒸发器前的膨胀和截止组合阀也可以以电气方式进行控制，但由数字式发动机电气电子系统（Electronic Digital Motor Electronically，EDME）进行控制。

  进行冷却时，蓄电池将热量传至制冷剂。蓄电池通过这种方式得以冷却，制冷剂蒸发。随后电动制冷剂压缩机将制冷剂压缩至较高压力水平。之后通过冷凝器将热量排放到环境空气中并以此方式使制冷剂重新变为液态聚集状态。这样可通过降低膨胀阀内的压力水平使制冷剂能够重新吸收热量。通过这种方式可在较高车外温度和较高驱动功率（约1000W）下产生冷却功率。冷却剂循环回路如图5-2所示。

  为了通过制冷剂进行蓄电池冷却，在蓄电池模块下方带有铝合金平管构成的热交换器。它与内部制冷剂管路连接在一起，进行冷却时有制冷剂流过。高压蓄电池冷却管路如图5-3所示。

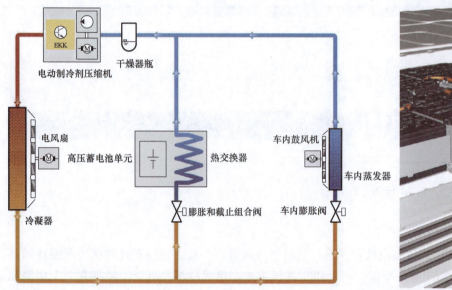

图5-2　高压蓄电池单元制冷剂循环回路

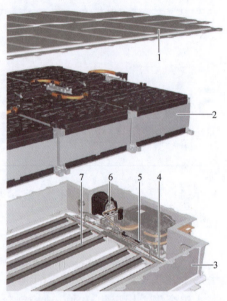

图5-3　高压蓄电池冷却管路

1—高压蓄电池盖板　2—蓄电池模块　3—高压蓄电池壳体　4—制冷剂回流管路　5—制冷剂供给管路　6—膨胀和截止阀连接法兰　7—热交换器

  在相反的情况下，例如连续多日将i3停放在0℃以下的户外时，应在行驶前或充电前使蓄电池加热至最佳温度水平。之后从开始行驶时蓄电池就会提供其最大功率。通过充电电缆将车辆与电网连接并选择了车辆温度调节功能时也能调节蓄电池温度。对蓄电池进行加热时会启用高电压系统并使电流经过加热丝。加热丝沿冷却通道布置，如图5-4所示。由于冷却通道与蓄电池模块接触，因此加热线圈内产生的热量会传至蓄电池模块和蓄电池。

  加热装置控制功能同样集成在高压蓄电池单元内：为此在安全盒（S-Box）内带有一个通过局域CAN2与SME控制单元进行通信的微控制器、一个电子开关元件以及一个用于监控加热功率的电流和电压传感器。根据需要最大功率可达1000W。安全盒内部电气结构如图5-5所示。

  在高压蓄电池单元内部，制冷剂在管路和铝合金冷却通道内流动。通过入口管路流入的制冷剂直接在高压蓄电池单元接口处分入两个供给管路。之后再次分别进入两个冷却通道并在冷却通道内吸收蓄电池模块的热量。在冷却通道末端制冷剂被输送至相邻冷却通道内，由此回流并继续吸收蓄电池模块的热量。

  最后带有蒸发制冷剂的四个管路段重新汇集到一起，一个共同的回流管路通到抽吸管路接口处。在其中一个供给管路上还有一个温度传感器，传感器信号用于控制和监控冷却功能。该信号直接由SME控制单元读取。高压蓄电池单元内的冷却组件如图5-6所示。

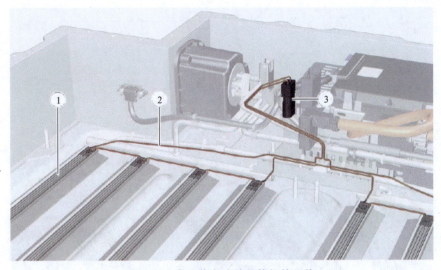

图 5-4 高压蓄电池单元的加热组件

1—加热丝 2—加热电缆 3—电气加热装置插头

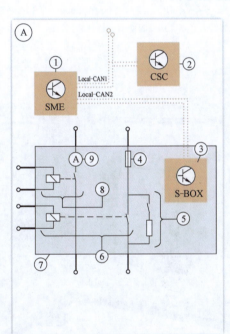
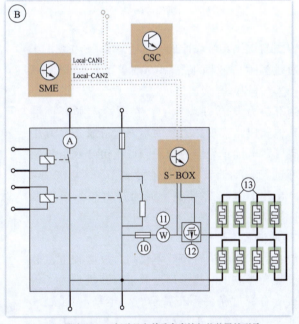

a) 标配型号　　　　　　　　　　b) 带有SA 494驾驶员和前乘客座椅加热装置的型号

图 5-5 带有和不带加热装置的安全盒

1—蓄能器管理电子装置 2—蓄电池监控电子装置（以 8 个中的 1 个为例） 3—安全盒控制单元 4—高压蓄电池单元正极导线内的过电流熔丝 5—预充电电路 6—正极导线内的电动机械式接触器 7—安全盒 8—负极导线内的电动机械式接触器 9—用于测量负极导线内电流强度的传感器 10—加热装置正极导线内的过电流熔丝 11—加热装置正极导线内的功率表 12—用于控制加热装置功率的半导体开关 13—高压蓄电池单元内沿冷却通道布置的加热电阻器

为了确保冷却通道完成排出蓄电池模块热量的任务，必须以均匀分布的作用力将冷却通道整个面积压到蓄电池模块上。该压紧力通过嵌有冷却通道的弹簧条产生。弹簧支撑在高压蓄电池单元壳体上，从而将冷却通道压到蓄电池模块上。制冷剂管路、冷却通道和弹簧条构成了一个单元，进行修理时只能以单元形式更换。

i3 标配基本型膨胀和截止组合阀如图 5-7 所示。该阀门型号通过一根导线直接由 SME 控制单元进行控制。电气控制可识别出两种状态：0V 控制电压表示阀门保持关闭状态；12V 控制电压表示阀门打

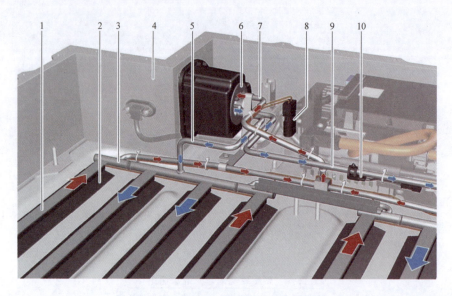

图 5-6 高压蓄电池单元内的冷却组件

1—热交换器 2—弹簧条 3—冷却通道连接装置 4—高压蓄电池壳体 5—制冷剂供给管路 6—膨胀和截止阀连接法兰 7—制冷剂回流管路 8—电气加热装置插头 9—制冷剂供给管路 10—制冷剂温度传感器

开。像传统的空调系统膨胀阀一样,该膨胀和截止组合阀也通过温度方式即根据制冷剂温度自动调节其开度。

在带有热力泵的 i3 汽车上,在制冷剂循环回路内使用其他阀门来实现热力泵的不同运行状态,其中也包括高压蓄电池单元上的膨胀和截止组合阀。该阀门型号可进行电动调节,即可连续调节开度（0%～100%）。在此不由 SME 控制单元而是由热力泵控制单元进行控制。

### 2. 驱动装置温度控制

由于电动车辆能量转换效率较高,故增程电机和供电电子装置释放出的热量远远低于内燃机。为了确保车辆在所有温度条件下正常运行,宝马 i3 通过一个冷却系统对驱动组件进行冷却。图 5-8 所示为驱动系统冷却循环回路图,为了更加清晰地展示,所有循环回路均为彩色。其中,蓝色表示较低温度;红色表示冷却液温度较高;不同的红色表示不同程度的高温。

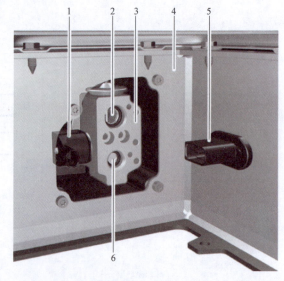

图 5-7 膨胀和截止组合阀

1—膨胀和截止组合阀电气接口 2—制冷剂抽吸管路接口 3—膨胀和截止组合阀 4—高压蓄电池单元壳体 5—高压蓄电池单元 12V 车载网络接口 6—制冷剂压力管路接口

待冷却的组件接入冷却液循环回路内,以便保持组件所要求的最高温度水平。电机电子装置所要求的温度比电机低,因此选择按该顺序串联。由于电动驱动装置和便捷充电电子装置不同时运行,因此选择了并联。增程电机和增程电机电子装置首先串联连接。由于这两个组件与便捷充电电子装置和电机电子装置不同时运行,因此与其串联连接。此外冷却系统也无须针对所有热功率之和进行设计,因为实际上只需在一个或两个并联支路中排出热量。在装有增程器的车辆上,冷却液循环回路内带有用于冷却 W20 发动机的冷却液制冷剂热交换器。

宝马 i3 车型驱动组件冷却系统部件安装位置如图 5-9 所示。

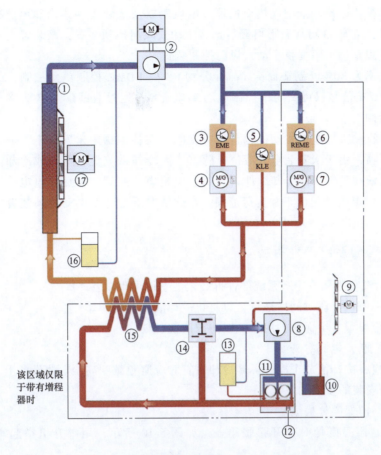

图 5-8 驱动系统冷却回路（宝马 i3 车型）

1—冷却液散热器 2—电动冷却液泵（80W） 3—电机电子装置（EME） 4—电机 5—便捷充电电子装置（KLE） 6—增程电机电子装置（REME） 7—增程电机 8—机械冷却液泵 9—用于增程器冷却总成（冷却液制冷剂热交换器）的附加电风扇 10—发动机油冷却液热交换器 11—增程器（W20 发动机） 12—冷却液温度传感器 13—内燃机冷却液循环回路内的补液罐 14—节温器 15—用于增程器的冷却液制冷剂热交换器 16—驱动组件冷却液循环回路内的补液罐 17—用于冷却液散热器的电风扇

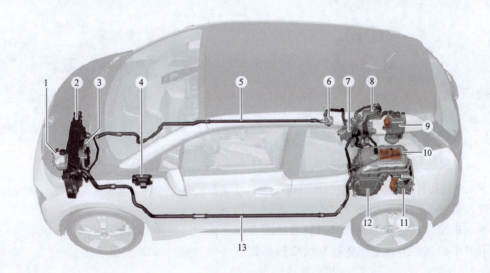

图 5-9 驱动组件冷却系统安装位置

1—驱动组件冷却液循环回路内的补液罐 2—冷却液散热器 3—用于冷却液散热器的电风扇 4—数字式发动机电气电子系统 5—供给管路 6—电动冷却液泵（80W） 7—增程电机 8—内燃机冷却液循环回路内的补液罐 9—增程电机电子装置（REME） 10—电机电子装置（EME） 11—便捷充电电子装置（KLE） 12—电机 13—回流管路

车辆前部的冷却模块由冷却液空气热交换器、电风扇以及选装主动式冷却风门构成。为了降低空气阻力和车辆耗油量，宝马 i3 可在肾形格栅后选装主动式风门控制装置，该装置由 EDME 根据运行状态关闭或打开。在美规车型上不提供主动式风门控制装置。

电动冷却液泵功率为 80W（制造商为 Bosch 公司），由 EDME 控制单元控制，二者通过一根导线直接连接。可通过 PWM 信号以可变功率控制电动冷却液泵，通过总线端 30B 为冷却液泵供电。冷却液泵安装在车辆右后侧。

补液罐位于车辆行驶方向左侧发动机舱盖下方空间，在补液罐内未安装电气液位传感器。进行维修时需要注意以下事项：由于未安装电气液位传感器，因冷却系统泄漏等造成冷却液损耗时无法直接识别出来。出现冷却液损耗时，所冷却组件（电机、电机电子装置、便捷充电电子装置、增程电机和增程电机电子装置）的温度会超出正常运行范围。在此情况下会降低电动驱动装置的功率并输出相应检查控制信号。

### 5.1.2　高压温度管理系统部件拆装

以奇瑞 EQ1 电动汽车为例，冷却系统部件拆装须注意以下事项：
1）拆装作业应在停机一段时间后进行，以防止冷却液余温烫伤。
2）拆装作业前应佩戴好劳保防护用品，以防被烫伤、划伤。
3）拆装作业前应断开电源。
4）拆装作业前应将冷却液放干净，拆卸冷却水管时应避免溅到高压电器设备上。

冷却系统拆卸与安装的步骤如下：
1）拆前保险杠、前保险杠横梁。
2）在电机和控制器温度低时拧开膨胀箱盖，如图 5-10 所示，用举升机举起车辆，举升时注意安全。
3）准备防冻液收集桶，用卡箍钳松动水泵进出水管总成卡箍，泄放冷却液，如图 5-11 所示。力矩：（25±4）N·m。

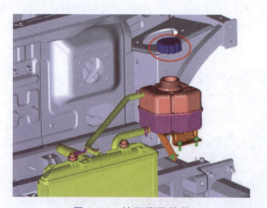

图 5-10　拧开膨胀箱盖

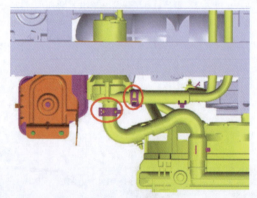

图 5-11　松开进出水管

4）拔下水泵插接件插头，用 8#套筒拆下电子水泵总成安装螺栓，取下电子水泵总成，如图 5-12 所示。
5）拆卸水管接头，拔下水管固定卡扣，如图 5-13 所示。
6）拆下电机出水管连接地板冷却排管总成端卡箍，释放电机冷却液，如图 5-14 所示。
7）拆下电机控制器进水管端连接地板冷却排管总成端卡箍，如图 5-15 所示。
8）如图 5-16 所示取下后机舱冷却管总成固定卡扣。
9）落车拆下散热器除气管两端卡箍、散热器进水软管卡箍、膨胀箱出水管卡箍，如图 5-17 所示。
10）轻掰膨胀壶卡扣取出膨胀壶，用 6#套筒拆卸膨胀壶支架，取出支架，如图 5-18 所示。力矩：（10±1）N·m。
11）用 6#套筒拆下电子扇上安装螺栓，如图 5-19 所示，拔掉风扇插接件，取出风扇。

第5章 温度管理系统

图 5-12 拔下电子水泵安装螺栓

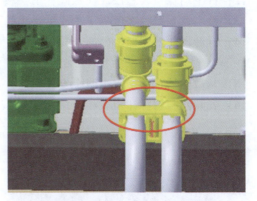

图 5-13 拔下水管固定卡扣

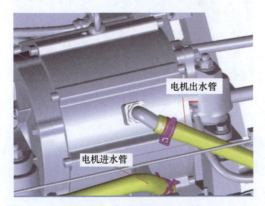

图 5-14 释放电机冷却液

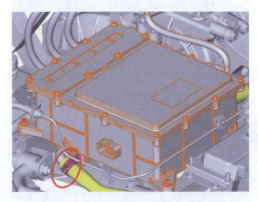

图 5-15 拆下冷却排管总成端卡箍

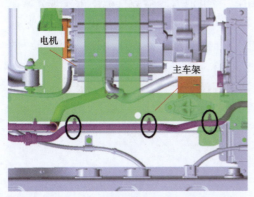

图 5-16 取下冷却管总成固定卡扣

图 5-17 拆下散热器和膨胀箱卡箍

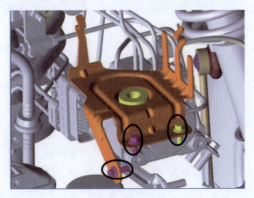

图 5-18 取出膨胀壶支架

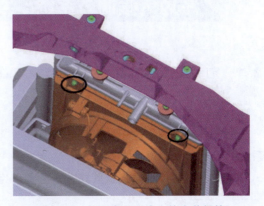

图 5-19 拆下电子风扇上的安装螺栓

12）拆下前保险杠总成、前保险杠下护板、前保横梁总成。

13）抽空调系统冷媒后拆下冷凝器进出管路。

14）拆卸散热器支架上的两个安装螺栓，如图5-20所示，取出散热器及冷凝器总成。力矩：（10±1）N·m。

15）从散热器下横梁取出两个安装软垫，如图5-21所示。

16）安装步骤与拆卸步骤相反。

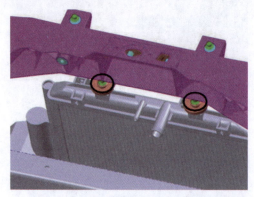

图5-20 拆卸散热器支架上的安装螺栓

图5-21 取出散热器横梁上的安装软垫

### 5.1.3 高压温度管理系统故障排除

**故障现象**：一辆比亚迪e5行驶3300km，在急加速或行驶一段路后出现严重顿挫、闯车现象；仪表不亮故障指示灯，但功率表会从25kW掉到10kW，且来回摆动。

**故障诊断**：

1）使用VDS1000扫描，没有历史故障码，且在VTOG、蓄电池管理器数据流中未发现异常。

2）试车至故障出现时查看VTOG数据流发现：电机转矩和电机功率瞬间掉到0，且来回跳动。

3）进一步查看发现出现耸车时，IGBT温度达到99℃，分析挫车正是由于IGBT过温导致的功率限制。

4）检查冷却系统：电子风扇工作正常；检查电子水泵发现没有运转，测量电子水泵插接件供电电压13.41V，正常。

5）更换电子水泵试车故障排除，查看VTOG数据流IGBT温度为43℃，恢复正常。

**故障排除**：更换电子水泵。

## 5.2 车内气候调节系统

### 5.2.1 电动空调压缩机及PTC结构与原理

**1. 电动汽车空调制冷系统**

电动汽车的空调制冷系统不同于常规燃油车，其制冷系统的动力源是电动空调压缩机。但电动空调系统的组成与常规燃油车型类似：主要由HVAC⊖总成、空调风管总成、空调管路总成、电动压缩机、冷凝器、空调控制面板及其相关传感器、空调驱动器等组成，其中空调驱动器与DC/DC布置于同

---

⊖ HVAC指Heating，Ventilation and Air Conditioning，供热通风与空气调节。

一壳体中，位于前舱左侧。比亚迪 e6 空调制冷系统组成部件如图 5-22 所示。

传统燃油车辆上，制冷压缩机通过皮带轮和发动机曲轴带动转动。其转速只能被动通过发动机的转速来调节，空调系统无法主动对压缩机转速进行调节。比亚迪 e6 先行者车型的空调系统压缩机为电动压缩机，靠高压电驱动，转速可被系统主动调节（调节范围在 0~4000r/min）。这样既保证了良好的制冷效果，同时也节省了电能。

空调不制冷排查思路：传统部件按传统排查思路排查，先确认冷媒压力是否正常，排查管路冷媒是否泄漏、排查电子风扇是否故障，排查相关继电器熔丝是否故障等；高压系统则排查电动压缩机供电是否正常（排查时需做好绝缘防护）。

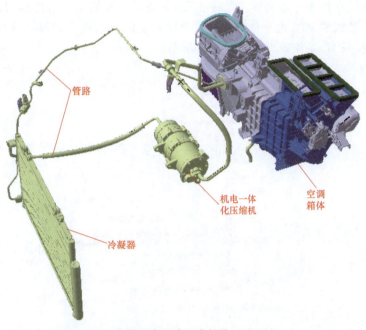

图 5-22 空调制冷系统组成部件（比亚迪 e6）

**2. 电动汽车加热系统**

传统燃油车型制热方面，通过发动机冷却水温的热量来制热，其局限在于发动机起动、暖机阶段制热效果不好。

以广汽 GA3S PHEV 车型为例，暖风系统采用发动机及 PTC 加热器（最大功率 5000kW）作为供热原件。根据车辆的使用工况及用户需求，自动选择发动机或者 PTC 供暖。PTC 加热器通过发热原件将水加热，将电能转化为热能。PTC 加热器安装位置如图 5-23 所示。

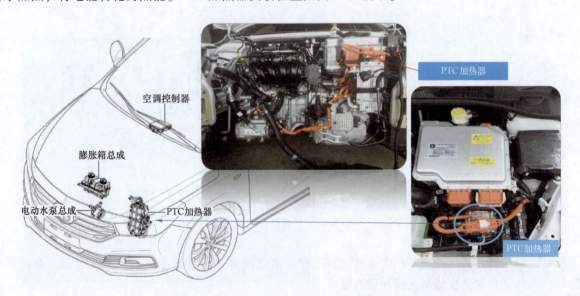

图 5-23 PTC 部件安装位置（广汽 GA3S PHEV）

说明：PTC 加热器、电动压缩机为新能源汽车的耗电部件，会消耗动力蓄电池的电能，长期开启时会影响纯电行驶里程。建议使用时适度开启，避免动力蓄电池电量消耗过快。

冷却液在 PTC 加热器中加热后，由暖风水管流入空调暖风水箱中，通过鼓风机使车厢内冷空气与暖风水箱进行热交换，之后热风从风道进入乘客舱，从而起到采暖、除霜、除雾的作用。PTC 系统有发动机和 PTC 两个供热元件，根据系统的需求进行切换，保证能够满足用户需求，同时考虑效率最佳。PTC 工作原理图如图 5-24 所示。

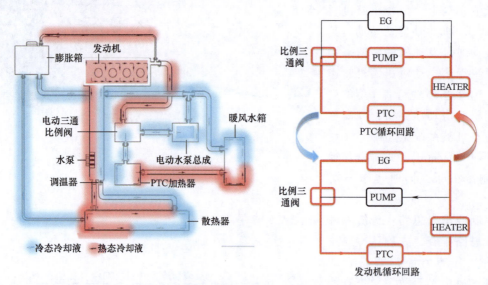

图 5-24　加热器工作原理

### 5.2.2　电动空调压缩机及 PTC 检测与拆装

**1. 电动空调压缩机拆装**

下面以宝马 i3 电动汽车为例，详细介绍电动空调压缩机的拆装步骤及注意事项。

**需要的专用工具**：装配楔 009030（用于拆卸 O 形圈、密封件及饰件）和防护塞子 321270，如图 5-25 所示。

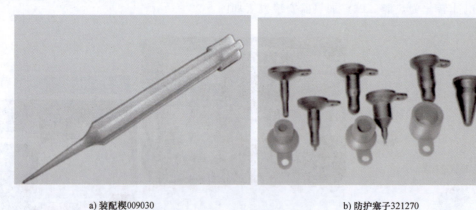

a) 装配楔 009030　　　　　　　　　　b) 防护塞子 321270

图 5-25　拆装所用工具

**拆装注意事项**：高压系统存在生命危险！工作开始之前务必将高压系统切换至无电压。制冷循环回路处在高压下！避免接触制冷剂和冷冻油。

根据国家规定，宝马 i3 中使用了 2 种不同的制冷剂和一种新的冷冻油。在制冷循环回路上执行维修工作之前，务必查明车辆中使用的是哪种制冷剂！当制冷循环回路按规定注满后，才可以重新打开冷暖空调。否则有损坏危险！

如果冷暖空调敞开时间超过 24h：更新冷暖空调的冷凝器。

**需要的准备工作**：排放冷暖空调和拆卸左侧水平支柱，注意用专用工具 321270 将压缩机上的开口或导线密封，以避免介质溢出及产生污物。

**拆卸步骤：**

1）松开图5-26所示螺栓1，拆下缓冲挡块2。

2）松开图5-27所示螺栓1（M6），取下电位补偿导线2。紧固力矩：19N·m。

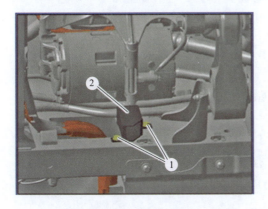

图5-26　拆下缓冲挡块

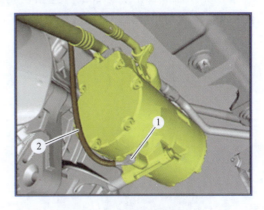

图5-27　取下电位补偿导线

3）松开图5-28所示压缩机2上的螺栓1（M6）。紧固力矩：7.6N·m。安装说明：不要忘记去耦环。

4）松开图5-29所示插头连接1。

图5-28　松开压缩机螺栓

图5-29　松开插头连接

5）松开图5-30所示高压线插头连接1。

6）固定住图5-31所示压缩机1以防脱落；松开螺栓2（M8），紧固力矩：19N·m；拆下制冷剂管路3。

安装说明：更换密封环。为了无损装配密封环，请使用专用工具009030。

图5-30　松开高压线插头

图5-31　拆下制冷剂管路

7)在更新时:调整新压缩机内的制冷剂油量。

8)装配完成之后:对冷暖空调抽真空和加注制冷剂。

### 2. 电加热器拆装

**需要的专用工具**:钳子172050(包括松脱工具1、弯曲型钳子2与平直型钳子3)和塞子321270(用于封闭空调、制动与转向系统液压管路),如图5-32所示。

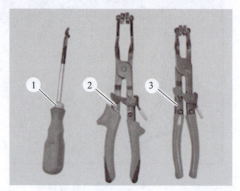

a)钳子172050

b)塞子321270

图5-32 拆装所需专用工具

**注意事项**:工作开始之前务必断开高压系统电压。松开冷却液管时会有冷却液流出,准备好容器盛放并妥善处理排出的冷却液。

**准备工作**:拆除行李舱槽并断开负极蓄电池导线。

1)拆卸图5-33所示空气导管1。

2)松开图5-34所示插头连接1,将冷却液管2解除联锁并取下。

图5-33 拆卸空气导管

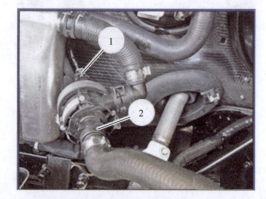

图5-34 松开插头连接

3)松开图5-35所示插头连接1;松开螺栓2(M6),紧固力矩:2.6N·m。

4)将图5-36所示软管夹圈1借助专用工具172050松开并拔下冷却液管2。松开螺母3(M6)并拆下电位补偿导线。松开螺栓4(M6),紧固力矩:2.6N·m。按照箭头方向取下电气加热装置5。

5)小心吹洗电气加热装置,清除残余冷却液。借助专用工具321270封堵电气加热装置上的开口或管路,避免介质溢出和污染。

6)在更新时:将图5-37所示软管夹圈1借助专用工具172050松开并拔下冷却液管2。松开螺栓3和4,拆下支架5。

图5-35 松开插头连接

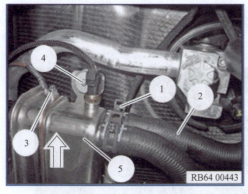
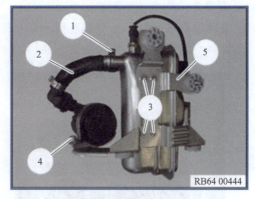

图 5-36　拔下冷却液管　　　　　　　图 5-37　拆下安装支架

7）装配完成之后，对冷却系统排气和加注冷却液。注意不允许在 ECO-PRO 模式下加注和排气。

**3. 电动汽车空调不制冷排查方法**

以江铃 E200/E200S 车型为例，排查流程如下：

1）开启电源：将车钥匙插入点火锁芯，拧到 ON 档，仪表盘指示灯亮，如图 5-38 所示，然后再起动车辆。

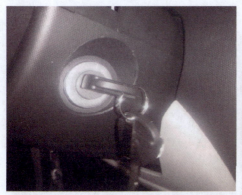

图 5-38　开启车辆电源

2）启动空调功能，如图 5-39 所示。

① 手动空调将中间旋钮旋至 1~4 档任意一档，开启空调功能。

② 自动空调通过按键中央显示屏中的 ON/OFF 开启空调功能。

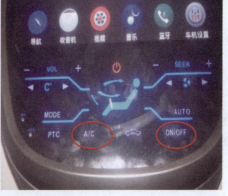

图 5-39　启动空调功能

3)开启制冷功能,如图 5-40 所示。

① 手动空调通过按下 A/C 功能键,A/C 键亮灯,制冷功能开启。

② 自动空调通过按 A/C 功能键,显示屏中 A/C 显示亮起,制冷功能开启。

图 5-40 开启制冷功能

4)调节空调温度,如图 5-41 所示。

① 手动空调调节左边旋钮至最左侧,将温度调节至最低。

② 自动空调按图示温度调节箭头,将温度调节至最低(空调启动制冷作用,显示屏"雪花"标识亮起)。

图 5-41 调节空调温度

5)开启后,冷凝风扇以及压缩机开始工作,检查车辆是否制冷,制冷持续 5min 无异常,检查完毕。

6)若不制冷,检查空调管路压力是否正常,确认冷媒加注正常

7)排除冷媒影响后,开启空调检查压缩机输入电压是否为 144V。

8)排除电路故障后,确认压缩机本体故障,更换压缩机(压缩机低压端检查如图 5-42 所示)。

说明:①开启空调制冷功能确保调节温度低于环境温度;②更换压缩机后重新加注冷媒,冷媒加注量为(430±10)g。

压缩机低压连接端子定义如下:

① P1 针脚电压为 12V+,测量此针脚电压时,钥匙拧到 ON 档,万用表负表笔放在车身搭铁上测量。

② P2 针脚电压为 12V+,测量此电压时,钥匙拧到 ON 档,把空调开关打开(高配的中控屏上 A/C 指示灯一定要亮起),万用表负表笔放在车身搭铁上测量。

 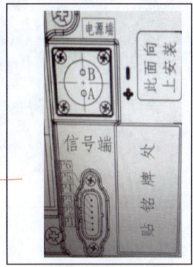

图 5-42 空调压缩机低压端检查

③ P3 为调速信号及调节压缩机转速信号线。

④ P4 为 12V-，测量此针脚时，万用表打到导通档，负表笔放在车身搭铁上，此针脚与车身地导通。

### 5.2.3 电动空调与 PTC 系统故障排除

**1. 空调系统高压电路故障**

**故障现象**：江淮新能源车辆无法起动，系统故障灯点亮，上位机读取故障码为 P301B。

**故障原因**：车辆压缩机反馈高压值与系统总压不符合，导致车辆采取保护措施，无法行驶。

**排除方法**：

1) 压缩机高压插件未接插到位导致，重新插紧插接件。
2) 高压接线盒内空调熔丝熔断，更换熔丝。
3) 压缩机自身故障。

**2. 空调压缩机排查流程**

**检查前提**：拔下压缩机高压航插与低压航插。

**检查步骤**：

1) 检查高低压绝缘，将绝缘电阻表调到 500V 档，正极接到压缩机高压插接件其中一端，负极接触壳体，如图 5-43 所示，测量值≥550MΩ；若绝缘值为 0Ω 表示压缩机故障，建议更换压缩机。

2) 检查高压插接件正负极是否短路，如图 5-44 所示。短路表示压缩机电路损坏，建议更换压缩机；不短路表示正常，正常则进入第 3 步。

3) 检查高低插接件正负极之间的电阻值（万用表调到 20MΩ，万用表正负极接触高压端子），应有一个缓慢充电变化的过程，电阻值≥10Ω 表示正常，如图 5-45 所示。

若以上测试结果均正常，基本上可确认压缩机完好，建议排查整车其他部件。

图 5-43 测量绝缘值

图 5-44 检查高压正负极是否短路

图 5-45 检查正负极间电阻值

**3. EV 模式下空调不工作故障**

**故障现象**：比亚迪秦 PHEV 车辆上 OK 电，在 EV 模式下开启空调后，发动机自动起动，机械压缩机工作。

**故障分析**：因打开空调后，机械压缩机可以正常工作，可以排除空调管路系统、空调面板按键、温度传感器及压力传感器等故障，主要和电动压缩机高压部分及控制部分有关，分析原因如下：①高压配电箱故障；②空调控制器故障；③空调配电盒故障；④电动压缩机及其线路故障。

**检修过程**：

1) 车辆上 OK 电后，诊断仪读取电动压缩机及 PTC 水加热器模块高压输入为 500V，说明高压配电箱及空调配电盒正常。

2) 断开电动压缩机 A56 插接件，测量 A56 插接件 1 脚电压为 13V，正常；测量 A56 插接件的 2 脚，搭铁正常。

3) 测量电动压缩机 A56 插接件的 4 脚、5 脚 CAN 线，均为 2.5V，正常。

4) 断开 PTC 加热器 B57 插接件，测量 B57 插接件 1 脚电压为 13V，正常；测量 B57 插接件的 6 脚，搭铁正常。

5) 测量 PTC 加热器插接件的 4 脚、5 脚 CAN 线，均为 2.5V，正常。

6) 因电动压缩机及 PTC 加热器插接件线路高压及低压都正常，怀疑电动压缩机或 PTC 加热器故障。

**故障排除**：更换电动压缩机后，故障排除。

**专家指点**：秦空调系统在传统机械压缩机制冷及发动机冷却液制热的基础上，增加了一套不依靠发动机工作即可实现的制冷和制热系统。

秦在 EV 模式和 HEV 模式下开启空调时，优先使用电动压缩机及 PTC 加热器加热，只有在高压蓄电池电量不足或高压空调系统故障时，空调控制器经网关和驱动电机控制器通信，并由驱动电机控制器和发动机电脑进行通信，起动发动机，利用传统发动机带动机械压缩机及冷却液的循环实现制冷及制热。

秦空调控制系统的核心为空调控制器，主要接收空调面板等操作面板的按键指令（主要为 CAN 线传递），同时接收传统的温度及压力信号，并和电动压缩机及空调 PTC 加热器共同构成空调内部 CAN 网络，空调控制器接收并检测以上 CAN 信号及传感器信号后，会根据检测的信号情况进行空调冷风或暖风的开启及关闭，并根据实际情况判断是否起动发动机。空调系统工作原理如图 5-46 所示。

**4. PTC 继电器排查流程**

以江铃新能源车型为例，检测 "BDU+" 和多芯插接器的 "5/6" 号孔位之间是否导通，如图 5-47 所示。如果导通则为继电器粘连；若 "5" 号孔位与 "BDU+" 导通，则为 "PTC1" 继电器粘连；若 "6" 号孔位与 "BDU+" 导通，则为 "PTC2" 继电器粘连。

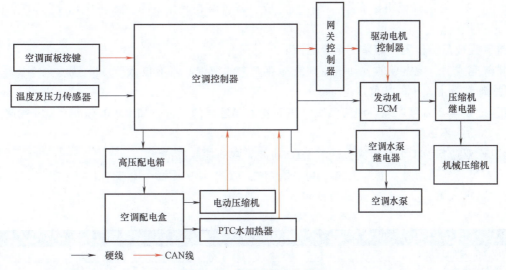

图 5-46 空调系统工作原理

电池系统配电盒（BDU）低压插接件连接端子针脚排列如图 5-48 所示，针脚定义见表 5-1。

图 5-47 导通检测

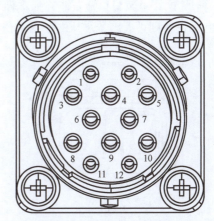

图 5-48 BDU 低压插接件

表 5-1 BDU 连接端子针脚定义

| 端子编号 | 定义 | 端子编号 | 定义 |
| --- | --- | --- | --- |
| 1 | — | 7 | — |
| 2 | — | 8 | 一体式空调压缩机- |
| 3 | — | 9 | 电加热器 1- |
| 4 | 一体式空调压缩机+ | 10 | 电加热器 2- |
| 5 | 电加热器 1+ | 11 | — |
| 6 | 电加热器 2+ | 12 | — |

**5. 加热系统维修保养排气说明**

以比亚迪宋 DM 车型为例，在拆装空调采暖系统回路中的 PTC 电动水泵、PTC 水加热器、暖风水管、空调箱体和动力总成等零部件后，需对发动机冷却系统进行加注适量的、规定的冷却液，且需按照如下步骤进行系统排气：

1) 整车上 OK 档电，将档位挂至 N 档，切换至 HEV 模式中的 Sport 模式起动发动机。

2) 打开空调，将空调温度设置到 Hi，风量档位建议设置 4 档风。

3) 将加速踏板踩下，按 "500r/min 左右发动机转速" 到 "1min 原地怠速" 的周期进行排气。两次循环过后，在发动机怠速工况下，用手感受出风口的风温：

① 若风温出现明显下降趋势，则继续按上述第 3 点的排气方法进行排气。

② 若风温不出现明显下降趋势，切换至 EV 模式，再次用手感受出风温度（感受时间不能太短，

建议大于 3min）。若风温无明显下降，则排气完成；若风温有明显下降，需再次切换至 HEV 模式按上述第 3 点进行排气。

4）排气完成后，检测冷却系统是否漏液。

5）排气完成后，观察前舱发动机冷却液补液壶内的液位，若液位低于 max 线，则需要进行补液，使发动机冷却液补液壶中的液位接近 max 线。

**注意：上述第 3 点可以适当调整每次排气时转速和怠速的频率，如 2500r/min，30s 怠速。**

### 6. PTC 功能不正常

下面以比亚迪宋 DM 车型为例，讲解 PTC 功能异常的检修方法。

1）检查高压互锁信号：断开 B19（B）插接件，如图 5-49 所示。检查线束端电阻，如异常则更换线束，正常则进入第 2 步。端子正常值见表 5-2。

表 5-2　B19（B）插接件端子正常值

| 端子 | 线色 | 条件 | 正常情况 |
|---|---|---|---|
| B19（B）-1-B28-11 | L | 始终 | 小于 1Ω |
| B19（B）-2-K46-5 | Gr | 始终 | 小于 1Ω |

2）检查熔丝：用万用表检查 F2/32 熔丝是否导通，如异常则更换保险，正常则进入第 3 步。

3）检查 PTC 电源与接地：断开插接件 B19（A），如图 5-50 所示。检查对地电压，如异常则检查电源线束，正常则进入第 4 步。端子正常值见表 5-3。

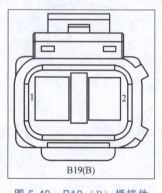

图 5-49　B19（B）插接件

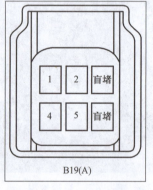

图 5-50　B19（A）插接件

表 5-3　B19（A）插接件端子正常值

| 端子 | 线色 | 条件 | 正常情况 |
|---|---|---|---|
| B19（A）-1-车身地 | R/G | ON 档 | 11~14V |
| B19（A）-2-车身地 | B | 始终 | 小于 1V |

4）检查线束：断开插接件 B19（A），测量线束阻值（表 5-4），如异常则更换线束，正常则进入第 5 步。

表 5-4　B19（A）线束阻值

| 端子 | 线色 | 条件 | 正常情况 |
|---|---|---|---|
| B19（A）-2-车身地 | B | 始终 | 小于 1Ω |

5）检查 CAN 通信：断开插接件 B19（A），检查电压值是否正常（表 5-5），如异常则检查 CAN 线束，正常则进入第 6 步。

表 5-5　B19（A）端子电压正常值

| 端子 | 线色 | 条件 | 正常情况 |
|---|---|---|---|
| B19（A）-4-车身地 | P | 始终 | 约 2.5V |
| B19（A）-5-车身地 | V | 始终 | 约 2.5V |

6）检查空调 ECU：更换空调 ECU，检查故障是否再现，如正常则可判定为空调 ECU 故障，如异常则更换 PTC 总成。

# 第6章 整车控制系统

## 6.1 纯电动汽车整车控制系统

### 6.1.1 纯电动汽车车辆控制系统结构与原理

整车控制器（Vehicle Control Unit，VCU）是整个汽车的核心控制部件，它通过硬线或CAN采集电子加速踏板信号、档位信号、制动踏板信号及其他部件信号，做出相应判断后，控制下层各部件控制器动作，驱动汽车正常行驶。整车控制器所连接到的系统及部件如图6-1所示，缩写及功能见表6-1。

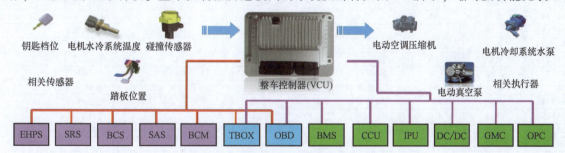

图6-1 整车控制器连接系统

表6-1 VCU连接系统缩写及功能

| 零件名称 | 缩写 | 功能 | 零件名称 | 缩写 | 功能 |
|---|---|---|---|---|---|
| 电子控制动力转向系统 | EHPS | 控制电磁阀的开度，从而满足高、低速时的转向助力要求 | 蓄电池管理单元 | BMS | 检测动力蓄电池状态，控制动力蓄电池输入/输出 |
| 安全气囊 | SRS | 被动安全性保护系统，与座椅安全带配合使用，为乘员提供防撞保护 | 整车控制器 | VCU | 接收整车高压/低压附件信号，对整车进行控制 |
| 车身控制系统 | BCS | 控制制动防抱死系统（ABS）/电子稳定系统（ESP） | 耦合控制单元 | CCU | 检查GMC油压/油温，通过控制电磁阀实现离合器吸合/断开 |
| 半主动悬架 | SAS | 通过传感器感知路面状况和车身姿态，改善汽车行驶平顺性和稳定性的一种可控式悬架系统 | 集成电机控制器 | IPU | 控制驱动电机和发电机 |
| 车身控制模块 | BCM | 设计功能强大的控制模块，实现离散的控制功能，对众多用电器进行控制 | 直流/直流变换器 | DC/DC | 将动力蓄电池内高压直流电转化为12V，供低压用电器使用 |
| 远程监控系统 | TBOX | 行车时实时上传整车信号至服务器，实现对车辆进行实时动态监控 | 机电耦合系统 | GMC | 内置TM、ISG、差减速器，实现整车动力输出 |
| 车载诊断系统 | OBD | 诊断整车故障状态 | 低压油泵控制器 | OPC | 辅助控制GMC内部冷却油流动 |

### 6.1.2 纯电动汽车车辆控制系统检测与拆装

**1. 整车控制器端子检测**

以众泰 E200 电动汽车为例,该车整车控制器连接端子如图 6-2 所示,检测数据见表 6-2。

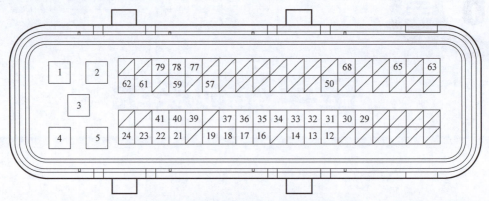

图 6-2 整车控制器连接端子(众泰 E200 车型)

表 6-2 整车控制器端子检测数据

| 端子检查 | | 颜色 | 功能 | 检测条件 | 数值 |
| --- | --- | --- | --- | --- | --- |
| 万用表正极 | 万用表负极 | | | | |
| IP34(1) | 接地 | G/W | 充电辅助继电器控制 | 充电过程中 | 电压:12V |
| IP34(2) | 接地 | B | 接地 | 电源状态"OFF" | 电阻:0Ω |
| IP34(3) | 接地 | B | 接地 | 电源状态"OFF" | 电阻:0Ω |
| IP34(4) | 接地 | P | 电源 | 电源状态"OFF" | 电压:蓄电池电压 |
| IP34(5) | 接地 | P | 电源 | 电源状态"OFF" | 电压:蓄电池电压 |
| IP34(12) | 接地 | Y/R | HS_CANL | — | — |
| IP34(13) | 接地 | G/R | HS_CANH | — | — |
| IP34(14) | 接地 | B | 接地 | 电源状态"OFF" | 电阻:0Ω |
| IP34(16) | 接地 | Y/B | 5V− | 电源状态"OFF" | 电阻:0Ω |
| IP34(17) | 接地 | L/B | 5V− | 电源状态"OFF" | 电阻:0Ω |
| IP34(18) | 接地 | Gr/B | 5V− | 电源状态"OFF" | 电阻:0Ω |
| IP34(19) | 接地 | W/Y | R 位信号 | R 位位置 | 电压:小于 1V |
| IP34(21) | 接地 | W/B | P 位信号 | P 位位置 | 电压:小于 1V |
| IP34(22) | 接地 | Y/W | 制动踏板信号 | 电源状态"ON",踩下制动踏板 | 电压:0.6~3V |
| IP34(23) | 接地 | L/O | 电子加速踏板信号 1 | 电源状态"ON",踩下电子加速踏板 | 电压:0.9~4.3V |
| IP34(24) | 接地 | L/Y | 电子加速踏板信号 2 | 电源状态"ON",踩下电子加速踏板 | 电压:0.45~2.15V |
| IP34(29) | 接地 | B | 接地 | 电源状态"OFF" | 电阻:0Ω |
| IP34(30) | 接地 | B | 接地 | 电源状态"OFF" | 电阻:0Ω |
| IP34(31) | 接地 | L/Y | VCU 内部 CANL | — | — |
| IP34(32) | 接地 | R/Y | VCU 内部 CANH | — | — |
| IP34(33) | 接地 | Y | LS_CANL | — | — |
| IP34(34) | 接地 | G | LS_CANH | — | — |
| IP34(35) | 接地 | L/R | 5V+ | 电源状态"ON" | 电压:5V |
| IP34(36) | 接地 | Gr/R | 5V+ | 电源状态"ON" | 电压:5V |
| IP34(37) | 接地 | L/W | 5V+ | 电源状态"ON" | 电压:5V |
| IP34(39) | 接地 | W/R | D 档信号 | D 档位置 | 电压:小于 1V |
| IP34(40) | 接地 | Gr/Y | 真空压力信号 | 电源状态"ON" | 电压:0~5V |
| IP34(41) | 接地 | W/Br | N 档信号 | N 档位置 | 电压:小于 1V |
| IP34(50) | 接地 | Gr | 定速巡航开关信号 | — | — |
| IP34(57) | 接地 | B/Y | ACC 信号 | 电源状态"ACC" | 电压:蓄电池电压 |
| IP34(59) | 接地 | L/G | ON 信号 | 电源状态"ON" | 电压:蓄电池电压 |
| IP34(61) | 接地 | P | 制动信号 | 踩下制动踏板 | 电压:小于 1V |
| IP34(63) | 接地 | Y/G | EVP 控制信号 | — | — |
| IP34(65) | 接地 | B/L | 电子风扇控制 | — | — |
| IP34(68) | 接地 | R | 冷却水泵控制 | — | — |
| IP34(77) | 接地 | G/B | 碰撞信号 | — | — |
| IP34(78) | 接地 | L/W | 充电开关信号 | — | 电压:12V |
| IP34(79) | 接地 | Gr/W | ECO 开关信号 | 按下 ECO 开关 | 电压:小于 1V |

**2. 整车控制器模块拆装**

以 2018 款北京现代全新伊兰特 EV 车型为例，该车 VCU 集成于电能控制模块（EPCU），其拆装步骤如下。

注意事项：执行高电压系统相关操作前，遵循高压作业安全规则，否则会导致严重的电击事故。执行高电压系统相关作业前，一定要切断高电压。如果不遵守安全说明会导致严重电气伤害。做好标记，以防线束插接器与软管之间连接错误。

1) 切断高电压电路。
2) 拆卸 12V 辅助蓄电池和托盘。
3) 拆卸车载充电器（OBC）。
4) 分离图 6-3 所示电动水泵出水软管 A 和电能控制模块与电机软管 B。
5) 分离图 6-4 所示电能控制模块（EPCU）插接器 A。

图 6-3 分离软管部件

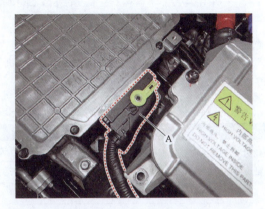

图 6-4 分离控制模块插接器

6) 如图 6-5 所示，分离低电压 DC/DC 变换器导线 A 和导线 B，低电压 DC/DC 变换器（+）/（-）端子固定螺栓/螺母：7.8~11.8N·m。

7) 分离图 6-6 所示电能控制模块（EPCU）侧电源导线插接器 A。

图 6-5 分离 DC/DC 变换器导线

图 6-6 分离电源导线插接器

8) 拆卸图 6-7 所示电能控制模块 A，EPCU 固定螺栓：7.8~11.8N·m。
9) 按拆卸的相反顺序安装，但注意以下操作事项：
① 在正确位置连接 U、V、W 的三相电源导线。如果电源导线组装不正确，会导致逆变器、驱动

电机和高压蓄电池严重损坏。此外,也会导致驾驶员或维修人员受伤。因此,组装电源导线时要注意位置。

② 填充冷却水后检查泄漏情况。重新给电机冷却系统填充冷却水,并使用 KDS/GDS 诊断仪执行放气操作。

③ 安装电机总成,执行"电机位置传感器偏差校准自动初始化"程序。更换电机后,如果没有执行"电机位置传感器偏差校准自动初始化"程序,会降低最大动力输出和驱动范围。

图 6-7 拆卸 EPCU 模块

### 6.1.3 纯电动汽车车辆控制系统故障排除

**1. 系统故障快速排查**

以众泰 E200 车型为例,使用表 6-3 将有助于找到问题的起因,按顺序检查每个部件,需要时进行维修或更换。

表 6-3 故障现象排查

| 现象 | 故障原因 | 建议措施 |
|---|---|---|
| 定速巡航功能故障 | 定速巡航开关线束 | 检修定速巡航开关线束 |
|  | 定速巡航开关 | 更换定速巡航开关 |
|  | 整车控制器 | 更换电机控制器 |
| ECO 功能故障 | ECO 开关线束 | 检修 ECO 开关线束 |
|  | ECO 开关故障 | 更换 ECO 开关 |
|  | 整车控制器故障 | 更换整车控制器 |
| 系统故障指示点亮,"READY"指示灯熄灭 | 线束故障 | 读取故障码,根据故障码检修相应故障系统 |
|  | 电机控制器故障 |  |
|  | 驱动电机故障 |  |
|  | 整车控制器 |  |

**2. 故障码诊断维修**

以众泰 E200 车型为例,系统在检测到部件故障时通过诊断仪可以读取到相关故障码,根据表 6-4 提示的故障内容及原因,排查分析后可以快速定位故障位置并进行检修。

表 6-4 故障内容及原因

| 故障码 | 释义 | 故障级别 | 故障原因 | 建议措施 |
|---|---|---|---|---|
| P1130 | 节气门传感器 1 失效(节气门 1 失效,节气门 2 正常) | 一级 | 节气门传感器 1 信号线束 | 检修节气门传感器 1 信号线束 |
|  |  |  | 节气门传感器 | 更换电子加速踏板 |
| P1131 | 节气门传感器 2 失效(节气门 2 失效,节气门 1 正常) | 一级 | 节气门传感器 2 信号线束 | 检修节气门传感器 2 信号线束 |
|  |  |  | 节气门传感器 | 更换电子加速踏板 |
| — | 节气门传感器失效(两个节气门传感器都失效) | 三级 | 节气门传感器线束 | 检修节气门传感器线束 |
|  |  |  | 节气门传感器 | 更换电子加速踏板 |
| P1141 | 制动开关失效(制动开关失效,制动踏板正常) | 二级 | 制动开关线束 | 检修制动开关线束 |
|  |  |  | 制动开关 | 更换制动开关 |
| P1140 | 制动踏板传感器失效(制动踏板失效) | 二级 | 制动踏板传感器线束 | 检修制动踏板传感器线束 |
|  |  |  | 制动踏板传感器 | 更换制动踏板传感器 |
| P1150 | 真空泵传感器失效 | 三级 | 真空泵传感器线束 | 检修真空泵传感器线束 |
|  |  |  | 真空泵传感器 | 更换真空泵传感器 |

(续)

| 故障码 | 释义 | 故障级别 | 故障原因 | 建议措施 |
|---|---|---|---|---|
| P1120 | 档位失效（在标定时间内采集不到档位信号） | 三级 | 档位旋钮开关线束 | 检修档位旋钮开关线束 |
| | | | 档位旋钮开关 | 更换档位旋钮开关 |
| | 档位不可信（同时采集到大于等于2个档位有效） | 三级 | 档位旋钮开关线束 | 检修档位旋钮开关线束 |
| | | | 档位旋钮开关 | 更换档位旋钮开关 |
| — | 碰撞信号故障（检测不到信号） | 三级 | 碰撞信号线束 | 检修碰撞信号线束 |
| | | | 安全气囊模块 | 更换安全气囊模块 |
| — | 两路节气门不一致 | 一级 | 节气门传感器 | 更换电子加速踏板 |
| P1200 | 整车控制器硬件故障 | 三级 | 整车控制器硬件故障 | 更换整车控制器 |
| — | 整车控制器 HCAN 通信故障 | 三级 | 整车控制器 HCAN 通信故障 | 检修 HCAN 通信系统 |
| — | 整车控制器 LCAN 通信故障 | 三级 | 整车控制器 LCAN 通信故障 | 检修 LCAN 通信系统 |
| — | MCU 一级故障 | 一级 | MCU 一级故障 | |
| — | MCU 二级故障 | 二级 | MCU 二级故障 | 检查电机控制器 |
| — | MCU 三级故障 | 三级 | MCU 三级故障 | |
| U0110 | MCU 通信故障 | 三级 | MCU 通信故障 | 检修 MCU 通信模块 |
| — | BMS 一级故障 | 一级 | BMS 一级故障 | |
| — | BMS 二级故障 | 二级 | BMS 二级故障 | 检查 BMS 系统 |
| — | BMS 三级故障 | 三级 | BMS 二级故障 | |
| U0073 | BMS 通信故障 | 三级 | BMS 通信故障 | 检修 BMS 通信模块 |

## 6.2 插电式混动汽车整车控制系统

### 6.2.1 插电式混动汽车车辆控制系统结构与原理

在插电式混动车型上，整车控制器常称为混动控制单元（Hybrid Control Unit，HCU）。以长安逸动 PHEV 车型为例，整车控制器原理如图 6-8 所示。其根据自己的功能模块将输入信号处理后输出给其他子系统，从而控制整车的运行。

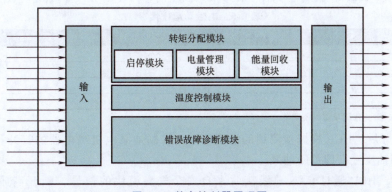

图 6-8　整车控制器原理图

荣威 eRX5 车型混动控制系统原理如图 6-9 所示。HCU 主要用于协调控制动力系统，能够根据踏板信号和档位状态解释驾驶员的驾驶意图，依据动力系统部件状态协调动力系统输出动力。

驾驶员可以根据需要选择不同的驾驶模式，E（Economic）是指经济驾驶模式，N（Normal）是指常规驾驶模式，S（Sport）是指运动驾驶模式。在不同的驾驶模式下，混动控制系统能够采用不同的控制策略，进行输出控制：

1）经济（E）模式下，尽可能使用电能驱动车辆。

2）常规（N）模式下，蓄电池SOC维持在较高水平，发动机使用频率较E模式高。

3）运动（S）模式下，车辆动力充沛，加速性能更好，但能耗可能有所增加。

驾驶过程中可以通过驾驶模式选择开关进行模式的切换，下一次起动车辆，系统默认按照上一次驾驶循环选择的模式工作。用户可以通过仪表显示查看当前驾驶模式。

驾驶员根据变速杆+/-可切换松加速踏板减速时的能量回收等级：

1）H（Heavy）：松加速踏板减速时能量回收较多，减速感觉明显。

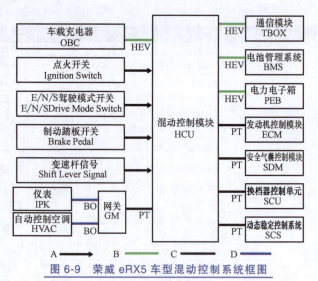

图6-9 荣威eRX5车型混动控制系统框图

2）M（Moderate）：松加速踏板减速时能量回收中等，减速感觉适中。

3）L（Light）：松加速踏板减速时能量回收较少，减速感觉不明显（仅在E/N模式下支持）。

SOC Default/Hold/Charge——SOC电源管理模式：

1）SOC Default：使用系统默认电量平衡点驾驶。

2）SOC Hold：将电量平衡点设置为当前SOC（仅在N模式下支持）。

3）SOC Charge：可使用发动机将车辆充电至指定SOC（仅在N模式下支持）。

除驾驶模式选择外，混动控制系统还能够根据车辆各种实时状态信息（如蓄电池SOC、空调负载、节气门开度、车速等）来选择不同的工作模式：纯电动、串联、并联模式。这几种工作模式的切换通过控制离合器C1、C2的结合与分离来实现：

1）纯电动模式：C1分离、C2接合，TM工作，发动机与ISG均不工作，仅由TM提供驱动动力。

2）串联模式：C1分离、C2接合，发动机、TM、ISG均工作。发动机通过ISG电机给高压蓄电池包充电，TM与ISG均工作，但仅由TM提供驱动动力。

3）并联模式：C1、C2都接合，发动机、ISG、TM都可提供驱动动力。

当点火开关打开，HCU在收到起动信号后将根据档位信息，控制EDU内各个电磁阀运作（表6-5）。

表6-5 电磁阀运作情况

|  | 安全控制阀SV1 | 离合器C1控制阀 | 离合器C2控制阀 | 换档压力阀SV2 | 换档方向阀G1 |
| --- | --- | --- | --- | --- | --- |
| 上高压过程 | √ | × | × | √ | √ |
| 起步(P→D) | × | × | × | √ | √ |
| 进退并联 | × | √ | × | × | × |
| 档位切换 | × | √ | √ | √ | √ |

注：√代表电磁阀动作；×代表电磁阀不动作

当点火开关打开后，HCU根据检测到的油压信号，控制油泵电机继电器的打开和关闭。在工作过程中，HCU监测到油压过高即关闭油泵。

当发生碰撞后，HCU通过CAN总线接收来自安全气囊模块的信号，断开高压蓄电池包内部主继电器、预充电继电器及负极主继电器，从而切断高压蓄电池包的高压电输出（高压电的正极和负极均断开）。

### 6.2.2 插电式混动汽车车辆控制系统检测与拆装

以2019款丰田卡罗拉-雷凌E+插电式混动车型为例，该车混动控制单元端子（带巡航控制系统）如图6-10所示。端子检测数据及波形信号见表6-6和表6-7。

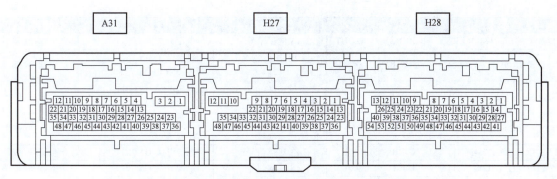

图 6-10　丰田卡罗拉-雷凌 E+插电式车型混合动力控制模块端子

表 6-6　HCU 端子检测数据

| 端子编号（符号） | 配线颜色 | 输入/输出 | 端子描述 | 条件 | 规定状态 |
| --- | --- | --- | --- | --- | --- |
| A31-4（HMCH）-H28-3（E1） | B-BR | IN/OUT | CAN 通信信号 | 电源开关 ON（READY） | 产生脉冲（波形 1） |
| A31-5（MREL）-H28-3（E1） | B-BR | OUT | IGCT-SCENE 继电器 | 电源开关 ON（IG） | 11～14V |
| A31-6（HSDN）-H28-3（E1） | G-BR | OUT | MG ECU 切断信号 | 电源开关 ON（READY） | 0～1.5V |
| A31-7（STP）-H28-3（E1） | L-BR | IN | 制动灯开关 | 踩下制动踏板 | 11～14V |
| | | | | 松开制动踏动 | 0～1.5V |
| A31-8（LIN3）-H28-3（E1） | B-BR | IN/OUT | LIN 通信信号 | 电源开关 ON（READY） | 产生脉冲 |
| A31-11（+B1）-H28-3（E1） | L-BR | IN | 电源 | 电源开关 ON（IG） | 11～14V |
| A31-14（HMCL）-H28-3（E1） | W-BR | IN/OUT | CAN 通信信号 | 电源开关 ON（READY） | 产生脉冲（波形 1） |
| A31-20（BL）-H28-3（E1） | G-BR | OUT | 倒车灯 | 电源开关置于 ON（IG）位置，变速置于 R | 11～14V |
| A31-24（VCPA）-A31-37（EPA） | Y-BR | OUT | 加速踏板传感器总成电源（VPA） | 电源开关 ON（IG） | 4.5～5.5V |
| A31-26（VCP2）-A31-25W（EPA2） | W-B | OUT | 加速踏板传感器总成电源（VPA2） | 电源开关 ON（1G） | 4.5～5.5V |
| A31-33（NIWP）-H28-3（E1） | P-BR | IN | 逆变器水泵总成信号 | 电源开关 ON（READY） | 产生脉冲（波形 2） |
| A31-34（IWP）-H28-3（E1） | G-BR | OUT | 逆变器水泵总成信号 | 电源开关 ON（READY） | 产生脉冲（波形 2） |
| A31-36（VPA）-A31-37（EPA） | L-BR | IN | 加速踏板传感器总成（加速踏板位置检测） | 电源开关置于 ON（IG）位置，松开加速踏板 | 0.4～1.4V |
| | | | | 电源开关置于 ON（IG）位置，发动机停机、变速杆置于 P、完全踩下加速踏板 | 2.6～4.5V |
| A31-38（VPA2）-A31-25（EPA2） | V-B | IN | 加速踏板传感器总成（加速踏板传感器故障检测） | 电源开关置于 ON（IG）位置，松开加速踏板 | 1.0～2.2V |
| | | | | 电源开关置于 ON（IG）位置，发动机停机、变速杆置于 P、完全踩下加速踏板 | 3.4～5.3V |
| A31-46（MMT）-A31-45（MMTG） | L-V | IN | 电动机温度传感器 | 电源开关置于 ON（IG）位置，温度为 25℃（77℉） | 3.6～4.6V |
| | | | | 电源开关置于 ON（IG）位置，温度为 60℃（140℉） | 2.2～3.2V |
| A31-48（GMT）-A31-47（GMTG） | B-R | IN | 发电机温度传感器 | 电源开关置于 ON（IG）位置，温度为 25℃（77℉） | 3.6～4.6V |
| | | | | 电源开关置于 ON（IG）位置，温度为 60℃（140℉） | 2.2～3.2V |
| H27-5（ILK）-H28-3（E1） | LG-BR | IN | 互锁开关 | 电源开关置于 ON（IG）位置，维修塞把手安装正确 | 0～1.5V |
| | | | | 电源开关置于 ON（IG）位置，维修塞把手未安装 | 11～14V |
| H27-7（CA3P）-H28-3（E1） | P-BR | IN/OUT | CAN 通信信号 | 电源开关 ON（IG） | 产生脉冲（波形 3） |
| H27-8（CA1L）-H28-3（E1） | SB-BR | IN/OUT | CAN 通信信号 | 电源开关 ON（IG） | 产生脉冲（波形 4） |

（续）

| 端子编号(符号) | 配线颜色 | 输入/输出 | 端子描述 | 条件 | 规定状态 |
|---|---|---|---|---|---|
| H27-9(CA4H)-H28-3(E1) | R-BR | IN/OUT | CAN 通信信号 | 电源开关 ON(IG) | 产生脉冲(波形 6) |
| H27-13(SMRG)-H27-12(E01) | Y-W-B | OUT | 系统主继电器工作信号 | 电源开关 ON(IG)→电源开关 ON(READY) | 产生脉冲(波形 5) |
| H27-15(SMRP)-H27-12(E01) | W-W-B | OUT | 系统主继电器工作信号 | 电源开关 ON(IG)→电源开关 ON(READY) | 产生脉冲(波形 5) |
| H27-16(SMRB)-H27-12(E01) | SB-W-B | OUT | 系统主继电器工作信号 | 电源开关 ON(IG)→电源开关 ON(READY) | 产生脉冲(波形 5) |
| H27-20(CA3N)-H28-3(E1) | W-BR | IN/OUT | CAN 通信信号 | 电源开关 ON(IG) | 产生脉冲(波形 3) |
| H27-21(CA1H)-H28-3(E1) | R-BR | IN/OUT | CAN 通信信号 | 电源开关 ON(IG) | 产生脉冲(波形 4) |
| H27-22(CA4L)-H28-3(E1) | W-BR | IN/OUT | CAN 通信信号 | 电源开关 ON(IG) | 产生脉冲(波形 6) |
| H27-24(CHEN)-H28-3(E1) | G-BR | OUT | 充电许可信号 | 电源开关 ON(IG) | 0~1.5V |
| H27-25(IGBD)-H28-3(E1) | V-BR | OUT | IGB 继电器 | 电源开关 ON(IG) | 11~14V |
| H27-28(ST1-)*1-H28-3(E1) | R-BR | IN | 制动取消开关 | 电源开关置于 ON(IG)位置,踩下制动踏板 | 0~1.5V |
| | | | | 电源开关置于 ON(IG)位置,松开制动踏板 | 11~14V |
| H27-32(MRL2)-H28-3(E1) | B-BR | OUT | IGCT-IG 继电器 | 电源开关 ON(IG) | 11~14V |
| H27-35(IG2)-H28-3(E1) | G-BR | IN | 电源 | 电源开关 ON(IG) | 11~14V |
| H27-38(WSTB)-H28-3(E1) | B-BR | OUT | 电加热器分总成工作许可信号 | 允许操作电加热器分总成 | 0~1.5V |
| | | | | 禁止操作电加热器分总成 | 11~14V |
| H28-1(+B2)-H28-3(E1) | L-BR | IN | 电源 | 电源开关 ON(IG) | 11~14V |
| H28-4(ST2)-H28-3(E1) | R-BR | IN | 起动机信号 | 电源开关 ON(IG) | 0~1.5V |
| H28-13(P1)-H28-3(E1) | Y-BR | IN | P 位置开关信号 | 电源开关置于 ON(IG)位置,未按下 P 位置开关(变速器换档主开关) | 7~12V |
| | | | | 电源开关置于 ON(IG)位置,按下 P 位置开关(变速器换档主开关) | 3~5V |
| H28-27(BATT)-H28-3(E1) | W-BR | IN | 稳压电源 | 始终 | 10~14V |
| H28-29(ABFS)-H28-3(E1) | B-BR | IN | 安全气囊激活信号 | 电源开关 ON(READY) | 产生脉冲(波形 7) |
| H28-30(TC)-H28-3(E1) | P-BR | IN | 诊断端子 | 电源开关 ON(IG) | 11~14V |
| H28-31(LIN)-H28-3(E1) | L-BR | IN/OUT | LIN 通信信号 | 电源开关 ON(IG) | 产生脉冲 |
| H28-33(EVHV)-H28-3(E1) | G-BR | IN | HV/EV 模式开关(组合开关总成)信号 | 电源开关置于 ON(IG)位置,未操作 HV/EV 模式开关(组合开关总成) | 11~14V |
| | | | | 电源开关置于 ON(IG)位置,操作 HV/EV 模式开关(组合开关总成) | 0~1.5V |
| H28-34(EVMS)-H28-3(E1) | W-BR | IN | EV 城市开关(组合开关总成)信号 | 电源开关置于 ON(IG)位置,未操作 EV 模式开关(组合开关总成) | 11~14V |
| | | | | 电源开关置于 ON(IG)位置,操作 EV 模式开关(组合开关总成) | 0~1.5V |
| H28-37(PDRV)-H28-3(E1) | B-BR | IN | 行驶模式选择开关(组合开关总成)信号 | 电源开关置于 ON(IG)位置,未操作行驶模式选择开关(组合开关总成) | 11~14V |
| | | | | 电源开关置于 ON(IG)位置,操作行驶模式选择开关(组合开关总成) | 0~1.5V |
| H28-44(IGB)-H28-3(E1) | W-BR | IN | 电源 | 电源开关 ON(IG) | 11~14V |
| H28-46(VS14)-H28-49(E2X2) | LG-Y | IN | 换档传感器(VSX4) | 电源开关 ON(IG),变速杆置于原始位置 | 0.68~1.62V |
| | | | | 电源开关置于 ON(IG)位置,变速杆置于 D | 4.47~4.75V |
| | | | | 电源开关置于 ON(IG)位置,变速杆置于 N | 3.53~4.47V |

（续）

| 端子编号(符号) | 配线颜色 | 输入/输出 | 端子描述 | 条件 | 规定状态 |
|---|---|---|---|---|---|
| H28-46(VS14)-H28-49(E2X2) | LG-Y | IN | 换档传感器(VSX4) | 电源开关置于ON(IG)位置,变速杆置于R | 2.75~3.52V |
| | | | | 电源开关ON(IG),变速杆置于B | 0.40~0.67V |
| H28-48(VS13)-H28-49(E2X2) | P-Y | IN | 换档传感器(VSX3) | 电源开关ON(IG),变速杆置于原始位置 | 1.63~2.70V |
| | | | | 电源开关置于ON(IG)位置,变速杆置于D | 3.53~4.17V |
| | | | | 电源开关置于ON(IG)位置,变速杆置于N | 2.45~3.52V |
| | | | | 电源开关置于ON(IG)位置,变速杆置于R | 1.63~2.45V |
| | | | | 电源开关ON(IG),变速杆置于B | 0.98~2.45V |
| H28-50(VSI2)-H28-51(E2X1) | L-W | IN | 换档传感器(VSX2) | 电源开关置于ON(IG)位置,变速杆置于原始位置 | 2.45~3.52V |
| | | | | 电源开关置于ON(IG)位置,变速杆置于D | 2.70~3.52V |
| | | | | 电源开关置于ON(IG)位置,变速杆置于N | 1.63~2.70V |
| | | | | 电源开关置于ON(1G)位置,变速杆置于R | 0.98~1.62V |
| | | | | 电源开关ON(1G),变速杆置于B | 1.63~2.45V |
| H28-52(VSI1)-H28-51(E2X1) | W-W | IN | 换档传感器(VSX1) | 电源开关置于ON(IG)位置,变速杆置于原始位置 | 3.53~4.47V |
| | | | | 电源开关置于ON(IG)位置,变速杆置于D | 1.63~2.40V |
| | | | | 电源开关置于ON(IG)位置,变速杆置于N | 0.68~1.62V |
| | | | | 电源开关置于ON(IG)位置,变速杆置于R | 0.40~0.67V |
| | | | | 电源开关ON(IG),变速杆置于B | 2.75~3.52V |
| H28-53(VCX2)-H28-49(E2X2) | G-Y | OUT | 换档传感器电源(VCX2) | 电源开关ON(IG) | 4.5~5.5V |
| H28-54(VCX1)-H28-51(E2X1) | R-W | OUT | 换档传感器电源(VCX1) | 电源开关ON(IG) | 4.5~5.5V |

表6-7 波形信号测试

| 汽车示波器波形信号测试说明 | | 波形信号显示 |
|---|---|---|
| 波形1(CAN通信信号) | | |
| 项目 | 内容 | |
| 端子 | CH1:A31-4(HMCH)-H28-3(E1)<br>CH2:A31-14(HMCL)-H28-3(E1) | |
| 设备设定 | 1V/格,50μs/格 | |
| 条件 | 电源开关ON(READY) | |
| 波形2(逆变器水泵总成信号) | | |
| 项目 | 内容 | |
| 端子 | CH1:A31-34(HMCH)-H28-3(E1)<br>CH2:A31-33(NIWP)-H28-3(E1) | |
| 设备设定 | 5V/格,20ms/格 | |
| 条件 | 电源开关ON(READY) | |

(续)

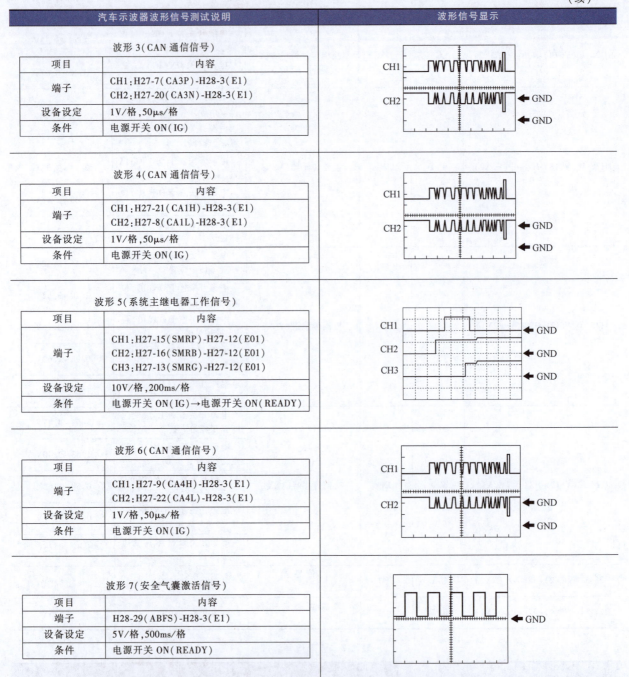

### 6.2.3 插电式混动汽车车辆控制系统故障排除

混合动力汽车控制 ECU 具有自诊断系统，如果计算机、混合动力控制系统或零部件工作异常，则 ECU 记录与故障相关的情况。ECU 还会点亮组合仪表总成上的主警告灯并在多信息显示屏上提供其他相应信息，例如 HV 系统警告信息、HV 蓄电池警告信息或放电警告信息。

首次检测到故障时，该故障暂时存储在混合动力汽车控制 ECU 存储器中（第一程）。如果在接下来的驾驶循环中检测出同样的故障，则 MIL 将会点亮（第二程），这个就是系统的"双程检测逻辑"。

存储 DTC 时，混合动力汽车控制 ECU 将车辆和驾驶条件信息记录为定格数据，进行故障排除时，定格数据有助于确定故障出现时车辆是运行还是停止，发动机是暖机还是未暖机，以及其他数据。混合动力控制系统检修范围如图 6-11 所示，检查内容见表 6-8。

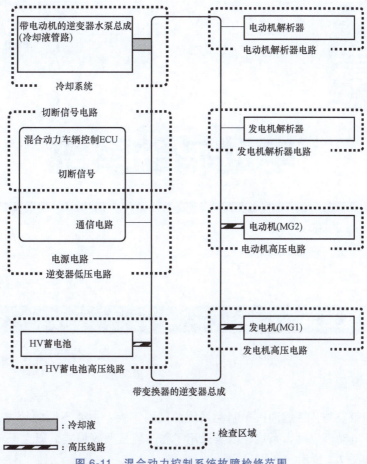

图 6-11　混合动力控制系统故障检修范围

表 6-8　混合动力控制系统故障检查内容

| 要检查的系统 | 可能故障 | 检查内容 |
| --- | --- | --- |
| 电动机解析器电路 | 电动机解析器信号 | 电动机解析器、连接器或电缆断路或短路 |
| 电动机高压电路 | 电动机（MG2）输出 | 电动机（MG2）、连接器或电缆断路或短路 |
| 发电机解析器电路 | 发电机解析器信号 | 发电机解析器、连接器或电缆断路或短路 |
| 发电机高压电路 | 发电机（MG1）输出 | 发电机（MG1）、连接器或电缆断路或短路 |
| 逆变器低压电路 | +B 电源电压或混合动力车辆控制 ECU 和电动机发电机控制 ECU 之间的通信 | 1. 混合动力车辆控制 ECU 和电动机发电机控制 ECU 之间的通信线路断路或短路<br>2. +B 或搭铁线路断路或短路<br>3. 熔丝熔断 |
| HV 蓄电池高压线路 | HV 蓄电池高压电源 | 系统主继电器、连接器或电缆断路或短路 |
| 冷却系统 | 温度异常高 | 1. 格栅阻塞<br>2. 是否存在冷却液<br>3. 发生故障时冷却液是否冻结<br>4. 冷却软管阻塞<br>5. HV 散热器风扇工作 |
| 切断信号电路 | 切断信号 | 混合动力车辆控制 ECU 和电动机发电机 ECU 之间的切断信号通信线路断路或短路 |

# 第7章 电动辅助系统

## 7.1 电动真空泵

### 7.1.1 电动真空泵原理

新能源汽车制动系统与传统燃油汽车制动系统的区别不大,主要不同的地方是在传统汽车液压制动系统基础上增加了电动真空助力系统,以及采用了制动能量回收模式。以宝马 i3 电动汽车为例,其制动系统组成部件如图 7-1 所示。

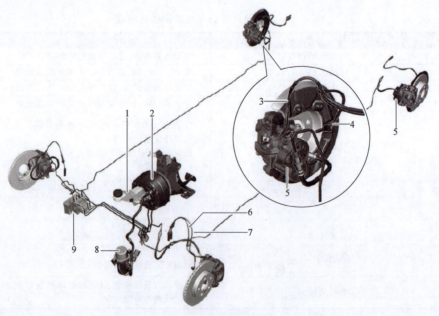

图 7-1 电动汽车制动系统部件(宝马 i3)

1—制动液补液罐　2—制动助力器　3—后桥制动摩擦片磨损传感器　4—后桥车轮转速传感器　5—电动机械式驻车制动器执行机构　6—前桥制动摩擦片磨损传感器　7—前桥车轮转速传感器　8—电动真空泵　9—动态稳定控制系统

宝马 i3 通过制动助力器可为制动踏板力提供支持。制动助力器所需真空由一个电动真空泵根据需要提供。为了确保随时能够提供充足制动助力,在制动助力器上装有一个制动真空压力传感器,用于监控所提供的真空,如图 7-2 所示。

制动真空压力传感器采用差压传感器设计,相对于当前大气压力测量制动助力器内的当前真空压力。传感器依据应变仪原理工作。在制动真空压力传感器上带有三个电气接口,即 5V 供电、接地连接和信号导线。应变仪根据制动助力器内的当前真空压力以不同程度变形,真空压力增大时电阻和信号电压减小。

电机电子装置分析信号根据需要控制电动真空泵。根据需要进行控制可节省能量,从而有助于增加车辆续驶里程。出现故障时与动态稳定控制系统(Dynamic Stability Control,DSC)进行通信。此时电机电子装置(EME)与动态稳定控制系统(DSC)之间通过车身域控制器(Body Domain Control,BDC)进行通信。

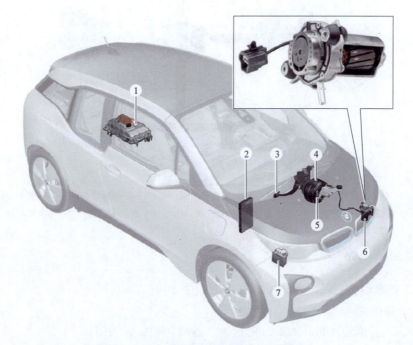

图 7-2　制动系统真空生成部件(宝马 i3)
1—电机电子装置　2—车身域控制器　3—制动踏板　4—制动助力器　5—制动真空压力传感器
6—电动真空泵　7—动态稳定控制系统

与一般的混合动力汽车不同,宝马 i3 不使用制动踏板行程传感器,而是采用了特殊加速踏板操作方式,在松开加速踏板模块时由电机电子装置(EME)以发电机方式控制电机。这意味着此时车辆后桥车轮通过半轴驱动电机,电机此时作为发电机运行。此时产生的电机转矩以可感知的减速方式作用于后桥车轮,在此过程中不必操作制动踏板。所产生的能量通过 EME 存储在高压蓄电池内。这样就可以通过加速踏板模块控制能量回收式制动。通过制动踏板只能进行液压制动。制动控制模式如图 7-3 所示。

由数字式发动机电气电子系统(EDME)控制单元要求和调节能量回收式制动。如果行驶期间完全松开加速踏板模块,EDME 就会根据行驶状态确定最大能量回收利用。进行最大能量回收利用时以 $1.6\ m/s^2$ 进行车辆减速。通过 PT-CAN2 将要求发送至 EME。EME 根据 EDME 要求控制电机。

EDME 带有一个连接 FlexRay 数据总线的独立接口,动态稳定控制系统 DSC 位于该总线系统内。DSC 的任务是识别出不稳定的车辆状态并采取相应措施使车辆准确保持行驶轨迹。在能量回收利用期间识别出不稳定的行驶情况时,DSC 会通过独立接口发送有关即将出现危险行驶状态的信息。EDME 确定与危险行驶状态相符的最大能量回收利用并向 EME 发送要求。EME 根据变化的要求减少能量回收利用从而降低减速度。这种调节方式称为发动机制拖力矩控制(MSR)。

在 i3 汽车上操作制动踏板时,可像传统制动系统一样在双回路制动系统的液压系统内产生压力。在此通过电机进行能量回收,利用或通过操作车轮制动器实现车辆整个制动过程。

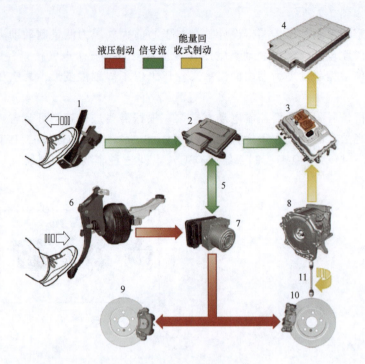

图7-3 制动控制模式

1—加速踏板模块 2—数字式发动机电气电子系统 3—电机电子装置 4—高压蓄电池单元 5—EDME 与 DSC 之间的独立接口 6—带制动助力装置的制动踏板 7—动态稳定控制系统 8—电机 9—前轮制动器 10—后轮制动器 11—半轴

### 7.1.2 电动真空泵电路检测

**比亚迪制动系统电动真空泵故障分析**

（1）真空泵起停条件

1）车速<60km/h：真空度低于60kPa时起动，达到75kPa时关闭。

2）车速≥60km/h：真空度低于70kPa时起动，达到75kPa时关闭。

（2）异常模式判断

1）外围器件故障。

① 无制动且真空泵处于工作状态，5s内真空度无变化，则判断为真空泵系统失效。

② 有制动且真空泵处于工作状态，10s内真空度无变化，则判断为真空泵系统失效。

2）系统漏气。

① 严重漏气：在外围器件无故障时，车速>10km/h，无制动，真空泵处于工作状态，满足这个条件5s后开始检测真空度，若真空度<30kPa，则认为系统严重漏气。

② 一般漏气：若同时满足真空泵不工作和无制动信号1s后，且检测真空度从67kPa下降到61kPa时间小于30s，则判断为一般漏气。

3）主控ECU本身损坏：主控自检MOS管是否烧毁。

（3）异常模式处理

1）若真空泵系统失效或系统严重漏气，则发出严重报警信号，同时进入真空泵控制策略中的异常模式：起动真空泵，不受真空度关断条件的限制。

2）若检测真空泵系统一般漏气，则发出一般报警信号，这时仍按真空泵控制策略中的正常模式控制。

3）报警后期处理：一般报警和严重报警都执行断电后重新检测的原则，若重新检测后发现无同类故障，则取消报警并把前次报警记录在历史故障中。

## 7.1.3 电动真空泵系统故障排除

**制动系统无助力故障**

**故障现象**：车辆制动踏板硬，无制动助力。

**故障原因**：真空泵、真空罐压力开关、真空泵控制器插接件内端子退针。

**检修过程**：

1）检查真空泵是否正常工作（正常工作时：打开钥匙真空泵会持续工作10s左右然后停止工作），真空泵安装位置如图7-4所示。

2）检查真空泵控制器插接件内部端子是否退针或孔位变大（很多车辆真空泵一直工作，甚至出现烧泵现象，都是此处的问题）。

3）检查真空泵控制器是否正常，将真空罐上压力开关插接件断开，将线束端短路，观察真空泵工作情况（工作10s后停止工作则证明真空泵控制器正常，若一直工作或不工作则真空泵控制器失效，需更换）。

图7-4 车辆真空泵安装位置

# 7.2 电动助力转向

## 7.2.1 电动助力转向系统原理

以比亚迪唐车型为例，该车型使用齿条电动助力转向器（Rack Electric Power Steering，REPS）（电机在齿条上，配机械管柱；非同轴式），该系统是由传感器（力矩-转角传感器、车速传感器）、控制器（EPS电子控制单元）、执行器（EPS电机）以及相关机械部件组成，如图7-5所示。

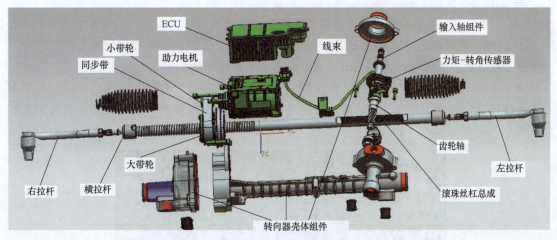

图7-5 REPS系统部件

汽车转向时，力矩-转角传感器把检测到的信号大小、方向经处理后传给EPS电子控制单元，EPS电子控制单元同时接收车速传感器检测到的信号，然后根据车速传感器和力矩-转角传感器的信号决定电机旋转方向和助力力矩的大小。同时电流传感器检测电路的电流，对驱动电路实施监控，最后由驱动电路驱动电机工作，实施助力转向。其工作原理如图7-6所示。

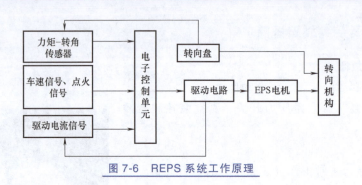

图 7-6 REPS 系统工作原理

### 7.2.2 电动助力转向系统检测

**1. 转向力矩与转角信号标定方法**

需要标定力矩信号和转角的情况：

1）车辆总装下线四轮定位后需要进行力矩信号标定。

2）电动助力转向器带横拉杆总成更换后需进行力矩、转角标定。

3）转向盘、转向节、转向管柱被拆卸或更换后，需进行四轮定位时，要进行转角信号标定。

标定注意事项：

1）转角信号未标定前，禁止进行遥控驾驶操作，否则可能会引起严重损坏故障。

2）转角信号和力矩标定前，转向盘和车轮必须处于中间位置，并且转向盘不受任何外力作用（包括不能手扶转向盘）。

3）标定前，车辆没有任何支撑，四轮自由放置在水平地面上。

4）标定时，不要晃动车身、开闭车门等。

5）ON 档电工况下才能进行标定。

6）拆装过管柱 ECU 或转角传感器，也需对这两个系统进行标定。

标定流程如图 7-7 所示。

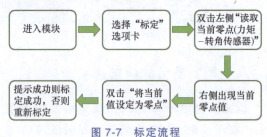

图 7-7 标定流程

**2. REPS 系统数据流分析**

REPS 系统带有主动回正控制功能及遥控驾驶功能，经过拆换后，需重新进行车辆四轮定位，并标定力矩-转角信号，同时标定 ESP 转角信号，标定以后重新上 ON 档电清除残留故障码。

当 REPS 系统发生故障时，用 VDS1000 读取故障码，根据故障码定义进行检修。

一般包含 ECU 故障、力矩-转角传感器故障、电机温度、电机过电流、电源电压低、电源电压供电线路类故障以及模块通信故障；通过故障码定义和相关的电路图检修；也可以根据具体的数据流对比当前数据是否正常，如图 7-8 所示。

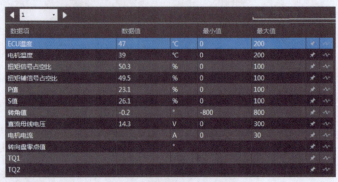

图 7-8 REPS 系统数据流

### 3. REPS 电动转向助力维修

(1) 维修注意事项

1) 避免撞击电动助力转向器总成,特别是传感器、EPS 电子控制单元、EPS 电机和减速机构。如果电动助力转向器总成跌落或遭受严重冲击,需要更换一个新的总成。

2) 移动电动助力转向器总成时,请勿拉拽线束。

3) 在从转向器上断开转向管柱或者中间轴之前,车轮应该保持在正前方向,车辆处于断电状态,否则会导致转向管柱上的螺旋电缆偏离中心位置,从而损坏螺旋电缆。

4) 断开转向管柱或者中间轴之前,车辆处于断电状态。断开上述部件后,不要移动车轮。不遵循这些程序会使某些部件在安装过程中定位不准。

5) 转向盘打到极限位置的持续时间不要超过 5s,否则可能会损坏助力电机。

(2) 一般故障检修

故障现象及原因分析见表 7-1。

表 7-1 故障现象及原因

| 症状 | 可能原因 | 症状 | 可能原因 |
| --- | --- | --- | --- |
| 转向沉重 | 1. 轮胎(充气不当)<br>2. 前轮定位(不正确)<br>3. 转向节(磨损)<br>4. 悬架摆臂球头节(磨损)<br>5. 转向管柱总成(有故障)<br>6. 电动助力转向器总成(有故障)<br>7. EPS 控制单元 | 异常噪声 | 1. 减速机构(磨损)<br>2. 转向节(磨损)<br>3. 电动助力转向器总成(有故障) |
| | | 回位不足 | 1. 轮胎(充气不当)<br>2. 前轮定位(不正确)<br>3. 转向管柱(弯曲)<br>4. 电动助力转向器总成(有故障) |
| 游隙过大 | 1. 转向节(磨损)<br>2. 中间轴、滑动节叉(磨损)<br>3. 转向器(有故障) | 转向盘抖动 | 1. 电动助力转向器总成(有故障)<br>2. 转向管柱总成(有故障) |

## 7.2.3 电动助力转向系统故障排除

**故障现象**:比亚迪唐车辆正常行驶中,为躲避前方障碍物,打方向时突然没有助力,在低速转弯时转向打到一半时突然没有助力,但是没有助力时用力左右转动转向盘就有助力了。

**故障分析**:电机插接件松动;系统软件是否有升级项目;电机故障;供电电路虚接或短路;搭铁不良。

**检修过程**:

1) 举升车辆查看插接件是否松动或脱落,特别是电机和 ECU 插接件,经检查插接件正常无故障。

2) 用 VDS1000 检查是否有关于电机的升级更新项目,在扫描后发现电子转向系统有 3 处故障码,如图 7-9 所示:①扭矩传感器故障;②转角信号故障;③电机过电流故障。

3) 分析这三个故障的共同点,从第三个故障看应该是搭铁不良,通过查询电路图发现这三个故障是有交集的,找到电机搭铁点发现螺钉处有电烤漆,引起搭铁不良。打磨处理装车试车,故障依旧。

4) 再次读取故障码发现电机过电流故障依然存在,分析为电机故障,但是再次拆卸检查搭铁点,如图 7-10 所示,发现在搭铁点焊接处有凸起点,线卡上的附着面上只有一个点,判定为搭铁不良。

图 7-9 系统故障码显示

5) 再次打磨搭铁点,把凸起点打磨平,再次装车试车,故障消失。

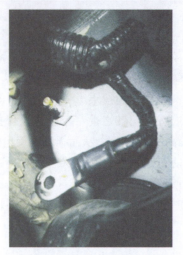

图 7-10　搭铁点接触不良

> 注意：按照维修手册指导，处理搭铁点故障，需同时更换 REPS 搭铁螺母。

## 7.3　电子驻车器

### 7.3.1　电子驻车器结构原理

**1. 电子驻车制动器结构**

电子驻车制动（Electric Parking Brake，EPB）的作用是用来替代传统意义的驻车制动功能，具有舒适与方便、节约车内空间、可以进行自诊断、简化装配过程、安全性高等优点。比亚迪唐车型电子驻车制动器结构如图 7-11 所示。

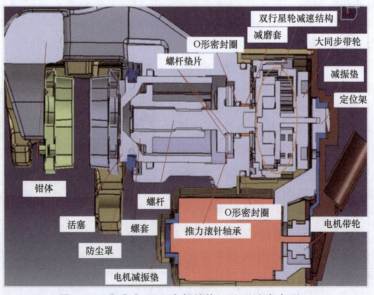

图 7-11　集成式 EPB 内部结构（比亚迪唐车型）

**2. 电子驻车制动系统原理**

ECU 根据 EPB 开关状态信号及 CAN 总线信号进行逻辑判断，控制 EPB 卡钳内部电机的驱动电流及电机输出转矩。通过切换输出电流正/负极性控制电机正/反转,从而实现驻车/解锁驻车功能;通过输出电流大/小控制驻车力的大/小。

### 3. 电子驻车制动系统功能

EPB能够实现静态功能、动态功能、遥控功能,见表7-2。

表7-2 EPB功能

| 功能 | 功能细分 | 功能描述 | 工作条件 |
|---|---|---|---|
| 静态功能 | 手动拉起功能 | 通过操纵开关拉起EPB。当车辆处于静止状态且驾驶员拉起EPB开关,EPB拉起到"目标力",且驻车力能够持续保持 | 车辆处于静止状态,EPB释放状态,蓄电池电压正常,拉起EPB开关 |
| | 智能拉起功能 | 不是独立的功能,是和驻车相匹配使用的。EPB能够根据道路的坡度值拉起相应的驻车力。驻车力被划分为大力、中力和小力。同时将道路坡度也划分为3个区间段(不加油压<14%,14%~24%,24%~30%),对应以上三个驻车力。注:踩制动踏板后驻车分2个区间,即坡度<19%、19%~30%,对应小力和中力 | 有坡度信号(由EPBECU发出);在手动拉起、熄火自动拉起的条件中配合使用 |
| | 再夹紧功能 | 是指EPB已经处于拉起状态,电源处于ON档或断电(转至OFF档)5min内,当察觉到车辆移动(通过检测轮速脉冲信号,读到有3个脉冲波形时认为车辆移动)时,EPB再次拉起至大力,无论之前的拉起力大小 | 蓄电池电压正常,点火开关信号正常,EPB已经拉起(EPB状态信号),车辆移动(轮速脉冲信号) |
| | 熄火自动拉起功能 | 车辆静止且EPB处于释放状态,当点火开关由OK档转至OFF档,且EPB接到正确的点火开关信号时,EPB拉起目标力。备注:按住EPB开关同时熄火或是按下开关后3s内熄火,EPB都不会自动拉起;EPB之前已经拉起,熄火不会再次拉起 | 车辆处于静止状态(轮速信号),EPB释放状态(EPB状态信号),正常蓄电池电压,钥匙打到OFF档(点火开关信号),EPB开关未被按下(EPB开关信号) |

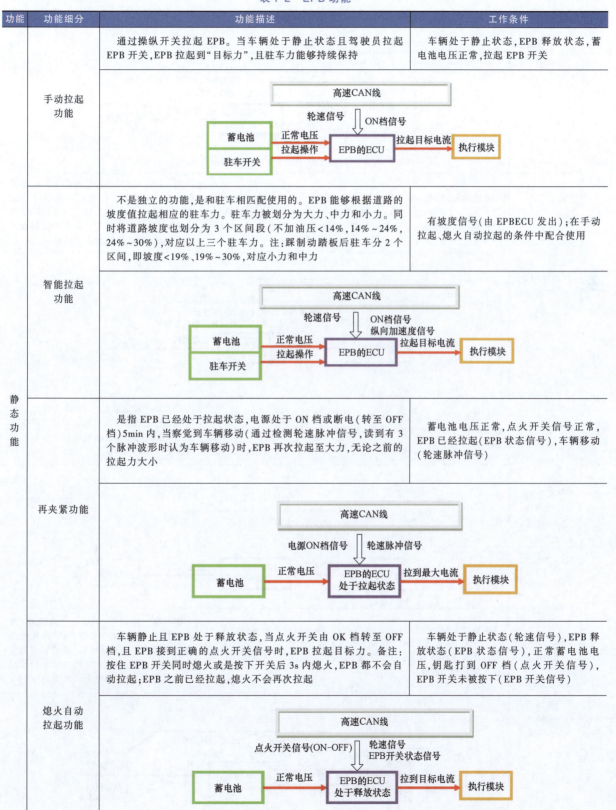

(续)

| 功能 | 功能细分 | 功能描述 | 工作条件 |
|---|---|---|---|
| 静态功能 | 手动释放功能 | 车辆静止且EPB已经拉起,整车处于上电或点火状态,踩下制动踏板(EPB能够接到正确的制动踏板开关信号)并按下EPB开关,EPB执行释放 | EPB处于拉起状态(EPB状态信号),蓄电池电压正常,点火开关处于ON档(点火开关信号),踩下制动踏板(制动踏板开关信号),按下EPB开关(EPB开关状态信号) |
| | 踩加速踏板自动释放功能 | 发动机起动(或"OK"指示灯点亮)、EPB处于拉起状态、档位处于D/R位(行驶档位),踩下一定深度的加速踏板时,EPB检测到驾驶意图且判定当前的节气门满足起步要求后自动释放 | 发动机起动(发动机状态信号),EPB拉起状态(EPB状态信号),蓄电池电压正常,档位处于D/R位(档位信号),踩下加速踏板(节气门开度信号),根据道路坡度判定释放时机(纵向加速度信号) |
| | P-X自动释放功能 | 车辆处于驻车状态,OK灯点亮,档位处于P位或N位,踩下制动踏板并换档到D/R等行驶档位后EPB自动释放(档位判定时间为50ms) | EPB处于拉起状态(EPB状态信号),蓄电池电压正常,发动机起动(发动机状态信号),踩下制动踏板(制动开关信号),档位从P/N换到D/R行驶档位 |
| | 维修释放功能 | 车辆处于静止状态,车辆上电或起动,踩下制动踏板并持续按下驻车开关10s以上(10s后仪表上黄色警告灯会闪烁),松开开关5s内再次按下驻车开关,EPB释放到装车状态(此时黄色警告灯常亮),松开制动踏板 | 蓄电池电压正常,车辆上电或起动(点火开关信号),车辆处于静止状态(轮速信号),持续踩下制动踏板(制动踏板开关信号),持续按下EPB开关10s以上,松开后5s内再按下一次(EPB开关状态信号) |

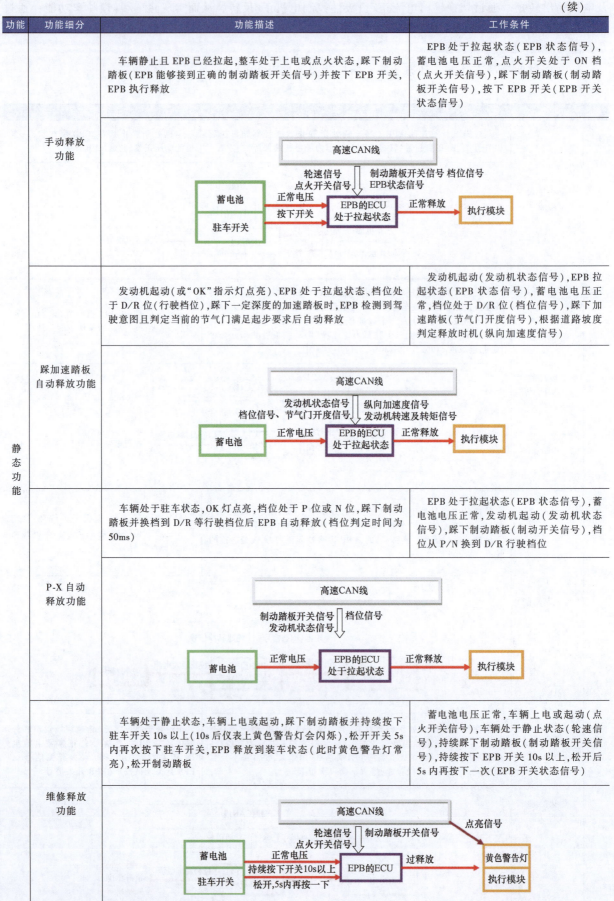

（续）

| 功能 | 功能细分 | 功能描述 | 工作条件 |
|---|---|---|---|
| 动态功能 | P位关联功能 | 车辆起动并静止（≤3km/h），档位由D/R/N等档位换至P档，EPB自动拉起至当前道路对应的目标力<br><br>高速CAN线：发动机状态信号、档位信号、轮速信号、纵向加速度信号 → 蓄电池（正常电压）→ EPB的ECU处于释放状态 →（拉起到目标电流）→ 执行模块 | 蓄电池电压正常，发动机起动（发动机状态信号），换档至P位（档位信号），车速低于3km/h，坡道信号正常 |
| | 行车制动系统执行模式（ESP模式）功能 | 车辆速度大于5km/h，手动持续拉起EPB开关，EPB确认ESP及其附属功能CDP（ESP状态信号和CDP状态信号）状态信号正常后，发出制动请求及恒定减速度，ESP接到后执行恒定减速度制动（四轮制动），当车速低于5km/h后EPB执行静态驻车制动，ESP退出制动<br><br>高速CAN线：轮速信号、ESP状态信号、制动踏板开关信号、CDP状态信号 → 蓄电池（正常电压）、驻车开关（持续拉起）→ EPB的ECU →（制动请求信号、减速度要求信号）→ ESP的ECU | 蓄电池电压正常，是否踩下制动踏板（制动踏板开关信号），制动初始车速大于5km/h（轮速信号），确认ESP及其附属功能CDP状态正常（ESP状态信号和CDP状态信号），持续拉起EPB开关（EBP开关状态信号） |
| | EPB防抱死执行模式（EPB模式）功能 | 车辆速度大于5km/h，手动持续拉起EPB开关，EPB确认ESP及其附加功能CDP的状态信号异常，或ESP收到制动请求后未执行制动，EPB根据轮速信号执行防抱死制动（只对两个后轮），车速小于5km/h后转为静态驻车制动<br><br>高速CAN线：轮速信号、CDP状态信号、ESP状态信号 → 蓄电池（正常电压）、驻车开关（持续拉起）→ EPB的ECU →（根据滑移率、快速调节拉起力）→ 执行模块 | 蓄电池电压正常，是否踩下制动踏板（制动踏板开关信号），制动初始车速大于5km/h（轮速信号），确认ESP及其附属功能CDP状态异常（ESP状态信号和CDP状态信号），持续拉起EPB开关（EBP开关状态信号） |
| | EPB动态降级模式（EPB降级模式）功能 | 车辆正常行驶，手动持续拉起EPB开关，EPB确认ESP及其附加功能CDP的状态信号异常，或ESP收到制动请求后未执行制动，轮速信号丢失或失效，EPB逐步拉起至最大输出力5s后转为静态驻车制动<br><br>高速CAN线：轮速信号失效或丢失、CDP状态信号、ESP的失效信号 → 蓄电池（正常电压）、驻车开关（持续拉起）→ EPB的ECU →（逐步增力拉起，5s后转为静态驻车）→ 执行模块 | 蓄电池电压正常，轮速信号丢失或失效，确认ESP及其附属功能CDP状态异常（ESP状态信号和CDP状态信号），持续拉起EPB开关（EBP开关状态信号） |

(续)

| 功能 | 功能细分 | 功能描述 | 工作条件 |
|---|---|---|---|
| 动态功能 | 动态释放功能 | EPB执行动态制动,车速高于5km/h时松开EPB开关,立即解除制动;车速低于5km/h时松开EPB开关,制动不解除,此时EPB已进入驻车状态。备注:若之前的动态制动为EPB降级模式,则拉起EPB开关5s以后EPB便转为驻车状态,即5s后松开EPB开关,不会释放制动 | 蓄电池电压正常,轮速信号正常时判断车速,轮速信号丢失或失效时判断拉起开关时间,持续拉起EPB开关(EBP开关状态信号) |
| 动态功能 | 动态释放功能 | 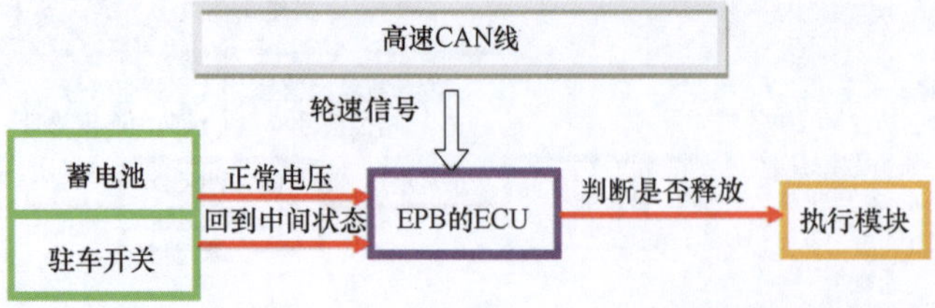 高速CAN线 → 轮速信号;蓄电池 正常电压 → EPB的ECU;驻车开关 回到中间状态 → EPB的ECU → 判断是否释放 → 执行模块 | |
| 遥控功能 | 遥控拉起功能 | 使用遥控钥匙控制车辆行驶时,松开前进或后退键时,TCU发出遥控驾驶模式信号和制动请求命令给EPB,EPB接到命令后立即执行拉起(拉起力为中力) | 进入遥控驾驶模式,接到TCU的遥控拉起信号,变速杆的实际档位在P/N位,车速小于15km/h且至少3个轮速有效,蓄电池电压正常,车辆起动 |
| 遥控功能 | 遥控拉起功能 | 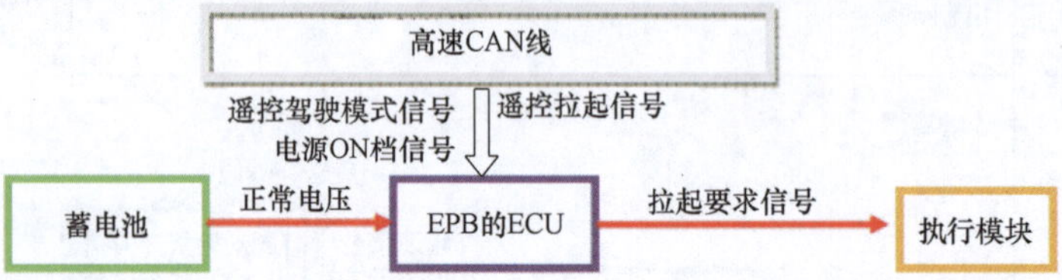 高速CAN线;遥控驾驶模式信号、电源ON档信号、遥控拉起信号;蓄电池 正常电压 → EPB的ECU → 拉起要求信号 → 执行模块 | |
| 遥控功能 | 遥控释放功能 | 按下遥控钥匙上的前进或后退键时,TCU发出遥控驾驶模式信号和解除制动请求命令给EPB,EPB接到命令后立即执行释放 | 进入遥控驾驶模式,接到TCU的遥控释放信号,变速杆的实际档位在P/N位,车速小于15km/h且至少3个轮速有效,蓄电池电压正常,车辆起动 |
| 遥控功能 | 遥控释放功能 | 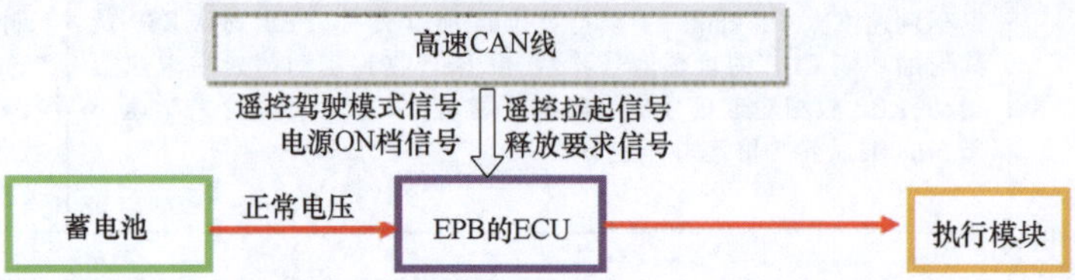 高速CAN线;遥控驾驶模式信号、电源ON档信号、遥控拉起信号;蓄电池 正常电压 → EPB的ECU → 释放要求信号 → 执行模块 | |

### 7.3.2 电子驻车器检测

**1. EPB开关电阻测试**

以比亚迪唐车型为例,EPB开关(K52)连接端子如图7-12所示,检测数据见表7-3。

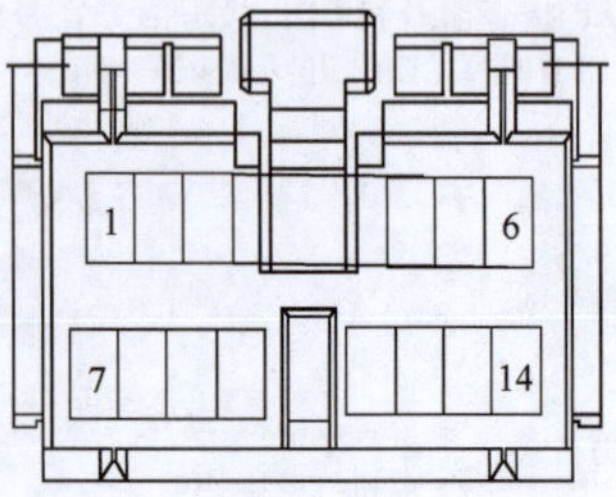

表7-3 K52端子检测数据

| 端子 | 测试条件 | 正常情况 |
|---|---|---|
| K52-1-K52-4 | 开关无动作 | 小于1Ω |
| K52-2-K52-3 | 开关无动作 | 小于1Ω |
| K52-5-K52-6 | 开关无动作 | 小于1Ω |
| K52-1-K52-4 | 开关拉起 | 小于1Ω |
| K52-2-K52-3 | 开关拉起 | 大于10kΩ |
| K52-5-K52-6 | 开关拉起 | 小于1Ω |
| K52-3-K52-4 | 开关拉起 | 小于1Ω |
| K52-1-K52-4 | 开关按下 | 小于1Ω |
| K52-2-K52-3 | 开关按下 | 小于1Ω |
| K52-5-K52-6 | 开关按下 | 大于10kΩ |
| K52-6-K52-1 | 开关按下 | 小于1Ω |

图7-12 K52开关连接端子

## 2. ECU 控制器端子检测

EPB 控制器（K147）连接端子如图 7-13 所示，端子信息见表 7-4。

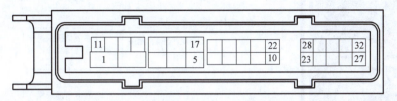

图 7-13　K147 控制器连接端子

表 7-4　K147 端子信息

| 端子号 | 线色 | 端子描述 | 条件 | 正常值 |
| --- | --- | --- | --- | --- |
| K147-1—车身地 | W/B | 常电电源（右 EPB 电机供电电源） | 始终 | 11～14V |
| K147-2—车身地 | B | 接地 | 始终 | 小于 1Ω |
| K147-3—车身地 | Y/B | 右 EPB 电机负极 | — | — |
| K147-5—车身地 | G/B | 常电电源（左 EPB 电机供电电源） | 始终 | 11～14V |
| K147-15—车身地 | Y/R | 右 EPB 电机正极 | — | — |
| K147-16—车身地 | G/B | 左 EPB 电机负极 | — | — |
| K147-17—车身地 | G/R | 左 EPB 电机正极 | — | — |
| K147-21—车身地 | L/R | IG1 | ON 档电 | 11～14V |
| K147-23—车身地 | V/W | 开关信号 | — | — |
| K147-24—车身地 | Gr | 开关信号 | — | — |
| K147-25—车身地 | L/Y | 开关信号 | — | — |
| K147-27—车身地 | V | CANL | 始终 | 约 2.5V |
| K147-28—车身地 | W/L | 开关信号 | — | — |
| K147-29—车身地 | Br | 开关信号 | — | — |
| K147-30—车身地 | L/B | 开关信号 | — | — |
| K147-32—车身地 | P | CANH | 始终 | 约 2.5V |

### 7.3.3　电子驻车器释放与初始化

比亚迪 EPB 维修释放和初始化方法如下。

**1. 维修释放方法**

1）方法一：使用 VDS1000。

2）方法二：使用 EPB 开关操作完全释放；车辆处于静止状态，车辆上电或起动，踩下制动踏板并持续按下驻车开关 10s 以上（10s 后仪表上黄色警告灯会闪烁），松开开关 5s 内再次按下驻车开关，EPB 释放到装车状态（此时黄色警告灯常亮），松开制动踏板。释放原理如图 7-14 所示。

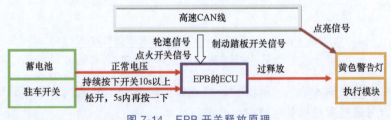

图 7-14　EPB 开关释放原理

3）方法三：手动释放，如图 7-15 所示。注意：只能顺时针旋转。

**2. 初始化和标定方法**

使用 VDS1000，操作流程如图 7-16 所示。注意事项：①在更换 ECU 的情况下需要做坡度标定和初始化，其他情况做初始化即可；②在水平路面，系统故障，ON 档电的情况下即可完成标定。

图 7-15 手动释放

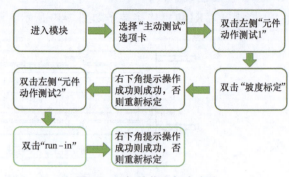

图 7-16 初始化和标定方法

## 7.4 电动油泵

### 7.4.1 电动油泵原理

除了用在 GA8HP70Z 中的机械式机油泵，宝马 F18 PHEV 的自动变速器中还集成了一个电动辅助机油泵（GA8P75HZ），其安装位置如图 7-17 所示。

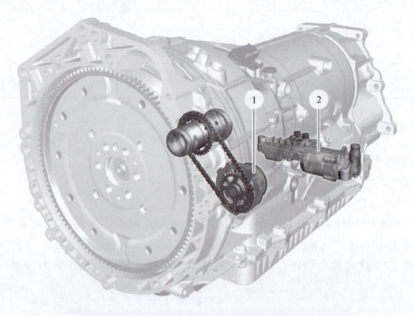

图 7-17 F18 PHEV GA8P75HZ 变速器机油泵
1—机械式机油泵 2—电动辅助机油泵

机械式机油泵由变速器输入轴的一根滚动铰接式齿形链驱动。分离离合器断开时通过电机进行驱动，分离离合器接合时通过发动机和电机的组合进行驱动。

在变速器输入轴转速过低的工作阶段，为了在出现负荷请求时缩短变速器的反应时间，电动辅助机油泵补偿液压系统中的泄漏。

和机械式机油泵一样，电动辅助机油泵也是一台叶片泵。它由一个无电刷的直流电机驱动。电子控制装置集成在电动辅助机油泵的壳体中，由电子变速器控制系统 EGS 控制，如图 7-18 所示。自变速器油温自-5℃起，可驱动电动辅助机油泵。在特殊情况下，如电机失灵，电动辅助机油泵也可以自

-15℃的温度起以紧急运行模式工作,以接合分离离合器。这样驾驶员在电机失灵的情况下仍然能够继续行驶。

在GA8P75HZ变速器中,它占据GA8HP70Z中所用的液压脉冲存储器的安装空间。和液压脉冲存储器一样,电动辅助机油泵在损坏时也可更换。

在传统车辆中,起动电机旋转,通过变矩器驱动机械式变速器油泵。在建立起变速器油压后,可移出驻车锁止器。而在GA8P75HZ中,无须变速器油压即可断开分离离合器。因此,在GA8P75HZ中不需要通过起动电机旋转来产生用于移出驻车锁止器的变速器油压,而是可以通过辅助电动变速器泵油建立起变速器油压;或者用电机驱动机械式变速器油泵,从而建立起变速器油压。F18 PHEV自动变速器冷却油管连接如图7-19所示。

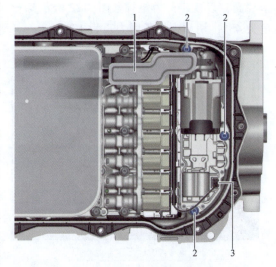

图7-18 F18 PHEV电动辅助机油泵的安装位置
1—吸管 2—电动辅助机油泵螺旋连接点 3—电气接口

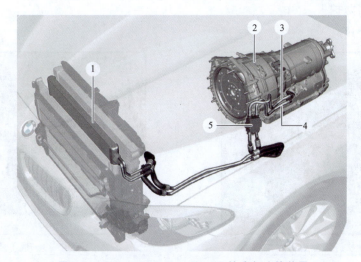

图7-19 F18 PHEV GA8P75HZ的冷却油管装置
1—变速器油冷却器 2—自动变速器 3—变速器油供给管路 4—变速器油回流管路 5—节温器

### 7.4.2 电动油泵拆卸与安装

安装说明:变速器油底壳在拆卸后必须予以更换。

以宝马530Le车型为例,介绍该车变速器电子油泵拆装步骤。

**1. 拆卸步骤**

1)拆卸后部机组防护板。

2)拆下图7-20所示定位板1。

3)松开图7-21所示放油螺塞1,排放自动变速器用油。

4)松开图7-22所示所有螺栓1~14,取下变速器油底壳。

5)脱开图7-23所示插头1,松开螺栓2,拆下机油泵。

**2. 安装步骤**

1)如图7-24所示,在重新安装油泵1时必须更新密封环2。

2)更换螺栓,装上油泵。装上图7-23所示螺栓2并拧紧,连接插头1。M6螺栓紧固力矩:8N·m。

3)更换注油螺栓、变速器油底壳和螺栓,清洁变速器油底壳的接触面。旋入新的螺栓直至螺栓头贴紧端面，以规定的力矩拧紧图 7-22 所示螺栓 1~14。铝质螺栓必须更换，紧固力矩为 4N·m，第 2 转角为 45°；钢质螺栓紧固力矩为 10N·m。

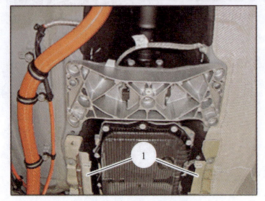

图 7-20　拆下定位板

图 7-21　松开放油螺塞

4）安装图 7-25 所示支架板 1。
5）安装后部机组防护板。
6）匹配变速器油位。

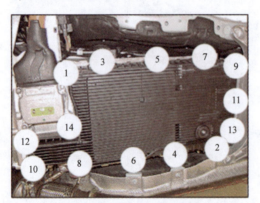

图 7-22　松开油底壳螺栓

图 7-23　拆下机油泵

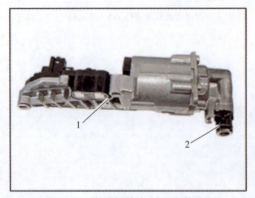

图 7-24　使用新的密封环安装油泵

图 7-25　安装支架板

# 第8章 车载网络系统

## 8.1 总线网络系统

### 8.1.1 总线网络原理

途锐混合动力汽车在不同的工作模式下，必须对不同系统之间大量的车辆信息进行搜集、评估和交换以进行调控。除了我们了解的驱动系统、舒适系统和信息娱乐系统 CAN 数据总线网络之外，途锐还使用到了底盘 CAN、扩展 CAN、显示 CAN 以及混合动力 CAN。

此外，还要处理来自 MOST 和 LIN 网络的信息[一]。这些网络的公用接口就是数据总线诊断接口（网关）。总线网络组成如图 8-1 所示，连接系统见表 8-1。

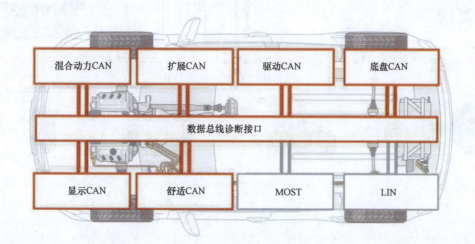

图 8-1 数据总线网络连接

---

[一] MOST 指 Media Oriented System Transport，面向媒体的系统传输。
LIN 指 Local Interconnect Network，局部互联网。

表8-1 总线连接系统

| 总线名称 | 连接系统 | 总线名称 | 连接系统 |
| --- | --- | --- | --- |
| CAN-驱动 | 发动机管理系统、变速器管理系统、安全气囊系统等之间的通信 | CAN-显示 | 组合仪表、驻车辅助系统、空调控制等之间的通信 |
| CAN-舒适 | 座椅记忆、牵引探测、防盗系统等之间的通信 | CAN-混合动力 | 发动机控制单元、芯轴作动器、电力电子设备、电机等之间的通信 |
| CAN-底盘 | ABS/ESP、避振器和车身高度调节、电子驻车、转向角传感器等之间的通信 | MOST | 收音机/导航系统、组合仪表、音响系统之间的通信 |
| CAN-扩展 | 空调压缩机、大灯照射范围控制、电子液压助力转向等之间的通信 | LIN | 座椅占用识别系统、PTC调节、鼓风机调节等之间的通信 |

图8-2所示的系统示意图所显示的只是在电力驱动模式下所需要的部件和信号。实际上，在行驶模式中所涉及的车辆系统间所有其他的输入和输出信号都会进行交换，如暖风和空调系统、助力转向系统和制动系统的运行等。在电力驱动模式和发动机驱动模式之间互相切换时，车辆各系统间的协调是特别重要的，协调得好，驱动转矩上的变化才不会对驾驶的舒适性产生不良影响。这意味着发动机管理系统、变速器管理系统和混合动力调节系统互相之间特别需要精确地配合。在电力驱动模式和发动机驱动模式之间进行切换时，在发动机控制单元和电力电子装置之间也在切换着优先权。在发动机驱动模式下，发动机控制单元是主导控制单元。在电力驱动模式下，电力电子装置取代了发动机控制单元的优先控制权。

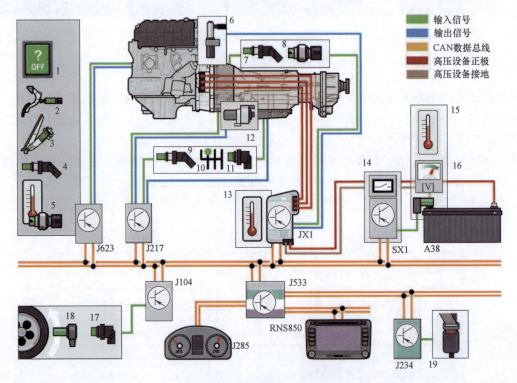

图8-2 网络总线系统示意图

1—电力驱动模式开/关 2—制动信号 3—电子节气门信号 4—发动机转速 5—发动机温度 6—离合器动作发动机/电机 7—电机转速 8—电机温度 9—变速器转速 10—档位识别 11—变速器液压系统温度 12—离合器液压泵/变速器液压压力/换档动作 13—电力电子装置温度 14—高电压线路监控 15—蓄电池温度 16—电压监控 17—制动系统液压压力/制动压力 18—轮速探测 19—安全带识别

图中，A38是高压蓄电池；J623是发动机控制单元；J217是自动变速器控制单元；JX1是用于电力驱动的电力和控制电子装置；SX1是接线盒和配电箱（电气箱）；J104是ABS控制单元；J285是组合仪表控制单元；J533是数据总线诊断接口；J234是安全气囊控制单元；RNS850是收音机导航系统。

宝马i3数据通信网络连接系统如图8-3所示。

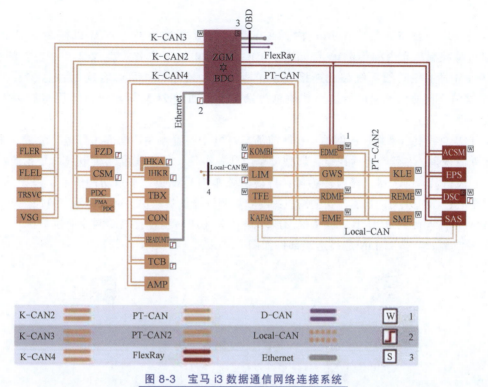

图 8-3 宝马 i3 数据通信网络连接系统

1—与总线端 15WUP 连接的控制单元  2—有唤醒权限的控制单元
3—用于 FlexRay 总线系统起动和同步的起动节点控制单元  4—车辆上的充电接口

图中，ACSM 是碰撞和安全模块；AMP 是放大器；BDC 是车身域控制器；CON 是控制器；CSM 是汽车共享模块；DSC 是动态稳定控制系统；EDME 是数字式发动机电气电子系统；EME 是电机电子装置；EPS 是电子助力转向系统；FLER 是右侧前部车灯电子装置；FLEL 是左侧前部车灯电子装置；FZD 是车顶功能中心；GWS 是选档开关；HEADUNIT 是主控单元；IHKA 是自动恒温空调；IHKR 是手动恒温空调；KAFAS 是基于摄像机的驾驶员辅助系统；KLE 是便捷充电电子装置；KOMBI 是组合仪表；LIM 是充电接口模块；PDC 是驻车距离监控系统；PMA 是驻车操作辅助系统；RDME 是增程器数字式发动机电子系统；REME 是增程电机电子装置；SAS 是选装配置系统；SME 是蓄能器管理电子装置；TFE 是燃油箱功能电子系统；TBX 是触控盒；TCB 是远程通信系统盒；TRSVC 是顶部后方侧视摄像机；VSG 是车辆发声器；ZGM 是中央网关模块。

宝马 i3 使用 K-CAN 总线有 K-CAN2、K-CAN3 和 K-CAN4。所有 K-CAN 总线的数据传输率均为 500kbit/s。在 i3 上不使用数据传输率为 100kbit/s 的 K-CAN。

宝马 i3 使用 PT-CAN 总线有 PT-CAN 和 PT-CAN2。用于 PT-CAN2 的网关位于数字式发动机电气电子系统（EDME）内。两个 PT-CAN 的数据传输率均为 500kbit/s。

用于车辆诊断的 D-CAN 数据传输率为 500kbit/s。使用 OBD2 接口通过 D-CAN 可进行车辆诊断。用于车辆编程的以太网访问接口同样位于 OBD2 接口内。

在 i3 上根据相应配置提供的局域 CAN 总线有：从选装配置系统（SAS）连至基于摄像机的驾驶员辅助系统（KAFAS）的局域 CAN；从充电接口模块（LIM）连至车辆充电接口的局域 CAN。局域 CAN 总线的数据传输率均为 500kbit/s。

根据所需信息，LIN 总线使用不同数据传输率。在 i3 上 LIN 总线的数据传输率为 9.6~20.0kbit/s。例如：车外后视镜、驾驶员车门开关组件为 9.6kbit/s；左侧前部车灯电子装置、右侧前部车灯电子装置为 19.2kbit/s；遥控信号接收器为 20.0kbit/s。

车身域控制器针对相应输入端的不同数据传输率进行设计。车身域控制器（BDC）执行以下功能：网关、禁起动防盗锁、总线端控制、舒适登车系统、中控锁、车窗升降器、照明装置、刮水和清洗装置、喇叭。

中央网关模块（ZGM）集成在 BDC 内。在车载网络结构 2020 中，ZGM 以模块形式集成在 BDC 内。它可以说是控制单元内的控制单元，因为 BDC 内 ZGM 的工作方式就像是一个独立的控制单元。ZGM 的任务是将所有主总线系统彼此连接起来。通过这种连接方式可综合利用各总线系统提供的信息。ZGM 能够将不同协议和速度转换到其他总线系统上。通过 ZGM 可经过以太网将有关控制单元的编程数据传输到车辆上。

BDC 是 LIN 总线上以下组件的网关：右侧前部车灯电子装置；左侧前部车灯电子装置；主动风门控制；左侧车外后视镜；右侧车外后视镜；驾驶员车门开关组件；数字式发动机电气电子系统；智能型蓄电池传感器；风窗玻璃刮水器；晴雨传感器；自动防眩车内后视镜；车顶功能中心；遥控信号接收器；转向柱开关中心；车灯开关；智能型安全按钮；驾驶员侧座椅加热模块；前乘客侧座椅加热模块。

以下 LIN 组件连接到 BDC 上，但是仅形成环路：电气加热装置；电动制冷剂压缩机；自动恒温空调或手动恒温空调。宝马 i3 LIN 总线连接部件如图 8-4 所示。

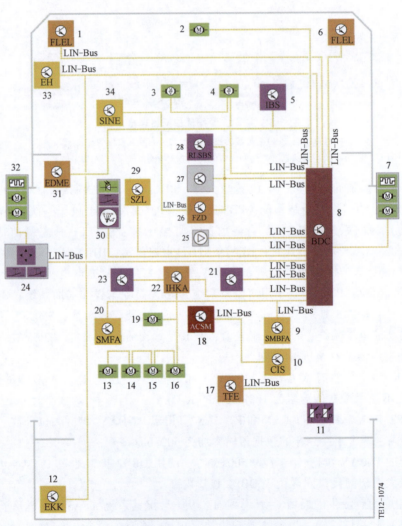

图 8-4　宝马 i3 LIN 总线方框图

1—左侧前部车灯电子装置　2—电风扇　3—前乘客侧刮水器电机　4—驾驶员侧刮水器电机　5—智能型蓄电池传感器
6—右侧前部车灯电子装置　7—右侧车外后视镜　8—车身域控制器　9—前乘客侧座椅模块　10—座椅占用识别垫　11—压力和温度传感器
12—电动制冷剂压缩机　13—脚部空间步进电机　14—空气混合风门步进电机　15—除霜步进电机　16—新鲜空气/循环空气风门步进电机
17—燃油箱功能电子系统　18—碰撞和安全模块　19—鼓风机功率输出级　20—驾驶员侧座椅模块　21—智能型安全按钮
22—自动恒温空调/手动恒温空调　23—暖风和空调操作面板以及收音机操作面板　24—驾驶员车门开关组件　25—遥控信号接收器
26—车顶功能中心　27—自动防眩车内后视镜　28—晴雨/光照/水雾传感器　29—转向柱开关中心　30—车灯开关操作单元
31—数字式发动机电气电子系统　32—左侧车外后视镜　33—电气加热装置　34—带有倾斜报警传感器的报警器

宝马 i3 各控制模块安装位置如图 8-5 所示。

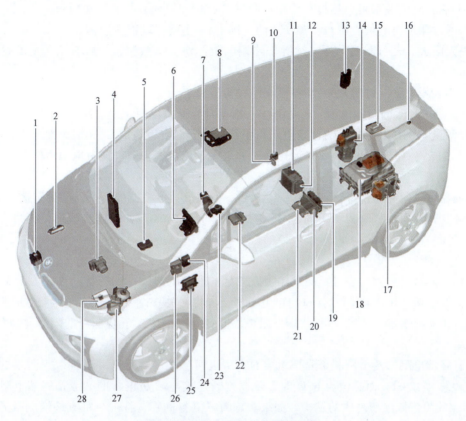

图 8-5　宝马 i3 控制模块安装位置

1—车辆发声器（VSG）　2—右侧前部车灯电子装置（FLER）　3—动态稳定控制系统（DSC）　4—车身域控制器（BDC）　5—自动恒温空调（IHKA）或手动恒温空调（IHKR）　6—组合仪表（KOMBI）　7—选档开关（GWS）　8—车顶功能中心（FZD）　9—触控盒（TBX）　10—驻车操作辅助系统（PMA）或驻车距离监控系统（PDC）　11—主控单元（HEADUNIT）　12—选装配置系统（SAS）　13—充电接口模块（LIM）　14—增程电机电子装置（REME）　15—增程器数字式发动机电子系统（RDME）　16—顶部后方侧视摄像机（TRSVC）　17—便捷充电电子装置（KLE）　18—电机电子装置（EME）　19—放大器（AMP）　20—远程通信系统盒（TCB）　21—蓄能器管理电子装置（SME）　22—碰撞和安全模块（ACSM）　23—控制器（CON）　24—燃油箱功能电子系统（TFE）　25—数字式发动机电气电子系统（EDME）　26—基于摄像机的驾驶员辅助系统（KAFAS）　27—电子助力转向系统（EPS）　28—左侧前部车灯电子装置（FLEL）

### 8.1.2　总线网络电路检测

**1. 比亚迪唐 CAN 总线检修方法**

此处以比亚迪唐车型为例讲解 CAN 总线的故障维修方法。

（1）故障形式

CAN 总线故障形式主要有 CAN-High 和 CAN-Low 短路、CAN-High 对正极短路、CAN-High 对地短路、CAN-High 断路、CAN-Low 对正极短路、CAN-Low 对地短路和 CAN-Low 断路共 7 种故障。

（2）故障码

CAN 总线使用三种类型的 DTC，见表 8-2。

表 8-2　CAN 总线故障类型

| DTC 类型 | 功 能 说 明 |
| --- | --- |
| 内部错误 DTC | 各 ECU 执行内部检查，如果其中一个发现内部 ECU 问题，则它会提出一个内部错误 DTC，指示该 ECU 需要更换 |
| 失去通信 DTC | 失去通信 DTC（和总线关闭 DTC）是在 ECU 之间的通信出现问题时提出的，问题可能出在连接、导线或 ECU 本身上 |
| 信号错误 DTC | 各 ECU 对某些输入回路执行诊断测试，以确定此回路功能是否正常（无断路或短路）。如果一个回路未通过诊断测试，则会相应设置一个 DTC（注意：并非所有输入都检测是否有错误） |

（3）诊断方法

CAN 线是否正常，一般可以通过在诊断口测量 CANH 和 CANL 的电阻来判断：

1）如果通过测量，电阻值在 60~70Ω 之间，则 CAN 主线可以正常通信。

2）如果无限大，表明断路，可继续拆下终端电阻模块，单独测量 CANH 和 CANL 的电阻，应为 120Ω 左右。

3）无限小表明短路，可断开 CAN 各模块，做初步判定。

4）CANH 和 CANL 的对地电阻：若与其中一根车身导通，说明该线短路。

5）通过测量 CANH 和 CANL 的对地电压；正常情况下，应该测试 CAN 网隐性电压。CANH/CANL 的对地电压在 2.5V；如果在 0V 表明对地短路，如果大于正常值，则可能对电源短路。

（4）波形测量

运用示波器可以同时测量 CAN-High 和 CAN-Low 的波形，示波器的两个通道分别接入 CAN-High 和 CAN-Low 线路，这样可在同一界面下同时显示 CAN-High 和 CAN-Low 的同步波形，能很直观地分析系统出现哪些问题。

（5）电阻测量

总线终端电阻可以用万用表进行测量：①拆下蓄电池的电源线；②等待约 5min，直到所有的电容器充分放电；③连接万用表至 DLC 接口测量电阻值；④将网关 CAN 插头拔下，检测总的阻值是否发生变化；⑤把网关 CAN 插头插好，再将终端电阻模块 CAN 插头拔下；⑥检测总的阻值是否发生变化，并分析测量结果。

由于带有终端电阻的两个控制单元是相连的，所以两个终端电阻是并联的。当测量的结果为每一个终端电阻大约为 120Ω，而总值为 60Ω 时，可以判断连接电阻是正常的，但是终端电阻不一定就是 120Ω，其相应的阻值依赖于总线的结构。如果在总的阻值测量后，将一个带有终端电阻的控制单元插头拔下，显示阻值发生变化，这是测量的一个控制单元的终端电阻阻值。当在一个带有终端电阻的控制单元插头拔下后测量的阻值没有发生变化，则说明系统中存在问题，可能是被拔下的控制单元终端电阻损坏或是 CAN-BUS 出现断路。如果在拔下控制单元后显示的阻值变化无穷大，则可能是连接中的控制单元终端电阻损坏，或是到该控制单元的 CAN-BUS 出现故障。

（6）电压测量

CAN 总线端子检测电压见表 8-3。

表 8-3　CAN 端子电压测量

| 连接端子 | 线色 | 测试条件 | 正常值 |
| --- | --- | --- | --- |
| CANH-车身地 | P | 始终 | 2.5~3.5V |
| CANL-车身地 | V | 始终 | 1.5~2.5V |

（7）维修说明

1）解故障车型的汽车多路传输系统特点。

2）检查汽车电源系统是否存在故障，如：交流发电机的输出波形是否正常等。

3）检查汽车多路信息传输系统的链路是否存在故障，采用示波器或汽车专用光纤诊断仪来观察通信数据信号，或采用替换法或跨线法进行检测。

4）如果是节点故障，采用替换法进行检测。

5）如果 CAN-BUS 导线有破损或断路需接线时，每段接线应<50mm，每两段接线之间应≥100mm；如果需要在中央接点处维修，则严禁打开接点，只允许在距接点 100mm 以外断开导线；另外，每条 CAN-BUS 导线长度不应超过 5m，否则所传输的脉冲信号会失真。

**2. 比亚迪 e6 总线检测**

e6 车型高速网总线电压检测如图 8-6 所示，低速网总线电压检测如图 8-7 所示。

e6 总线节点电压的检测如图 8-8 和图 8-9 所示，车辆上 0K 档检测。

图 8-6 检测高速网总线电压

图 8-7 检测低速网总线电阻

图 8-8 检测 DC/DC CAN 进线电压

图 8-9 检测 DC/DC CAN 出线电压

**3. 比亚迪 e6 总线终端电阻的检测**

以比亚迪 e6 车型为例，从诊断接口上可以检测到的终端电阻只有 4 个，其余 6 个需要在各个子网检测。诊断口检测电阻值如图 8-10 和图 8-11 所示。

图 8-10 高速网 CAN 线检测

图 8-11 低速网 CAN 线检测

总线电压检测时，注意不要用交流档检测（图 8-12）。请使用直流档检测 CAN 电压，如图 8-13 所示。

图 8-12 交流档检测结果

图 8-13 直流档检测结果

### 8.1.3 总线网络系统故障排除

**故障现象**：比亚迪 e6 车辆在正常操作的情况下，车辆无法上电。

**检修过程**：

1) 整车处于 ON 档，把万用表打到电压档，然后把万用表一端接到诊断口 CAN 总线网络上 CANL/CANH 引脚上，万用表的另一端接到车身地，如图 8-14 所示。

2) 如图 8-15 所示，用万用表读取 CAN 总线网络 CANL/CANH 的隐性电平为 0V、12V 或者其他较大偏离 2.5V 的数值。

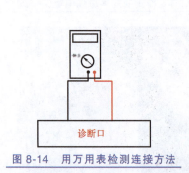

图 8-14　用万用表检测连接方法

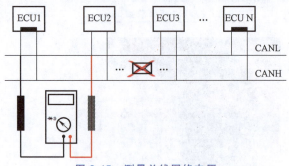

图 8-15　测量总线网络电压

3) 以上结果表明 CAN 总线网络是有故障的。一般来说，如果 ECU 上的总线收发器的 CANL/CANH 引脚接地或者与电源短路，就会造成整个 CAN 总线网络的隐性电平为 0V 或者 12V。

**排除方法**：逐个检查整个 CAN 总线网络上的 ECU 内的收发器的 CANL 和 CANH 引脚，看是否有 ECU 的收发器的 CANL/CANH 引脚接地或者与电源短路。

## 8.2　车联网络系统

### 8.2.1　车联网络原理

以众泰 E200 车型为例，T-BOX 车联网模块（车纷享模块）固定安装在汽车右仪表台支架上，与整车总线系统相连，通过无线通信网络与远程通信服务器通信，用户可以在手机或其他设备上安装与汽车匹配的软件，来对车辆进行远程操控。

T-BOX 车联网模块的主要功能有：车辆状态信息上传、远程开闭锁、远程一键寻车、远程升降车窗。

(1) 车辆状态信息上传

1) T-BOX 车联网模块读取 CAN 通信系统存储的车辆运行状态信息，将信息上传到远程服务器。在车辆发生紧急故障时，车联网模块通过模块序列号标识自己的身份，用户可以与远程服务器通信获取帮助。

2) T-BOX 车联网模块。

① 支持远程客户端自定义 CAN 总线等监控参数的传输，支持远程故障诊断功能。

② 支持车辆不同工作状态的监测：休眠、运行、外接充电、长时间待机等。

③ 同时满足政府和企业 2 个平台监控的需求，发送数据采取权限加密设置。

④ 满足整车控制器硬件技术规范，具有很好的功能可靠性、安全性和通信功能扩充性。

⑤ T-BOX 能记录车辆发生故障前后总线的全部数据，可支持扩展内存，并具备故障诊断自我功能。

⑥ 车辆下线检测时，支持该模块的自检功能。

3）T-BOX 车联网相关技术规格。

① 3G/GPRS 通信方式，自适应支持 3G 及 GPRS 通信模式。

② 最高 10Hz（3G）/5Hz（2G）实时监测数据。

③ 同时满足政府和企业 2 个平台监控的需求，发送数据采取权限加密设置。

④ 支持 ISO15765、SAGJ1979、ISO14230（KWP2000）、UDS、CCP 等总线通信协议。

⑤ 3 路 CAN 总线接口，可连接整车控制器获取数据。

⑥ 5Hz 刷新率 GPS 传感器，定位精度高达 2.5m，支持实时街道地图及航拍地图。

⑦ 适配工业级 SD 卡，SLC 串行存储，最高支持 32G 容量，防盗用加密设计。

⑧ 支持远程软件升级功能。

⑨ 供电范围宽（6~30VDC），抗恶劣环境，工作环境温度范围：-40~85℃。

⑩ 总功耗小于 3.5W，待机电流≤1mA，工作电流小于 160mA。

（2）远程开闭锁

1）用户操作手机或其他设备通过无线网络发送出开闭锁信号给 T-BOX，T-BOX 接收并分析处理后通过 CAN 总线发送到无钥匙进入及启动系统（Passive Entry Passive Start，PEPS）。PEPS 发出信号到 BCM，BCM 接收到信号后激活相应的功能。

2）BCM 接收到闭锁信号，若所有车门关闭，BCM 驱动门锁电机执行远程闭锁动作，同时转向灯闪烁两次；若有任意车门开启，BCM 不驱动门锁电机工作，转向灯不闪烁。

3）BCM 接收到开锁信号，驱动门锁电机执行远程解锁动作，转向灯闪烁一次。

4）T-BOX 可以从 CAN 总线上获取当前车门和门锁状态。

5）远程落锁后，若满足自动回防条件，将会激活自动回防动作。工作原理如图 8-16 所示。

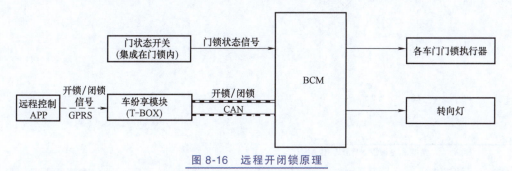

图 8-16 远程开闭锁原理

（3）远程一键寻车

1）用户操作手机或其他设备通过无线网络发送出开闭锁信号给 T-BOX，T-BOX 接收并分析处理后通过 CAN 总线发送到 PEPS。PEPS 发出信号到 BCM，BCM 接收到信号后激活寻车功能，左右转向灯开始闪烁，同时喇叭鸣响两声。

2）在转向灯闪烁时有远程开锁、闭锁操作或有车门打开，左右转向灯切换到开锁、闭锁或打开车门的闪烁状态。工作原理如图 8-17 所示。

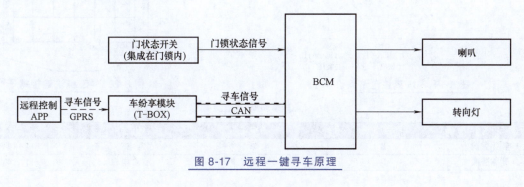

图 8-17 远程一键寻车原理

（4）远程升降车窗

在车辆熄火状态下，用户操作手机或其他设备通过无线网络发送出车窗升降信号给T-BOX，T-BOX接收并分析处理后通过CAN总线发送到PEPS。PEPS发出信号到BCM，BCM接收到信号后激活车窗上升或下降功能，相应的车窗开始上升或下降。工作原理如图8-18所示。

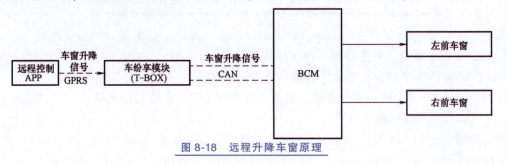

图8-18 远程升降车窗原理

### 8.2.2 车联网络电路检测

**1. 比亚迪宋EV 300车型4G模块检测**

以比亚迪新能源车型为例，宋EV300车型4G模块电路和连接端子如图8-19和图8-20所示，检测数据见表8-4。

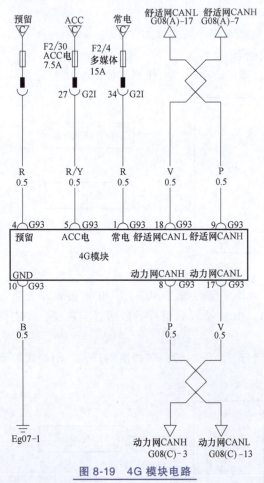

图8-19 4G模块电路　　　　图8-20 4G模块连接端子

表8-4 4G模块端子检测数据

| 端子号（符号） | 配线颜色 | 端子描述 | 条件 | 规定状态 |
|---|---|---|---|---|
| G93-1-车身搭铁 | R | 电源 | 常电 | 11~14V |
| G93-5-车身搭铁 | R | 电源 | ACC电 | 11~14V |

(续)

| 端子号(符号) | 配线颜色 | 端子描述 | 条件 | 规定状态 |
|---|---|---|---|---|
| G93-8-车身搭铁 | P | 动力网 CANH | 始终 | 约 2.5V |
| G93-9-车身搭铁 | P | 舒适网 CANH | 始终 | 约 2.5V |
| G93-10-车身搭铁 | R/L | 电源 | 常电 | 11～14V |
| G93-17-车身搭铁 | V | 动力网 CANL | 始终 | 约 2.5 |
| G93-18-车身搭铁 | V | 舒适网 CANL | 始终 | 约 2.5 |

如果结果不符合表 8-4 中的规定，则线束可能存在故障。

整个系统不工作的检修步骤：

1）检查保险：用万用表检查 F2/4 熔丝，若损坏则进行更换。

2）检查电源输入或接地（表 8-5）：断开 G93 插接器；用万用表测试线束端电压或阻值，如有问题则更换线束。

表 8-5 电源输入或接地线束检测数据

| 检测仪连接 | 条件 | 规定状态 |
|---|---|---|
| G93-1-车身地 | 始终 | 11～14V |
| G93-5-车身地 | ACC 电 | 11～14V |
| G93-10-车身地 | 始终 | 小于 1Ω |

3）检查 CAN 通信（表 8-6）：断开 G93 插接器，检查线束端的电压或电阻，如有异常则检查 CAN 线束。

表 8-6 CAN 线束检测数据

| 检测仪连接 | 条件 | 规定状态 |
|---|---|---|
| G93-8-车身地 | 始终 | 约 2.5V |
| G93-9-车身地 | 始终 | 约 2.5V |
| G93-17-车身地 | 始终 | 约 2.5V |
| G93-18-车身地 | 始终 | 约 2.5V |

4）更换 4G 模块。

**2. 荣威 eRX5 通信模块（TBOX）更换后操作**

更换 TBOX 后，必须执行以下操作：

1）将故障诊断仪连接至车辆并访问上汽综合编程系统（SIPS）。

2）选择编程与编码—TBOX—更换，并按屏幕上的说明进行操作。

更换操作中已包括了模块刷新、配置、防盗、激活。如果在更换过程中提示失败，请根据界面提示执行。

当 TBOX 需要重启时，可按如下操作进行：

1）将故障诊断仪连接至车辆并访问 VDS。

2）选择快速通道—学习值/调整—TBOX 重启，并按屏幕上的说明进行操作。

### 8.2.3 车联网络系统故障排除

**1. 故障快速排查**

以众泰 E200 为例，使用表 8-7 将有助于找到问题的起因，按顺序检查每个部件，需要时进行维修或更换。

表 8-7 车联网络系统故障

| 故障现象 | 故障原因 | 建议措施 |
|---|---|---|
| 远程遥控系统<br>不能控制车辆 | 1. T-BOX 熔丝 IF01 熔断 | 更换相同规格熔丝 |
| | 2. 接地电路故障 | 检查 BCM 接地点是否连接牢固并检查 BCM 插接件与接地点之间线束 |
| | 3. 远程 APP 程序故障 | 调试远程 APP 程序 |
| | 4. 执行电路故障 | 检查 BCM 插接件与执行器之间线束 |
| | 5. T-BOX 损坏 | 更换 T-BOX |
| | 6. BCM 损坏 | 更换 BCM |
| | 7. CAN 通信系统故障 | 检查 T-BOX 与 BCM、PEPS 模块之间的 CAN 线路 |
| 车辆状态信息无法上传 | T-BOX 损坏 | 更换 T-BOX |

## 2. 远程监控模块故障排除

以奇瑞艾瑞泽 7e 车型为例,车联网系统故障分以下几种情况分别处理。

(1) RVM 灯常亮

**故障现象**:仪表盘 RVM<sup>⊖</sup>灯常亮,且手机 APP 无法使用(无法定位及无法查找车辆信息等功能)。

**排查方法**:

联通卡欠费操作说明:请通知售后排查联通卡是否欠费,如欠费需缴费后,系统方可工作;如无欠费问题则按以下步骤操作。

1)将车钥匙打到 ON,观察到仪表上的 RVM 灯一直保持常亮状态。

2)将远程监测模块(零件号:J42-7930017)先断电,然后再上电,具体操作方式如下:

① 拆下远程监测模块。

② 打开远程监测模块卡扣,如图 8-21 所示。

③ 推开远程监测模块前盖,如图 8-22 所示。

图 8-21 打开模块卡扣

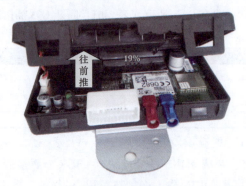

图 8-22 推开前盖

④ 断开远程监测模块蓄电池电源。

⑤ 待 30s 后按照步骤 4 至步骤 1 还原。

3)将远程监测模块与车内线束连接好(零件号:J42-7930017)后,将钥匙档打到 ON 位置,观察仪表盘的 RVM 灯状态。一般 5min 之后,仪表盘 RVM 灯就会熄灭(判断熄灭的标准是:一直观察 RVM 灯 1min,RVM 灯一直保持熄灭状态)。

4)如仪表盘的 RVM 灯熄灭,请使用手机 APP 智云管家,如果能够查找车辆等信息,即可判定故障问题解除。

(2) RVM 灯有时亮有时灭

**故障现象**:RVM 指示灯有时亮一会又熄灭。

**故障原因**:3G 信号强度很弱或是无法接收到 3G 信号。

**解决办法**:用诊断仪读取信号强度值,如信号强度低,RVM 灯亮属于正常现象,待信号强度大于 18,RVM 灯则会自动灭。

(3) RVM 连不上后台问题

**故障现象**:RVM 没有任何故障码且装配良好的情况下,RVM 连不上后台,APP 无法使用。

**故障排查**:

1)盒子中的 SIM 卡未开通,如未开通立即开通,并重现上电。

2)联通卡欠费,请查询该卡是否有欠费情况,只要有一个月欠费,即不能联网。

---

⊖ RVM 指 Rear Vehicle Monitoring System,后方车辆监控系统。

3）RVM 中的 VIN 码与整车是否相同，且字母必须为大写，如 VIN 码不正确，用诊断仪重新写。

4）确认 RVM 是否是最新版本，如不是则需要升级。

5）确认整车所在环境信号良好，可用诊断仪读取信号值。

6）完成前 5 步仍然不能联网，打开 RVM 盒子重启内部蓄电池，复原盒子重新装好。

（4）APP 定位不成功问题

故障现象：手机 APP 其他功能正常，但定位不成功。

故障原因：车辆所处环境 GPS 信号时弱时强所致。

故障判定：整车数据正常上传且其他功能也都正常仅定位时有时无，属于正常，无须做处理。

（5）升级问题

TBOX 进行软件更新后，可以进行远程升级，方法如下：

1）整车上电 10min，接着断电、关闭车门整车进入休眠状态 10min。

2）重新上电，用诊断仪诊断版本信息是否升级成功。

说明：对于未升级成功的模块，请用升级线束进行 PC 升级，刷新的升级包版本以售后下发信息为准。